1932年臺北市區計畫街路並公園圖

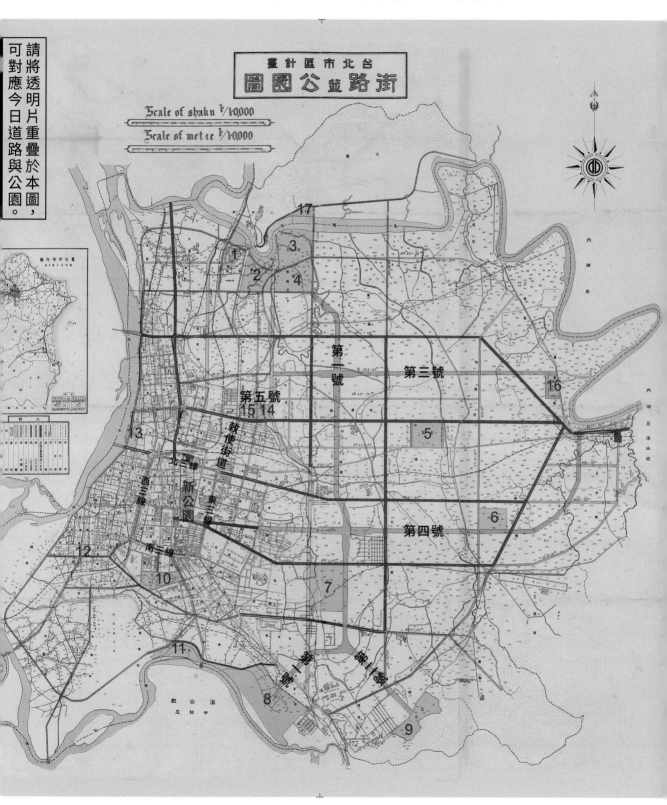

圖片說明：
■綠色區塊為公園1至17號及臺北新公園（藍字）。
—綠色線條為連接公園之間的公園道，
　包含：計畫中的公園道第一到五號以及興建中或已興建的四條三線道及敕使街道（黑字）。

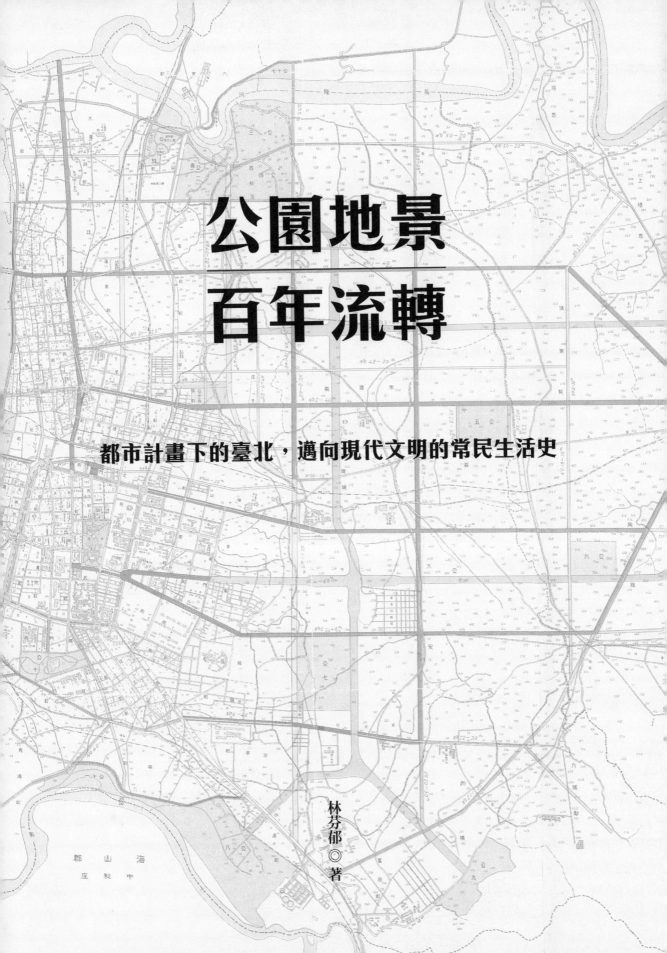

公園地景
百年流轉

都市計畫下的臺北，邁向現代文明的常民生活史

林芬郁◎著

目次

好評推薦

　　芬郁就讀臺北大學民俗藝術研究所碩士班期間，對臺灣史的研讀極感興趣，碩士論文書寫時更是「腳踏實地」深入研究，這時期的訓練已奠定她在學術的研究實力。碩士班畢業之後，更上一層樓進入國立臺灣師範大學地理學系博士班深造，她不僅勤於學習、發表學術論文與出書，且走出學術象牙塔外，熱忱地從事文化資產保存的社會服務，可說是一位「學以致用」的好學生。

　　此次，芬郁出版的新書，係以嚴謹的態度考證歷史文獻、扎實的田野調查、地理空間的圖文解說為底，加上她個人獨到的見解、國外案例的參酌所完成的著作。她為提高臺灣史籍的可讀性，打破一般人對歷史著述刻板的冷僻印象，以豐富的照片與地圖資料，平易近人的歷史書寫方式撰述，致此書可說是敘述了臺北市百年來公園地景的嬗遞，其如何帶給常民的生活質變，及其貼近社會大眾生活情境的一本深入淺出的好書。

　　本書充滿知性、內容豐盛，探索的議題深且廣，是在學修習臺灣史、地理、都市計畫的學生、愛好文史者、疼惜臺灣文化資產與所有關懷臺灣這片土地的人士，都值得加以細細品味的好書。爰此，今本書出版之際，本人於此特大力推薦之。

—— 國立臺北大學前人文學院院長　張勝彥

張勝彥

　　一座公園，不只是一處開放空間而已，
它還蘊含著歷史的脈絡與文化資產的積累。
此書，讓大家從另一個視角，看見臺北的公園！

—— 國立成功大學建築系名譽教授　傅朝卿

傅朝卿

　　公園，一個常被視為理所當然的場域。對個人生活而言，公園是綠意、休閒、散步、聚會，甚至兒童遊戲場所；對社會而言，公園是都市之肺，也是體現社會生活內涵和特質的表徵，更是政治、教育、文化、經濟的歷史演遞結果。公園的存在，

不是理所當然！

公園，並非熱門議題，也因此研究與書寫臺北的公園，需要有毅力和視野地爬梳、釐清與分析歷史地理資料與文獻；本書的視野，部分凸顯在對都市公園空間分布的掌握，不但道出都市歷史發展的布局與企圖，讀者也可從自身的角度一一踏查今日生活的歷史軌跡。這是本書珍貴之處，它提供對都市公園或綠地空間發展有興趣者一個歷史的政治經濟環境脈絡，也提供讀者認識都市變遷在歷史上的偶然與必然之要素，讀者甚至可從生活中體認那些消失的公園，可能就在足下今日住居或生活之處。

林芬郁博士的《公園地景百年流轉：都市計畫下的臺北，邁向現代文明的常民生活史》一書展現具有深厚歷史與地理訓練的周延與審慎研究和書寫的風格，而書中傳達的空間理路和社會、政治脈絡，正是了解首都臺北今日風貌和公園地景的最好切入點。透過如斯細緻與深入的公園圖說分析，相信可以引起讀者對今日公園空間與社會的意義有所認真與執著，並以感性和理性看待公園地景。

一書在手的生活方式，已然逐漸式微。如果這本書可以引起讀者對都市公園的好奇和興趣，並藉著本書的引導，走讀臺北都市公園，必能展現都市生活者的特質，並翻轉都市生活尺度的空間意象！

—— 國立臺灣師範大學教授兼副總務長　蘇淑娟

蘇淑娟

都市裡的公園，不僅是公園，還隱含了都市官僚的治理想像，更承載了都市居民對地方的情感依附。若有機會的話，不妨帶著這本書至公園的樹蔭花香下閱讀，穿越時空去想像過去公園的嫵媚，相信抬頭再見公園時，必能在這嫵媚之中，發現它另一層的知性美。

—— 國立臺灣師範大學地理學系教授　林聖欽

林聖欽

"Parks and playgrounds are the soul of a city."　– Marty Rubin

這本擲地有聲的好書考究了臺北市的「公園」規劃歷史以及地景變遷，幾乎就是一扇理解臺灣多重殖民經驗的窗，帶我們去尋訪百年來城市不老但斑駁充滿的靈魂。透過這扇窗，我們得以看見外來殖民者如何凝視臺灣風土的炎熱、不無一廂情願地想像他們給島嶼人民帶來福祉，如時任臺北縣知事的橋口文藏，曾以「在臺灣

炎熱之地，築一遊園地以保持官民快樂、逍遙、健康……」等文字報呈臺灣總督，後來推動建立的圓山公園是臺灣第一座公園。透過圓山公園歷史，顯示公園制度之創始和城市休閒、公共衛生密切相關，作者更指出其選址和設計考量和山手公園的相似，顯示殖民者在初期如何嘗試透過地景建立歸屬感。在日治時期一一編號於都市計畫圖紙上的公園，歷經戰後政治變遷，景觀改變未曾停歇，公園的重要功能更持續擴張，持續加入臨時會展、都市防災等等。本書穿越時空追蹤百年來十七座公園的歷史變遷，提供了豐富非常的材料，讓我們能更珍惜都市中難得存續的公園處處，也盼讀者們掌握多些歷史材料後，有更多感受和想法去參與城市的保存和創造。

—— 國立臺灣大學建築與城鄉研究所專任助理教授　黃舒楣

在文史領域耕耘、守護文化資產不遺餘力的林芬郁老師，這次以「都市公園」的角度切入探討臺北城市發展，從日本時代的都市計畫沿用至戰後的「公園系統」設計，由此透過點線面的維度剖析、輔以大量珍貴圖資，讓許多原本難以理解的脈絡頓時豁然開朗！在此推薦給想要更了解臺北、更了解臺灣的朋友們。

—— 聚珍臺灣總監　王子碩

西方城市的公園可以上溯自希臘露天集會的廣場，東方古代只有私家園林，直到近代中國的租界和日本的外國人居留地，才普遍打開城市空間的公私界線想像，無論對日本還是臺灣人而言，公園都不過是百餘年來才出現，還在摸索調整使用方式的場所。臺北做為臺灣政治經濟核心城市，公園在不同階段扮演的重要角色，值得認真且完整的認識。感謝林芬郁的悉心蒐羅研究，我們終於等到了這本書。

這百餘年來也是臺灣歷經政權頻繁更迭、族群相互交融、價值激烈變動的時代，從日本時代在城市內留下兼具防災和景觀功能的公園，在裡面樹立治理者希望萬民景仰的銅像；戰後威權統治下的公園與廣場，是展演反共義士起義來歸、歌頌海內昇平齊祝強人萬壽無疆的政治舞臺。解嚴後聚集在紀念獨裁者廣場的野百合學運、公園旁的常德街事件、再到野草莓學運與廢核大遊行，還有從凱道到二二八和平紀念公園的原轉小教室等集會自由的爭取，都發生在管制邊界不斷被市民鬆動和挑戰的開放空間。

至今臺北仍有未拆除圍牆的公園見證歷史遺緒，也還有「阻礙交通」的古蹟被脫離歷史脈絡搬到公園裡放置，公園見證歷史進程的推動，以及觀念尚待更進步的未來。

社會對場所的態度，反映群體如何看待人的行為，也是人與人之間如何相處的課題。誠摯推薦這本梳理臺北開放空間變遷的好作品，也期許臺灣人持續朝向更為相互尊重的方向前進。

—— 建築文化資產工作者　凌宗魁

誠摯推薦

林于昉／秋惠文庫庫長

馬繼康／世界遺產旅行家

張正／燦爛時光東南亞主題書店創辦人

建築大叔／漫畫家、建築師

邱秉瑜／都市計畫專欄作家

推薦
重新找回臺北的公園歷史與地景記憶

國立臺灣師範大學地理學系教授　洪致文

　　小時候，臺北有什麼公園可以去？如果不要跑到市郊那種陽明山、外雙溪，大概就只有老字號的圓山公園或新公園了！問題是，為什麼感覺有些年紀與歷史的「新公園」會是「新」公園呢？這個疑惑一直在小時候的我心中。是長大後才知道，原來在這個「新」公園出現前，臺北曾有一個「舊」公園，也就是圓山公園。當然，這些的理解，在後來新公園被改叫二二八公園後，則又是另一則故事了。

　　那麼，到底這些公園是怎麼出現在臺北？為何城市裡會有這些公園？這些對我似乎都曾是一個謎。

　　此外，在我的成長記憶中，臺北還出現幾次公園開闢的抗爭事件，例如當時稱為七號公園的大安森林公園，以及林森北路旁的十四、十五號公園事件，都造成社會上相當大的關注。我曾對於這些公園為何有編號產生興趣，也開啟了我對都市計畫中公園預定地的關注。當然，也是後來才知道，原來這些公園的編號始自日本時代就有，可見這是一段被遺忘的城市歷史。

　　是進到臺師大地理系任教後，我開始了許多都市歷史地理的研究，特別是有一門「地景調查與分析」的課，就是以各種城市議題配合歷史圖資與檔案史料來說故事。我記得有一年，我便是請同學好好調查臺北市的這些都市計畫下的公園來龍去脈。很有趣地，同學的分組報告初步爬梳了公園的發展源頭，也對這些公園的歷史面貌有了初步的理解，但接著棘手的是，這些公園百年來的變遷，以及整體政治經濟的影響，都讓這些公園的出現或不出現成為更多的謎團。好在，我指導的博士生林芬郁自願扛下這個主題的研究工作，替臺北的公園發展歷史做了非常完整的整理與深入研究。

　　這本書雖是芬郁改寫自其博士論文的一部分，但是學術論文如何轉譯為大眾適合閱讀的書籍，則需費心地轉換。而在書籍寫作與編輯上，也需要增添圖片與地圖說明，才能讓生澀的介紹與研究不再令人難以下嚥。此外，芬郁還用心地找尋日本時代的文獻與新聞報導，使書的內容更貼近常民的生活敘事，以彌補歷史地理觀點論述下的學術著作所缺的一角。

　　芬郁在博班就學期間，即古道熱腸地從事文化資產保存的工作，也算是被認證的「文化恐怖分子」。而她在本書中除了敘述「公一」～「公十七」公園地景的歷史變遷外，也利用豐富的官方史料、新聞等文獻，歷年都市計畫與歷史地圖等圖資，來彌補臺灣都市計畫界在看待這一問題時之不足。再者，本書還論及與公園相關的文化資產議題，例如林安泰古厝事件為何開啟臺灣文化資產法的制定？公園在建置或都市發展過程中，總是遇到老屋拆遷的問題，我們可以怎麼做？甚至提到都心公園的建置往往引發公園周邊高房價，與產生「綠色縉紳化」問題，又該怎麼破解？這是目前臺灣甚少人提及的居住正義議題。

　　除了這些課題外，臺灣位於多颱風與多地震的地區，又要如何建置防災公園呢？為此，芬郁在書中特別援引日本公園與紐約 The High Line 的案例提供公園規劃建設的建言。整體而言，本書可說是一本與常民生活息息相關，適合臺灣史、

地理學、都市計畫、都市景觀與公園設計學界，
愛好文史人士、關懷文資保存與熱愛臺灣這片土
地的所有讀者群閱讀的一本佳作。很高興芬郁在
完成了博論後，又接續完成這本個人研究生涯的
代表書籍。當然，我也期許公園與都市發展的議
題，也可以從這本書的啟發讓更多人開始關注許
多不同面向的課題，進而愛護我們的城市與家
園。

推薦
文資斜槓人生的城市修補術

淡江大學建築系專任副教授　黃瑞茂

用一句話來說明在三十年的都市過程中，臺北的文化資產保存的特殊性，「在於多元價值，關於歷史的、文化的、生活的、社會的、經濟的與產業的種種意義。」某一夜走在城市中，細數著重溫許多時期的朋友所共同參與和寫就的城市軌跡，留存的與消失的。他們就像是城市中的精靈一樣，平時在城市中的角落，因為生活所以工作著。但是，事件就像是一聲一聲的號角聲，召喚著行動。他們除了現場的行動，參加一場場的說明會，場外需要召集力量分工進行資料收集與判讀，以尋求保存的意義。在挫敗中繼續尋找翻案的機會。或是因為政府的協商，要趕在某個時間內，完成替代方案計畫書。這些行動，讓我們開始有視野與胸襟去正視這座城市的豐富與多元。

城市的歷史需要挖掘與辯證，而不會自然而然的形成。隨著近代的臺北都市過程中社會變動經驗中，文化資產保存運動也逐漸長成一條屬於這座城市的獨特風景線。臺北市的「城市博物館」與種種以城市文化為主題的文化治理，不就是順著一條過去二三十年的保存運動所建構的斷簡殘篇而精采。當然，許多的城市真實生活所在的多元價值與意義並沒有存在目前官方的書寫主目錄中。

本書作者林芬郁博士，是這段時間中所參與文資事件中認識的年輕朋友之一。這群人的特質是積極與熱忱，對於城市文化保存工作的投入，斜槓的左邊是寫論文的學生，拍紀錄片的，開影印店的，開服裝店等等。斜槓右邊是文資事件中的舉報者、動員者、倡議者、陪伴者與論述研究者，為了文化抵抗，展開一段段「文資斜槓人生」。在城市保存已經成為城市創意文化重要工作時。這些被稱為「業餘者」的夥伴，在開發主義盛行的年代中，他們成為城市的守護者。基於這樣的視野，林博士在這本書中拉出一條城市保存的重要線索。透過「公園」的形式、功能與象徵向度的編織，寫就了臺北都市的轉變經驗，這本書不只是對焦於歷史，更關注於當下真實遭遇與未來的作為。她分享保存運動之後的沉澱與反思，將字字深刻的話語寫成書，將學術報告轉變成為倡議，是一本充滿了現實意識的都市歷史寫作。

城市文化資產保存並非只是思古幽情的歷史癖好，當下的城市需要的是環境價值意識的建構。除了古蹟保存到城市保存的書寫中，認知到都市是真實存在的，是變遷的。因此，當下的臺北都市已經步入氣候緊急狀態，夏天三十八度已經超過三十天之後，納莉颱風那一年來了二次超過二百年洪水位的颱風。這座城市需要斤斤計較，泥巴地的蒸散作用，或是強降雨的地區的滯洪作用。

但是透過當代城市的「公園」歷史挖掘，在在說明了都市開發主義主宰的過程中，自然地域是附屬於都市，自然被稱之為「無價」，但真實中是「沒有價值」。郊外的保護區或是農業區總是等待被徵用重劃成為房地產，臺北市中難得的都市空間中的「大型公園」，到了二十一世紀仍然被作為公共建築的建地使用。而轉頭卻將政府所擁有的公有地賣掉。戰後的臺北的都市過程中，「公園」除了提供真實日常使用之外，也是

都市問題不斷之處與孕生之所。

　　城市保存從都市機制作為的歷史回顧，而認知到未來已經清楚的浮現在眼前。我們需要練習與學習「修補未來」的能力，也就是需要從今天開始，每一天每一步的去指出問題是什麼？然後找到可以施力的位置，努力製造一些文化抵抗作為。公園就在你我的身邊，透過這本書的導覽，我們可以更認識這座城市的身世，也希望因為有認識，而可以有所行動。

黃瑞茂

建築旅人、方遠行旅創意總監　丁榮生

移動到一個陌生城市，我經常挑五到十個政治宗教文化地標、最老街區、最主要道路、一至二個鐵公路或碼頭交通節點、最主流城市移動交通工具、一處主流商店街區、幾個特色市場、一、兩個最重要公園／森林公園，以及主要城市皆有的都市藍帶和水岸、最重要的文化人住居、最主要經濟生產帶等等指標，先行了解，大概就能領略其「城市性格」。而晚近我更有興趣看看城市的公共藝術、當代藝術館、市中心與純住宅區交會帶，甚至是高速公路交流道一路到市中心的「地景變遷」，來精進自己分析城市性格的理解力。

所以閱讀林芬郁老師的這本博士論文改寫的《公園地景百年流轉：都市計畫下的臺北，邁向現代文明的常民生活史》著作，令經常有機會到處移動的我，也抱著重新理解臺北市「城市性格」心態來深入閱讀。

眾所周知，臺北從三百多年前凱達格蘭族依山傍水的部落型生活領域，經荷蘭人、西班牙人、中國清朝來的漢民族、日本人、戰後，或長或短不同形式的統治而存續至今。臺北市並在 1884 年清領時代建城，正式城市化。在世界城市發展比較史來說，是座有著極端複雜的履歷，包括歷史脈絡、發展目標、未來願景，都一再地變遷。舉例來說，從我 1981 年進入城市學門學習的伊始，踏上社子島的第一步至今，這座地理上被稱為「島」的地塊，我想連上帝都難以理解其過去，更也不知道其未來呢！

但在複雜中，我們可從抽絲剝繭切入。林芬郁老師這次深入探討的臺北市城市公園，其從都市計畫切入，一一描繪 1 號到只在都市計畫圖紙書面出現的 16、17 號公園，讀來更令人饒富興味，更像是我在理解城市性格中，單一指標解剖學。若放寬眼界從時間軸來切入，可從她爬梳的史料，看到初始日本殖民政權於 1930 年代所作的都市計劃，設定 60 萬人口在此生活為規模，所欲建置的城市公園狀態，而這個設定，在戰後快速發展中，臺北市人口已由 1935 年的 32 萬人，到今日的 270 萬人，臺北盆地都會圈則已超過 700 萬人，但當時規劃的公園至今仍擔負著設定任務，可說百年流轉，只見當年的大開大闔。

容我先從城市學重要著作——紐約市立大學教授喬爾‧克特金（Joel Kotkin）的名著《城市的歷史》來導讀起，他的城市論之年表告訴大家，西元前 7500～6800 年耶利哥建城，這是史上有據的第一個城池。西元前 753 年，不是一天造成的羅馬建城。而年表唯一的公園，是 1857 年美國兩位景觀建築師奧姆斯特（Frederick Olmsted）和佛克斯（Calvert Vaux）提出的大草坪計畫（Greensward Plan），打造了全球最受矚目的紐約中央公園。在內文，他記述著奧姆斯特的宣言：興建紐約中央公園的主要目的，在於讓千千萬萬勞苦的工人，享用出自上帝之手的樣品。

書中跟臺灣有關的，是他在「工業主義及其不滿」篇章，描繪了日本突如其來的工業化及重建日本的段落，指出日本的城市規劃雖源自歐洲，但當代的日本城市規劃者仍以打造符合傳統日本生活型態為理想的都會中心，其中最具影響力的都市計畫師之一是西山卯三，他提出以傳統的社區結構：町，作為基礎，規劃城市樣貌，發

展出其稱為「生活圈」的去中心自治區。

　　根據克特金的上位描述，無疑的，日本都市計畫這樣的基礎，也在殖民地臺灣實施。於是林芬郁老師在她的研究中告訴我們，日本這種當代生活圈型態的都市計畫，以臺北現代化過程的都市空間轉換來觀察，當時民政長官後藤新平提出，是由官舍搭配廣場、林蔭大道與公園，作為權力與領導的象徵，並對臺灣人傳達日本人將永留此地之意。

　　雖然日人未能永留此地，但所規劃的公園道與衍生的大小公園，不僅形成市民生活的新空間，也改變市民生活、保健、休憩的習慣，逐步走向近現代化的生活型態。改善日人領台初期，臺北被日人形容為「支那式城市」，人與犬豚雜居、髒亂汙穢不堪，對風土病畏懼恐慌。當時後藤新平認為，日本治臺第一要務，當屬改善「瘴癘之島」的公共衛生。所以提出的都市改正計畫，就把歐美近代都市公園概念導入臺灣。林老師最後引當時的《臺灣日日新報》指出，臺北市皆因市區改正之進步，與屬行防疫的結果，大致堪稱為健康之地了。

　　從 1930 年到 2020 年，近百年之際，回首臺北城市的現代化過程，更值此刻武漢肺炎於全球蔓延之時分，讀此段描述，深覺臺灣乃是有福之地。城市未來何處去？讓我們先從過去的城市性格，先探索起吧！

丁榮生

序

晚近氣候變遷加上都市熱島效應，使得臺北市的夏天如火爐般悶熱，酷暑難耐；此時若有行道樹的綠樹成蔭，或有公園綠草如茵、參天大樹的枝繁葉茂可納涼休憩，想必是市民日常的小確幸。

眼下大家普遍將都市公園視為理所當然，但其實公園乃經長期演變而來，並非天外飛來之物。在資本社會主義裡，公園被視為制度化的都市服務項目，是公共集體消費財。而都市是支配者統治社會權力關係下的產物，都市空間的配置與發展往往深受影響，因此必須從社會、經濟、政治與文化等多元視角來探討，方能瞭解公園發展的脈絡。

年紀稍長的人都知道臺北有個「新公園」（今二二八和平公園），那就應該有個「舊」公園，是指哪裡呢？當年十四、十五號公園拆遷違建戶時，有臺大師生發起「反對市府推土機運動聯盟」與違建戶自殺事件而登上新聞版面；又「七號公園」興建時，敷地內是否興建體育館引發各界熱烈討論，而觀音菩薩像的去留問題也曾引起「宗教戰爭」，最後鬧得沸沸揚揚的「大安森林公園」終於在一片泥濘中開幕。

大家是否好奇為何有七號、十四號、十五號公園呢？有一至六號、十二至十三號嗎？為何有這些公園的規劃呢？本書將為您解開臺北都市計畫下的公園系統，與公園地景百年來的變遷史。

現今臺北市的空間規劃大致不脫離 1932 年「大臺北市區計畫」的規劃案，此計畫中最特殊的是 17 處大公園，和聯絡公園間的 5 條公園道所構成的「公園系統」設計。1937 年公告實施都市計畫後，一直延續使用至 1964 年，可說是擘劃臺北市都市發展的重要藍圖。

本書首先簡述都市公園的重要性、日本將歐美近代都市公園的概念導入臺灣。此外，將深入探討「大臺北市區計畫」中公園道的後續發展，並與百年來十七處公園地景的歷史變遷對話，同時敘述公園對常民生活的影響，還加入作者自身的見解與參酌國外案例後所提出的建言。

前言

都市公園（urban park）是以「民眾的精神」（spirit of the people）為出發點，經過人為的籌劃、設計、空間規劃、施工、植栽，成為有「管理」的文化地景。有別於「私有（private）」，都市公園具近代都市文化「公共（public）」意涵，免費開放給任何民眾（無關年齡、種族、階級）使用，或支付若干入場費的休憩享樂之地，並提供都市居民日常、社交、政治、運動的多樣性場域。

世界各國皆透過都市規劃與法規制定興建都市公園，提供居民休憩、運動、身心保健與教育的場域，以改善都市生活環境，並提昇都市整體景觀，促進個人身心健康與公共衛生，此外公園綠地還兼具地震、火災時防止延燒與避難場所的機能，是都市中不可或缺的公共設施。

公園是都市中不可或缺的集體消費的休閒設施

政府提供民眾如教育、醫療保健、社會福利制度等「集體消費（collective consumption）」所需，而為了確保勞工階層的勞動力再生產（reproduction），政府興建「都市公園」提供集體消費休閒設施，讓勞工得到適度休憩、消除疲勞後，能夠更有活力地回到工作單位從事生產活動，藉以掩飾資本主義下勞工們在日常工作中所受到的剝削。

都市環境的貢獻者

都市化的結果，因人口集中而使環境更為惡化。而「都市型公害」如空氣、噪音與水汙染、日照與水不足、綠帶（green belt）減少、地震或火災等災害危險性增大等，皆是都市化人口集中所引起的，且無法區分受害者與加害者，影響都市全體，甚至威脅人類的生存空間。人口密度高且綠地極少的地域，自然環境必然惡化，是不健康、不適合人居之地，且綠地減少，呼吸器疾病患者的死亡率會急遽增加。

近代都市透過規劃與法規的制定，將公園、綠地空間（green space）[1] 的機能與效果彰顯於都市中。生物學家指出：人口過密，會出現攻擊性的徵候，並引發犯罪，據華盛頓大學（University of Washington）的報告顯示，美國每年每 10 萬人就有 3,800 個犯罪被害者，如果增加樹木的數量，此數據將下降，同時也顯示如果公共建築周圍多樹林的話，犯罪率將減少 52%。

公園有舒緩緊張的功能，在狹小空間形成閉塞感，當想逃離穴居時，公園可以暫時擴張生活領域，成為逃避都市生活的孤島。隨餘暇時間增加，除在日常生活中住宅與工作場所附近休憩外，更想接近自然環境，都市公園提供了人類精神滋養與美學愉悅，尤其都市中高度的密室噪音會導致精神壓力與降低生活品質，而公園便成為都市居民逃離都市生活壓力與緊張的場所。

「都市之肺」

都市公園有「都市之肺（the lungs of the city）」的美譽，意即公園是都市的綠地，除了可休憩外，還有排廢氣、降溫、除噪音的效果。以倫敦為例，1968 年的煤煙濃度（$5mgm/1m^3$）較 12 年前立空氣清淨法時降低三分之一，可見公園內的樹木有顯著的空氣濾清效果。公園內的植物有淨化空氣與調節溫濕度的機能，樹林花草能淨化生物與汽機車排出的廢氣，陽光與樹葉能消除空氣中的毒素，也是人類的空氣過濾器。

此外，行道樹可減少地面的太陽輻射、降低地表溫度、減少土壤水分蒸發、減弱風速等，都

市中需多闢建公園道（park way）增加空氣流通以降低都市溫度、美化市容外，更可形成通風道將季節風導入市區內。公園、綠地內的樹木不僅改善視覺環境，一棵大樹一年可吸收約 12 公斤的二氧化碳。植物與樹木可阻斷輻射與緩和熱島（heat island）效應，都市中種植綠色植栽能有效降低氣溫，減少與高溫相關疾病與慢性病。據研究顯示，綠地面積每提高 10%，周圍平均溫度約可降 0.13 至 0.28°C。而周圍長 1 至 1.5 公里的水池，可影響 150 公尺範圍的冷熱源。綠色植被對夏季的氣溫上昇有緩和的效果，主要原因在於綠被的葉層能遮蔽日射與蒸散作用；天然水體可調節氣溫、改善空氣品質（滯塵）、減碳固碳（光合作用）、防洪減災（滯洪）、遊憩與景觀上的功能[2]。

公園是身心靈的療癒場所

美國著名景觀建築家奧姆斯特（Frederick Law Olmsted）[3]認為公園是都市的開放空間，也是打破制式棋盤式街道、長方形房屋，視覺對立的中和劑。對都市而言，珍貴的公共娛樂場所是給人身心靈的休息場域（心、眼、肉體、心靈），看似無用的自然，卻提供人們鼓舞的氛圍。人有嚮往山野、須求「綠」、寬廣空間的本性，這與祖先農耕維生有關，可是現今都市人卻只能靠公園才能感知季節變化。晚近，都市人對生活環境生態的認知提升，對綠地與戶外公共休憩場所需求日益殷切，但是現代生活快速、人口過密，都市與郊外無秩序的往外擴張，想接近自然環境愈發困難，因此都市居家附近須要有田園似的環境。公園、綠地有提振活力的功效，也是人與人融洽相處和令人心情平靜的場所；綠色植物有助於精神安定，呼吸新鮮空氣、嗅到花草的芳馨可養生、消除心理的疲憊，接近自然可恢復身心健康。

都市人在公園的樹林、草坪、花壇、山水庭園，自由平等呼吸新鮮空氣、做日光浴、運動、散步，讓過勞的苦悶生活獲得解放，疲憊的身心得以回復，公園成為「再生產」的空間，讓人充滿能量再出發，這是都市中設置公園最主要的目的，不僅是都市美感，還提供市民遊憩場所，因此世界各大都市的公園也都成功的將「自然」適度地融入都市生活與城市意象，成為都市生活中迷人的特質。

都市公園也成為兒童遊樂、居民運動、上班族午餐休憩、民眾散步休閒的場所，其特徵是開放，也是相互連結、混種的流動空間（多功能），公園的意義、文化、物質地景、新的社會關係、人與「自然」的環境網絡也會隨時間而演變，但不變的是與當地的連結關係。現今，教育與生活水準提高，對高品質的閒暇設施要求也高，都市因高度開發、綠地減少，鄰里公園適時地提供了社區居民交誼、促進健康、文化活動或環境學習等多元活動的場域，與自然融合、共存有助於人格養成、身心健康與教育效果，並形成地方獨特自然地景，因此鄰里公園的興建更形重要。

1. 如保留地、運動場所、森林、綠屋頂、河岸、林蔭大道、路樹、社區花園、自然保育區與墓地等。
2. 林炯明（2010），〈都市熱島效應之影響及其環境意涵〉，《環境與生態學報》（3）1：1~15。
3. Frederick Law Olmsted：1822~1903，美國最早的造園家，有美國景觀建築先驅、現代景觀建築之父的雅譽，著名的作品有紐約市的 Central Park、芝加哥城外的 Riverside、波士頓的 Emerald Necklace、Washington D.C.（華盛頓哥倫比亞特區）的 The Capital Grounds、1893 年 World's Columbia Exposition（芝加哥為紀念哥倫布發現新大陸 400 周年而舉辦的博覽會）、加州的 Standford University 等，同時對建築環境貢獻良多。

第一部 臺北都市計畫與公園系統

SEVENTEEN

THREE

ONE

FOUR

TWO

SIXTEEN

FOURTEEN

FIFTEEN

THIRTEEN

FIVE

　　臺灣何時有公園呢？什麼又是公園出現的契機呢？日本統治臺灣前，只有官署內與富賈之家有私人庭園，而其概念多傳自中國的園林思想，一般庶民的公共休閒場所則是廟埕或合院的廣場，「公共的」公園休閒空間概念並不存在，直到日治時期才開始興建公園，然後漸次發展成為公園系統。

SIX

ELVE

TEN

SEVEN

ELEVEN

EIGHT

NINE

TAIPEI / PARK

一、臺北現代化的都市空間轉換

日本近代化觀念來自明治初期的啟蒙思想家福澤諭吉的「文明開化」(「野蠻未開」之對照)，引領日本「脫亞入歐」走向西洋文明的行列。日本對殖民地統治的正當性建立在「文明的導師」上，而都市建設是可見、具體的「文明」象徵，透過都市文明展示，以達到「教化」被殖民者的目的。日治時期，民政長官後藤新平曾建議兒玉總督興建宏偉的總督府、官舍搭配廣場、林蔭大道與公園，作為權力與領導的象徵，對臺灣人傳達日本人將永留此地之意。

日本人有「能支配熱帶，就能支配世界」(熱帶を支配するものは世界を支配す)的說法。有鑑於擁有熱帶地區殖民地的歐美國家，均致力實施熱帶都市政策，臺灣身為日本帝國主義下的第一個殖民地與往南方發展的玄關，其氣候炎熱、暴風、風土病等都須逐一克服順應。因此殖民政府竭力投入熱帶都市的研究，克服熱帶氣候、改善衛生、疾病管理，並儘量保留空地、增加樹蔭、改善簡陋房屋、興建亭仔腳(騎樓)、加寬道路等，以提升生活品質、文明化成為領臺的首要任務，與治理臺灣的特殊考量。

日本也將歐美近代都市公園制度引進臺灣，在政經的優勢下以市區改正[1]之名，進行帝國主義權力的空間改造。西方國家的都市公園源起於民眾的發起，但臺北的都市公園則皆由殖民政府直接規劃，以政治權力、文化霸權、意識形態，由上而下的方式形塑空間，可說是權力關係下特定目的之產物。日治時期的都市公園設置不僅影響都市的空間配置，形成嶄新的「公共空間」概念，更是日本殖民統治「文明」意識型態的展現。

都市中的公園對改善密集生活所導致的空氣混濁，或是建築的通風採光皆有助益，尤其是臺灣四季如夏的悶熱氣候，體力與精神特別容易疲累，為提升熱帶地區國民的體魄，在臺灣興建公園是必要的都市建設。日治時期，增設橢圓公園與新公園街燈，市民可在夜間納涼散步，同時增加市況繁盛，綠樹圍繞的三線道 也是早晚散步的最佳場所，這些納涼避暑的設備，儼然是臺北市不可或缺的公共設施。

治臺第一要務──改善公共衛生

清治時期，清廷統治臺灣的方式相對模糊，並未以數據化的方式管理其領域，地籍、人口調查不精確，人口與戶籍的意義無法與空間有效結合，致使臺北停滯在「三市街」[2]的格局，無法發展為近代化的都市。

1895 年日本統治臺灣後，日本政府認為臺灣是「瘴雨蠻煙」之地，征戰過程中病亡的人數遠高於戰死，連近衛師團的北白川宮能久親王(1847~1895)也因瘧疾而過世，因此「風土病」對日本殖民政府是最大的威脅。日本領臺初期，臺北被日人形容為「支那式城市」，人與犬豚雜居、髒亂汙穢不堪，對風土病畏懼恐慌。任日本內務省衛生局長的後藤新平(1857~1929)在1896 年來臺擔任衛生顧問時，認為日本政府治臺的第一要務，當屬改善「瘴癘之島」的公共衛生。

繼之，日本政府逐步透過科學統治技術的資料蒐集(各式調查、統計數字、以圖領地、以地統人)，以專業知識霸權(科學知識)與權力治理臺灣，實現了殖民近代化的空間規劃，使其合理化、均質化(去地方鑲嵌)。

臺北的市區改正

為改善臺北的衛生環境與不整齊的街衢，1898 年設立臺北基隆市區計畫委員會，1899 年11 月頒布律令 30 號：「市區計畫內劃定為公用或官用之目的經預先告示之地域內有關土地建築物管理要件」，明令地方官廳公告市區計畫預定

的公園、道路、下水道與其他公用或官用土地，未經地方長官許可，不得興建建築物或變更土地用途。

臺北身為日治時期的殖民政治中心，最早的市區計畫是 1900 年 8 月 23 日臺北縣告示第 64 號「臺北城內市區計畫」，主要是敷設下水道與新建道路，此計畫首次將「公園」（即今二二八和平公園）納入市區改正計畫中。臺北城原是「坐困愁城」的封閉空間，1900 年的「臺北城內市區計畫」中，除確定拆除西邊城垣以興建鐵道，將城區劃分成 52 個街廓（block），並增加對外聯繫的道路，使臺北城成為開放型都市。但計畫區域僅限於城牆內，並未考量其他地區，顯見日本政府選定城內，將之建設為統治核心。

依據中國地輿風水理念與傳統防禦功能而建造的臺北城，日本殖民政府為便於有效率的治理殖民地，拆除城牆以建造一個開放的空間感，此為臺北進入現代化的開端。

日治初期，渡臺的日本人（公務員、商人與其眷屬等）漸多，住宅地不敷使用，因而於 1901 年 6 月 1 日公告「臺北城外南方市區計畫」[3]，往臺北城南門外擴張規劃新街區，繼之指定道路兩側設寬幅 12 尺（3.63 公尺）步道[4]。1905 年 10 月 7 日臺北廳告示第 200 號「臺北市區改正計畫」（見圖 1.1.1），其範圍除城內外，也將臺灣人居住的艋舺與大稻埕納入，並擴大到東門、南門城外與三板橋。但基於經費考量，決定大稻埕與艋舺盡可能保持舊有街道，只改良設計，以促進與城內周圍鄰近地區連絡街道的開發，東門、南門城外則規劃成正方形街廓。

「臺北市區改正計畫」的收容人口為 15 萬人，面積 1,806 公頃，公園約 6,957.5 平方公尺（已完成臺北新公園擴大公園地規劃案），此外還明訂拆除城垣改建三線道，是臺灣最早的公園道（park way）。三線道上規劃有林蔭大道、圓環與小公園，成為都市的新景點與新地標，整體設計強調視覺效果，兼具聯絡城內與城外交通道路、公園、綠地景觀等多元功能。綜觀道路設計主要以東西橫向延展的道路為規劃主軸，此乃基於臺北多吹東風之故，除通風外還可利用陽光殺菌，

以確保健康環境。而臺北的三線道是將林蔭大道、線性公園、綠地等元素納入設計中，達到美化城市與防災最有效的策略。

此際，也引進西方現代化制度與觀念，如郵政、電信、學校教育、標準時間制度、星期制作息、守法與現代衛生觀念的建立等，有「都市之肺」美譽的都市公園就藉由 1900 年的「臺北城內市區計畫」引進臺灣，在空間轉化、地景改造下，使臺北居民進入近代都市文明的生活。

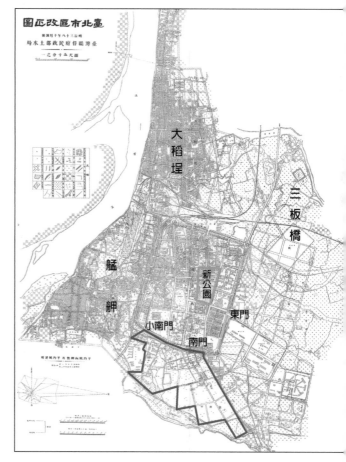

圖 1.1.1 （紅框）1901 年「臺北城外南方市區計畫」範圍[5]。
底圖：1905 年臺北市區改正圖

---

1. 市區改正：都市計畫之前身，「市區」是指清代已發展成形的市街地區，「改正」就是道路拓寬、闢下水道、防火巷，使都市環境更安全的改善工程。

2. 三市街：指艋舺、大稻埕、臺北城。

3. 臺北縣告示第 90 號「臺北城外南方市區計畫」，1901 年 6 月 1 日《臺北縣報》第 276 號。

4. 1901 年 6 月 9 日《臺北縣報》第 279 號。

5. 參考黃武達（1997），《日治時代（1895~1945）臺北市之近代都市計畫》附圖，繪製而成。

二、臺北公園系統中的「公園道」

什麼是公園道？

公園道是都市計畫下都市公園系統之一環，是不可或缺的重要公共設施。其定義為人行道與車道分離，種植路樹，是種公園化的道路，屬於細長型公園。林蔭道（Boulevard）、公園道（Parkway）、散步道（Promenade）皆屬公園道，是聯絡各公園間的道路，並建構完整的都市公園系統，且由市區內任何地點經此公園道皆可到達公園。公園道也同為都市的公共空地，與公園、綠地等同樣有休憩、美化環境、減緩熱島效應與保健衛生之重要功能；也是公共設施的供給路線（下水道、電力、瓦斯、水、電話等管線）；戰時可作為疏散道路，並具有防空功能；火災、地震災難時可作為緊急避難所，同時有防火線的功用。

公園道的發展歷史

封建時代，歐洲城市多有城牆環繞，城內有駐軍維持政治、經濟秩序，道路的規劃與防禦有關。但隨著人口、商業成長，逐漸拆除城牆向外擴張，住家也遷移至郊區。歐洲的「Boulevard」指的是將城牆拆除、填平河道、並種植路樹與設置綠帶的大道路，但是現今的 Boulevard，則多指將道路公園化，並在有寬度規定的道路兩側或中央種植樹木或鋪設草坪的寬幅馬路。「Parkway」則是將人行道與車道分離並種植路樹，沒有寬幅限制、設計自由活潑、更「公園化」的道路，屬於細長型的公園。「Promenade」是指街道兩側設有公園設施，供自由散步的普通街道，規模較公園道、林蔭道小，但臺灣似乎未出現過此類型。

日本的公園道與公園系統

日本自幕府末期至明治（1868~1911）期間，居留地（外國人居住地）與開拓地，皆興建寬幅道路做為防火帶，如 1866 年 11 月 26 日橫濱發生「豚屋火事」，三分之二的日本人街區與四分之一的居留地被燒燬後，於是年簽定「橫浜居留地改造及び競馬場、墓地等約書」，明訂居留地與日本人街區進行區劃整理，並興建 36 公尺寬幅道路以防止火災延燒。1872 年，由英國土木技師布朗通（Richard Henry Brunton, 1841~1901）所設計的近代道路「日本大通り」，中央車道 18 公尺、人行道與植樹帶左右各 9 公尺，可連結橫濱公園與日本第一座臨海的山下公園，就是「公園道」概念導入防災設施的實際範例。

1920 年代公園道概念傳入日本。建築家片岡安（1876~1946）於 1916 年以其著作《現代都市之研究》，首度將美國的公園系統介紹到日本。1919 年赴歐美視察的日本造園家折下吉延（1881~1967）於演講中提及，相對於散落式公園計畫，以植有雄偉並排樹列的連絡道路串聯公園的公園系統才是最新趨勢，並命名為「連絡式公園計畫」，讓全市成為一大公園。

1920 年代初期，東京與大阪經都市計畫後始有 44 公尺寬幅道路，函館、靜岡也在火災後，於寬幅道路旁種植行道樹形成防火區。1923 年關東大地震後的帝都復興計畫納入公園道系統概念，興建寬幅道路的「延燒遮斷帶[6]」，又如札幌市的「大通り公園」皆是受歐美的都市計畫、綠地思潮的影響，將公園道概念引進日本的都市計畫。1930 年代日本則將公園道、公園系統列入滿洲、臺灣等殖民地的都市計畫中。

臺北公園道的首例——三線道

1905 年的「臺北市區改正計畫」除了將「公園」納入市區改正計畫外，並拆除城垣改建三線道，但計畫並無實行期限，端視財政、經費來源

圖 1.2.1 舊臺北城牆與南門

的充裕與否，無從推測何時、何地實行市區改正。

　　三線道中最先興工的段落是小南門至北門的「西三線」，於 1906 年 12 月初竣工，但僅至西門街大路（今衡陽路與中華路一段交點）為止。1907 年始進行西門外大橢圓計畫，1909 年 7 月橢圓形道路興工，並於 10 月竣工。同年也實行北門與大稻埕地區的市區改正計畫，根據《臺灣日日新報》的報導，三線道是陸續興建完工，非同時進行。

　　臺北城的物理屏障——城壁[7]，於 1910 年拆除竣工後，在城牆原基址闢建三線道，也就是今忠孝西路、中山南路、愛國西路與中華路，其基

本形式為中央是快車道，兩側各設置 3 公尺綠帶為種植路樹的安全島，再兩旁則為慢車道。分隔出三條道路，是基於熱帶地區夏季炎熱之時綠蔭可避暑，且具有衛生上不可欠缺的功能。1913 年後廣植行道樹，是臺灣都市鋪設林蔭道的首例，且為日後都市計畫中「公園道」的具體示範。而 1938 年 11 月竣工的南三線道逍遙道，面積與規模為三線道中最大，被稱為逍遙公園，並冀望其綠地設施能發揮保健功效。

　　臺灣行道樹的種植是日本新殖民地的模範改造。為呈現優美高尚的整體感，選定樹種與植栽距離都有周密的規劃，也重視行道樹景觀的修飾。此外，總督府民政局殖產課還出版田代安定所著的《臺灣街庄植樹要鑑》一書，其中多為豆科常綠喬木，為公園、庭園、街道選定樹種種類提供綠化資料，是官方積極種植公園、庭園、市街道樹木之端緒。因三線道上整齊而又常年綠意盎然的路樹與美麗的圓環，臺北曾被譽為「東洋

6. 延燒遮斷帶：即防止火災漫延的防火線。
7. 拆城後，城壁的石材用於興建監獄、公家機關建築物的圍牆與鋪設下水道；位於今金山南路原臺北監獄的圍牆與下水道就是使用城壁的石材興築的。

圖 1.2.2　由南門圓環往北望向東三線道路，端景為東門

之小巴黎」。

三線道是臺北城內與四周聯外的幹道，連結大稻埕與艋舺兩個舊城區，至此「臺北」的概念由三市街成為一個整體的都市。而1905年「臺北市區改正計畫」中，依公園道概念興建的臺北三線道，甚至比日本本土還早實施。

1910年拆除城牆興建三線道，同時在各城門的周圍關設「綠地」設施，是臺灣「綠地」設施的濫觴。1932年「大臺北市區計畫」後，日本政府認為「公園綠地」是近代都市的重要設施，市民漸漸意識到對自然的要求後，「都市綠化」議題抬頭，「全市綠化運動」名實共存。1936年西三線道修復工事之際，中央車道兩側設置幅員3公尺的綠地帶，並種植行道樹與綠地設施，街景煥然一新。根據《臺灣日日新報》，臺北市街因市區改正之進步，與屬行防疫的結果，大致堪稱為健康之地了。

臺北市除三線道外，1901年10月27日為舉行臺灣神社安神位的鎮座祭典，特地為內地的「敕使」奉侍神靈來臺而關建的敕使街道，興建時還拆除東門兩旁的城牆，並種植600株相思樹，揭開臺北市有計畫種植街道樹之端緒。之後，隨市況發展、交通量增加，1936年起從北門町市役所前延長至圓山町明治橋前，並拓寬至幅寬40

公尺，敕使街道成為日後市區改正的依據，且是當時都市的中心軸線。

敕使街道分為中央12公尺的快車道，兩旁設寬2.5公尺綠島，綠島上種植樟樹與裝設水銀街燈，外側設下水道，其外側為慢車道與種植楓樹的人行道。竣工後的敕使街道（今中山北路），由臺灣神社境內經過前面指定的「公一」至「公四」公園群、市街中心，並與東三線道（今中山南路）連結，將城中與北邊山脈連成一線，成為臺北市最美的景觀林蔭大道。

圖 1.2.3　敕使街道（臺北市役所（1939），《昭和十四年版臺北市概況》，臺北：臺北市役所。無頁碼）

表 1.2.1 日治時期臺北公園道與現況

線路名稱	興建年代	長度 m	現況
北三線道（今忠孝西路）	約 1910	794.3	路型已變更，行道樹已剷除。
東三線道（今中山南路）	約 1910，1937 年 11 月修改	1,060.2	路型維持原貌，行道樹還在。
南三線道（今愛國西路）	約 1910	795.5	1958 年 5 月工務局調查有 2,029 間違建侵佔，後被拆除。
南三線道逍遙道路（今愛國西路）	1938 年 11 月竣工		1958 年 5 月工務局調查有 400 間違建侵佔道路用地。1968 年 10 月 30 日違建全拆除，1969 年 10 月 20 日拓寬成四線道工程竣工。目前路型維持原貌，部分行道樹因興建捷運而遭移除。
西三線道（今中華路）	約 1910，1936 年 5 月修改	1,107.3	1958 年 5 月工務局調查有 2,029 間違建侵佔，1960 年 7 月 2 日違建全部拆除。1961 年修建為四線道。1961~1992 年建有 8 棟中華商場，1983~1989 年鐵道地下化路型改為八線道。
敕使街道（今中山北路）	1901	3,140	臺北市有計畫種植行道樹之始
	1938 年 3 月	290	1936~1941 年拓寬至幅寬 40 公尺。
	1939 年 3 月	282	目前路型維持原貌，行道樹還在。

鄰里公園的萌芽期——三線道上的小公園

《臺灣日日新報》（1931.02.26）報導：對都市而言，購買公園用地雖感困難，但為市民保健與保安上來說，不得不行，京濱大地震時東京市內大、小公園不足，因而危及市民安全。晚近運動競技非常盛行，特別是在副熱帶的臺北市獎勵運動是有其必要的，運動公園的設置也極度缺乏，歐美各國投入巨額興建兒童保建設施，臺灣在此世界潮流下，如果可以的話應多設計小公園與兒童遊園地。

1905 年公告「臺北市區改正計畫」拆除城垣後，陸續拆除所有城牆與東門（景福門）、北門（承恩門）的甕城，為興築鐵路又拆除西門（寶成門）。而北門、東門、南門（麗正門）、小南門（重熙門），則在臺灣總督府圖書館長中山樵等學者堅決主張下，經民政長官後藤新平下達命令，於 1935 年指定為史蹟名勝而被保存下來。三線道上的廣場與圓環，如東門圓環、南門圓環、小南門圓環與半圓形公園、北門圓環等，因位於交通要道，僅是「交通島」型綠地的作用，無法入內休憩。

日治時期，臺北市區內的小公園並不多，三線道上的小公園如西門的橢圓公園、臺北州廳前的廣場圓環、北門旁的泉町廣場，稍微彌補了市民的休憩需求，可視為臺北市鄰里公園發展的萌芽期。

圖 1.2.5　日治時期臺北州廳與廣場

圖 1.2.6　1923 年三線道的春季接力賽大會舉辦情況
（《臺灣日日新報》「絕好のマラソン日和のきのふ 三線道路十周リレー」，1923 年 2 月 12 日第 8061 號）

圖 1.2.4　西門橢圓公園，圖右側為西門市場

西門的橢圓公園有綠樹、中小水池、座椅和前民政長官祝辰巳（1906.11.13~1908.05.22 任內逝世）銅像，白天路人在綠蔭下納涼歇息，夜晚民眾來此乘涼散步，路旁有飲食、糕餅等攤販聚集，加上鄰近有西門町市場、旅館、酒樓、戲院等，夏季的夜市攤販使得此區夜晚燈影繽紛，攤販招呼客人聲此起彼落，繁華熱鬧的景象，儼然是市民的遊樂地。另外，臺北州廳前廣場圓環內有前民政長官大島久滿次（1908.05.30~1910.07 任職）銅像、綠樹、座椅，也可供民眾乘涼休憩。還有位於總督府鐵道部旁的泉町廣場（北門圓環旁半圓形公園），於 1927 年動工興建，其樣貌、設備與龍山寺公園相當，初夏時兒童可來此遊憩。

現今盛行的馬拉松競賽，競技團體「二葉會」早在 1920 年就於三線道舉辦春秋二回的十圈接力賽，是令人期待的島都盛事，揭開了臺灣陸上競技會的始頁。中長距離賽跑者的養成幾乎都出自接力賽大會，可見其對臺灣陸上競技會貢獻良多。參加競賽的團體有學校團體，如：師範學校、中學校、醫專、商工與工業學校等；各行各業，如：商工、鐵道、工業、商業、二葉會、農林、殖產等。1931 年 2 月 14 日鐵道部也曾舉辦內部的三線道路接力賽，參與的部門有工場團、工作課、改良課、經理課等，最後由工場團取得優勝，但因此次競賽交通事故多，爾後並未再舉辦。公園道與衍生的小公園不僅形成市民生活的新空間，也改變市民生活、保健、休憩的慣習，逐步走向近現代化的生活型態。

圖 1.2.7　1910~1945 年間臺北市三線道的小公園與廣場。底圖：1945 年 4 月 1 日美軍航照影像

三、擘劃臺北都市發展的藍圖
──1932 年「大臺北市區計畫」

　　1920 年代，歐美國家為抑制都市的快速擴張，採用「綠地地域制度」以解決都市化的弊端。1930 年代臺北市進入人口快速成長階段，隨經濟發展改以汽車為主的都市尺度，快速的交通體系改變都市結構，也使都市逐漸向外圍擴大。1932 年 3 月 7 日，臺北州告示第 54 號「大臺北市區計畫」案，對於臺北市的城市結構、佈局、景觀、交通幹道，提出整體性的都市改造規劃。計畫中將臺北市規劃為適合 60 萬人口居住的都市，涵蓋計畫範圍以「城內」為中心，半徑 6 公里範圍，將臺北與松山庄納入，面積達 386.798 公頃。現今舊臺北市區（1937 年都市計畫範圍）內的重要幹道與大型公園大致依此計畫實施。「大臺北市區計畫」可說是擘劃舊臺北市區發展的藍圖。

　　而 1932 年「大臺北市區計畫」中的公園系統，在當時日本與其殖民國間誠屬首例。東京與滿洲國的公園綠地計畫在 1939 年 4 月才通過審議。而 1923 年關東大地震時東京市內大、小公園不足，造成眾多災民無處避難的殷鑑不遠，故日本政府將關東大震災後「帝都復興計畫」具防災概念的公園系統導入「大臺北市區計畫」中。同時計畫開闢多條通往郊區道路，並以公園道串聯公園與公園間，形成公園系統。（參下頁地圖）

1932 年「大臺北市區計畫」內容如下：
1. 東至松山庄、西臨淡水河、南接新店溪文山郡、北以基隆河、劍潭山與士林街為界，市區計畫面積約 6,676 公頃，除山地、河川、沼湖、低濕地，實際市街地可利用面積約 4,780 公頃。
2. 主要交通網，幅員 15 公尺、20 公尺、25 公尺、38 公尺、40 公尺、47 公尺、60 公尺，共計 59 線，東西向道路 32 線、南北向道路 27 線，做適當配置，公園道（park way）5 線，由任一點到市區內的交通不超過 30 至 40 分

鐘。寬幅 40 公尺以上的道路都設置「植樹帶」與「綠地」設施，計有下列 5 條公園道：公園道第一號：自西新庄子到川端町；公園道第二號：自龍安坡到下內埔；公園道第三號：自朱崙厝到舊里族；公園道第四號：自東門町到松山；公園道第五號：自三橋町到中庄子。
3. 大公園 17 處，除考慮公園位置、特質機能外，公園與區域內任何地點的距離為 1.5 公里，各公園間以寬幅 60 至 80 公尺的公園道連接。

綜觀 1932 年「大臺北市區計畫」特徵，如下：
1. 建設以城內中心為核心的放射狀主要道路系統，結合棋盤式道路，劃分不同區域，市區外以環狀道路包圍、連結外縣市。雖設計周到，卻破壞原有街道紋理。
2. 「大臺北市區計畫」主要交通網以東西向道路為多，可引進陽光、通風、改善環境衛生，同時顯示城市東邊的新城區正在孕育中，也預告城市的發展趨勢轉為向東為主。
3. 以 5 條公園道使公園與公園相互連結，形成公園系統的林蔭大道，其特徵是成為東西、南北幹線道路，建構通往市郊的道路網，同時顯示公園系統已和道路系統成為都市計畫的二大架構。而二處公園道的交叉點擴大幅寬為 100 公尺，除交通機能外，也成為都市景觀的焦點。
4. 臺北市北隔基隆河畔的「公一」圓山公園、「公二」、「公三」、「公四」、「公十七」與對岸的臺灣神社形構為一整體的景觀，並以公園道第一號（今建國南北路）與南端新店溪畔的「公八」川端公園，連結為臺北市南北兩端的大型公園，將市區明顯分隔成東、西二區。以東門為起點、總督府為端景的公園道第四號（今仁愛路）是市內的

重要東西軸線，並以此營造都市意象。

5. 「公一」至「公十七」公園預定地的位置，雖考慮未來都市地域內的分布，但舊市區（大稻埕、臺北城、萬華）僅有「公十二」與「公十三」公園，明顯分佈不均。

6. 公園與公園道路面積佔市街地可使用面積的8.09%，以臺北市飽和人口60萬人計算，每人平均可享用的公園綠地面積6.45平方公尺，但相較於歐美平均每人20平方公尺的標準，還是明顯不足。

7. 日本政府除考量臺北的氣候，建設公園改善

都市內暑熱的現象外，1930年代後期戰爭氛圍漸濃，開始重視防空避難等因素，因此計畫中的公園預定地與公園道，在平日供市民休憩外，戰時可做為防空避難用途。

日本於1919年4月5日法律第36號公布「都市計畫法」，1933年臺灣總督府聘兵庫縣都市計畫委員會技師小野榮作，將日本的都市計畫概念，包括土地重劃、土地分區使用移植至臺灣。1934年臺灣總督府成立「都市計畫法施行準備委員會」，1936年8月27日律令第二號頒佈「臺

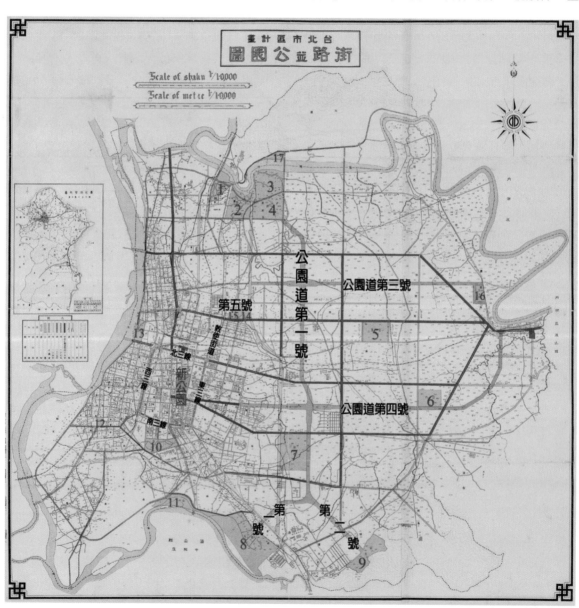

圖1.3.1　1932年「大臺北市區計畫」的「公一」至「公十七」號公園與公園道（第一至五號）。
底圖：1932年臺北市區計畫街路並公園圖

灣都市計畫令」，包括：道路、廣場、河川、港灣、公園、開發建築用地、土地區劃整理；同年 12 月 30 日府令第 109 號公告「臺灣都市計畫令施行規則」，1937 年 4 月 1 日實施都市計畫、建築管理、土地重劃合而為一的「臺灣都市計畫令」，只比日本的「都市計畫法」晚了 17 年，可見日本許多邁向近代化的政策幾乎與殖民地臺灣同時實施，也顯見臺灣都市計畫的「先進性」。

　　1937 年施行「臺灣都市計畫令」，但此時日本已將人力與物資投入戰爭中，臺北市的建設停滯，僅有幸町[8]與敕使街道沿線的土地區劃的整理事業持續進行。戰後日本撤出臺灣時，當時臺北市實際已發展的區域僅東至今杭州南、北路而已，以東地區只有學校、垃圾焚化場、汙水處理場、飛行場、鐵道維修場等公共設施，其餘大部分是水田，由此可見幸町與敕使街道沿線的土地區劃整理事業並未竣工，但為臺北市日後的發展預留了道路、下水道、公園等公共設施保留用地。

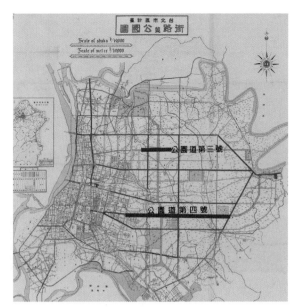

圖 1.3.2　公園道第三號和四號。

都市計畫中「存在」（已興建）與「消失」（未興建）的公園道

　　然而，1932 年「大臺北市區計畫」中，雖規劃有 5 條公園道，總計面積 120.7 公頃，佔都市可利用面積 2.525%。但與現今的 Google map 疊圖後，至 1945 年二次大戰終戰前，實際闢建的公園道僅有「公園道第四號」的前段，即今仁愛路一、二段，面積僅 4,156 平方公尺。而後段（今仁愛路三、四段－基隆路－塔悠路）因已進入戰爭軍事時期並未興建。至 2018 年止「公園道第三號」只興建今民生東路二、三段，「公園道第四號」也只有今仁愛路一至四段而已。

　　總計二次大戰終戰前臺北市已開闢的公園道（北三線道、東三線道、南三線道、西三線道、敕使街道與公園道第四號前段）面積 40,426 平方公尺（4.04 公頃），佔都市可利用面積僅千分之 0.8，因此 1937 年都市計畫擬建構的公園系統僅完成一小部分。

　　同樣因進入戰爭軍事時期未興建的「公園道」，因二次大戰後大量中國政治移民來臺，在

住屋供給不足的情況下，許多人在都市計畫的「預定道路」範圍搭屋居住，因而也並未興建，詳情如「表 1.3.1」（「---」表示未興建道路）。

戰後的三線道與小公園發展

　　二次大戰末期，這些街道綠地因設置防空壕，與獎勵市民栽種蔬菜，又遭轟炸損害甚大，戰後經數度植樹木、鋪草坪修復，始恢復舊觀。而為因應都市的經濟發展，1954 年因興建臺灣第一座立體道路「復興橋」（1955 年 2 月 24 日通車）而拆除原臺北州廳前的圓環；1995 年「復興橋」拆除，改為立體道路。

　　現今，敕使街道（今中山北路），是通往大直、士林的交通要道，目前路型維持原貌，行道樹也仍存在。東三線道（今中山南路）路型維持原樣，行道樹也還存在。南三線道逍遙道路（今愛國西路）目前路型維持原貌，部分行道樹因興建捷運而遭移除。西三線道（今中華路）1961 年至 1992 年間建有 8 棟中華商場，1983 年至 1989 年因鐵道地下化與拆除中華商場後，路型改為八

8.　幸町土地區劃整理事業：範圍包括樺山町、幸町、東門町一部分，1939 年 2 月 18 日臺灣總督府《府報》第 3509 號告示第 58 號「幸町土地區劃整理設計書及土地區劃整理施行規則」業已認可。

圖 1.3.3　北三線道今貌（今忠孝西路，無行道樹），端景為北門（2017.03 林芬郁／攝）

圖 1.3.4　西三線道今貌（今中華路）（2017.03 林芬郁／攝）

圖 1.3.5　南三線道（今愛國西路），是三線道中最寬擴的（2017.03 林芬郁／攝）

圖 1.3.6　敕使街道今貌（今中山北路）（2019.10 林芬郁／攝）

圖 1.3.7　原臺北州廳前廣場的復興橋拆除，圓環改為立體道路（2017.03 林芬郁／攝）

圖 1.3.8　東三線道今貌（今中山南路），端景是景福門（2017.03 林芬郁／攝）

表 1.3.1　1932 年「大臺北市區計畫」的公園道（第一至第五號）

路線名	區 間	今現路線名	長度 km	寬度 m	面積 m²	備註
公園道 第一號[9]	西新庄子－川端町	建國南、北路－辛亥路一段	6.31	70	494,320	現為「建國高架道路」，全路段並未興建公園道。（1958 年時建國北路曾有違建 120 間、建國南路曾有違建 370 間）。
公園道 第二號	龍安坡－下內埔	辛亥路二段 ------ ------ 長興街	1.35	70	94,500	前段為辛亥路二段，中段為臺灣大學使用，後段為長興街，全路段並未興建公園道。
公園道 第三號	朱崙厝－舊里族	民生東路二段－塔悠路	3.66	60~70	258,080	民生東路二、三段上，在松江路至敦化北路間有興建「公園道」，過了敦化北路至塔悠路路段未建。
公園道 第四號	東門町－松山	仁愛路二段－基隆路 --- 松信路	5.00	100	338,480	仁愛路二段至基隆路之間有興建「公園道」，基隆路到松信路間則未興建。根據資料，在 1958 年仁愛路三段曾有違建 137 間。
公園道 第五號	三橋町－中庄子	中山北路二段到新生北路二段之間（中山北路二段 39 巷－新生北路二段 28 和中山北路二段 45 巷－林森北路 259 巷圍成的區塊）	0.45	50	22,500	因該地區發展迅速，為解決居民日常購物、停車問題，1968 年 4 月市政府將其變更為廣場、市場與停車場保留地，廣場的一部分變更地目後興建晶華酒店，市場用地則興建欣欣百貨公司，全路段並未興建「公園道」。
					1,207,880	

資料來源：1932 年「臺北市區計畫街道並公園圖」；朱萬里編著（1954），《臺北市都市建設史稿》，臺北：臺北市工務局，頁 96；聯合知識庫，「市違建屋分布詳情」1958-05-02 聯合報 03 版 http://udndata.com/library/udn/ ；Google map；林芬郁整理、製作。

＊ —— 有興建道路 ---------- 未興建道路

線道，路樹改植樟樹、茄苳、檬果等。北三線道（今忠孝西路），路型不變但是全無行道樹。

東門、南門、小南門於 1966 年由閩南式建築樣式改築成北方宮殿式建築，並成為交通島，圓環已「槽化」[10]；南門橢圓公園還存在，但成為交通島，圓環也已「槽化」。半圓型小南門公園曾改名為八甲廣場，現已改為平面道路。1958 年西門圓環整修，祝辰巳銅像基座移到中山堂前（但銅像已更換為孫中山），圓環「槽化」，現改為廣場與捷運站出口。

原北門旁的泉町廣場在戰後更名為「北門廣場」，1947 年又改名為「北門公園」，但於 1976 年初因興建北門高架道路而將公園拆除，現為道路中間的一小方綠地；至於北門圓環，2016 年 2 月拆除高架道路後，2017 年改為廣場，已改變原貌。

---

9. 公園道第一號古亭町－水道町原計畫特種街路第一號交點處附近位置變更。

10. 槽化：為改善交通在圓環內設分隔島，分隔車道以減少交通擁擠的情況。

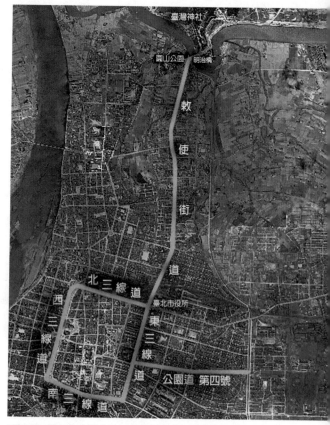

圖 1.3.9　1945 年止臺北市已興建的公園道（綠色線）。
底圖：1945 年 4 月 1 日美軍航照影像

SEVENTEEN

THREE

ONE

FOUR

TWO

SIXTEEN

FOURTEEN

FIFTEEN

THIRTEEN

FIVE

日治初期，臺北首先興建圓山公園，揭開了臺灣都市公園的序曲，
後續又在何種機緣下陸續興建公園呢？

LVE

TEN

SIX

SEVEN

ELEVEN

EIGHT

NINE

TAIPEI / PARK

第一章　打開臺灣公園的新頁：圓山公園（公一）

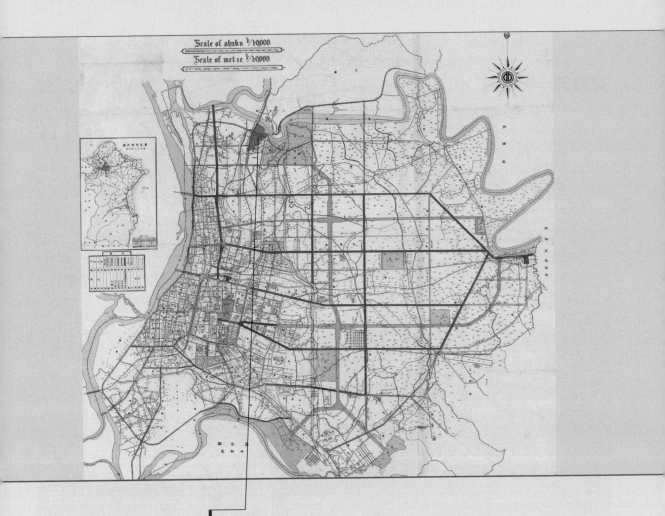

公園號次：一
開園時間：1897 年
日治時期名稱：圓山公園
現今公園名稱：花博公園圓山園區
開闢面積：15.57 公頃
地點：今中山北路三段、酒泉街、玉門街與基隆河所圍之地

圓山公園

臺灣第一座公園

圓山公園位於今中山區中山北路三段、酒泉街、玉門街與基隆河所圍的範圍，右側以中山北路三段與花博公園美術園區相隔，北邊隔著基隆河與圓山相望，是臺北市都會核心區最北端的美景，1932年「大臺北市區計畫」中規劃為「公一」公園預定地。

這座臺灣最早設置的圓山公園敷地，清治時期位於山仔腳庄，清代曾有大龍峒舉人陳維英的私人別墅「太古巢」（舊兒童樂園售票口山坡上）建於此處，1895年日本統治後改做陸軍墓地，1901年有淡水線鐵道經過，並設有圓山驛（圓山車站）。1920年市區改正後屬圓山町。

1896年，臺北縣知事橋口文藏向臺灣總督樺山資紀提出申請興建公園，他指出：「**在臺灣炎熱之地，築一遊園地以保持官民逍遙、快樂、健康。日本陸軍共同墓地、丘陵起伏，地勢傾斜，**

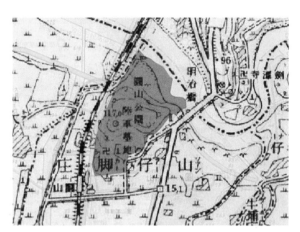

圖 2.1.1 圓山公園敷地（綠色範圍），清治時期屬於山仔腳庄。底圖：1898年日治二萬分之一臺灣堡圖

依傍淡水河、圓山為風景佳勝，適宜設置公園，建議將圓山共同墓地改設公園，此乃人民的希望，民眾也願意贊助。」據此推測，圓山公園原是陸軍墓地與基隆河畔河川地，可能是當時較易取得之地。所以在臺北縣知事提出後，總督府隨即執行興建工程，並於1897年竣工開放。圓山

圖 2.1.2 現今圓山公園地理位置圖。底圖：Google Earth

公園是臺灣史上首次出現「公園」一詞，是公共休閒空間的重要里程碑。

圓山公園的建立與英國人提出興建英式風格的山手公園[1]之要求有異曲同工之處，都是殖民者複製熟悉的地景、建立歸屬感，並合理化殖民者的存在。但山手公園只限英國人使用，而圓山公園則為免費的公共空間，日本人與臺灣人皆可使用，無階級與種族的區隔。被森林圍繞風景明媚的圓山公園，爾後陸續設置噴泉、小瀑布，吸引許多臺北人到此休閒散步，成為新的社交生活空間。

圓山遺址

1897 年，伊能嘉矩與宮村榮一在地表調查時發現圓山遺址，並進行試掘。1919 年宮原敦也曾於此挖掘與研究，之後臺北帝國大學土俗人種學講座也曾有數次調查與挖掘。考古學家認為，圓山遺址文化層為距今 16,500 年至 400 年的先陶文化、大坌坑文化、訊塘埔類型、圓山文化、十三行文化（參見表 2.1.1）。1923 年 9 月 20 日「臺灣博物學會[2]」會長素木得一向臺灣總督內田嘉吉提出《臺灣史蹟名勝天然紀念物保存ニ對スル建議書》，其中的本島史蹟名勝天然紀念物保存物件案，即包括圓山公園內的貝塚，1935 年指定圓山貝塚與大砥石為「史蹟」[3]。

表 2.1.1 圓山遺址文化層

時期	文化層
距今 16,500BP 左右	先陶文化
距今 6,300~4,500BP 左右	大坌坑文化
距今 4,500~3,500BP 左右	訊塘埔類型
距今 3,200~1,800BP 左右	圓山文化
距今 1,800~400BP 左右	十三行文化

＊考古遺址的「距今」年代是以距碳十四年代定年開始計算之 1950 年，以 BP 表示

圓山公園內的教化設施

圓山公園雖是公共休閒場所，但在殖民者刻意經營下，成為具有教化意義的名勝遊覽地，設置的原意是基於政治、教化目的，與都市計畫無關。之後，圓山公園內陸續增加臺北縣警察官表忠碑（1899 年）、鎮南山臨濟護國禪寺（1900 年）[4]、陸軍墓地之碑（1901 年）、臺灣總督府民政長官水野遵銅像（1903 年）、臺灣日日新報筆塚（1914 年）、憲兵忠魂碑（1933 年）、忠魂堂[5]、臺北消防組長船越倉吉像（1934 年）等。

另外，原位於臺北城內東門街奉祀節婦孝子的節孝祠與陛表，因該敷地將興建官舍之故，將節孝祠移築到圓山公園內（1906 年），不僅增添景致與保存歷史資產，更可收到表彰節孝大義的教化功效。

---

1. 山手公園：日本橫濱於 1859 年開港後，山手地區（今神奈川縣橫濱市）是以英國人較多的外國人居住地（即「日本中的外國」），1869 年 W. H. Smith 等居民代表提出興建公園要求，1870 年 6 月 4 日山手公園（The Yokohama Public Gardens）開園，是日本境內第一座西洋式公園。1871 年政府將「山手第 230 番公園地券」交給居留民委員會管理公園，是日本公文中首次使用「公園」一詞。

2. 1910 年 12 月由日本學者川上瀧彌（會長）、岡本要八郎（幹事）、島田彌市（幹事）、佐佐木舜一等人所組成的第一個研究臺灣博物的學術團體。

3. 1935 年 12 月 5 日臺灣總督府《府報》告示第 184 號

4. 鎮南山臨濟護國禪寺：1898 年臨濟宗傳教師梅山玄秀接到臺灣兒玉總督授意，率領 10 名傳教師來臺在芝蘭一堡的劍潭寺開設傳教所，之後選定圓山西側建寺，1900 年完工舉行入佛式，並由兒玉總督命名「鎮南山臨濟護國禪寺」。

5. 忠魂堂：1906 年 12 月 2 日舉行入佛式，為淨土宗傳教所，後來移到樺山町新建廟宇中（今善導寺）。

圖 2.1.3　忠魂堂

圖 2.1.4　從劍潭山遠望圓山公園

圖 2.1.5　（1903 年竣工）臺灣總督府民政長官水野遵銅像

圖 2.1.6　（1901 年設）圓山陸軍合葬墓地

圖 2.1.7　護國禪寺

圖 2.1.8　圓山公園望向明治橋，橋左前方是水野遵銅雕像。

宣揚國家神道的臺灣神社

日本明治維新時期，結合神社神道與皇室神道形成國家神道，治理臺灣後透過國家權力，宣揚神祇崇高思想，並藉著高官顯貴的行為表率，彰顯對神祇崇敬的精神，利用教育機構、宗教設施，貫徹宗教政策，成為統治者推行國家神道運用的策略。日本在殖民地興建神社的第一要務是要成為日本人社會精神統合的核心，也是對殖民地有支配權的象徵。

神社是指一處可以讓神靈降臨的場所，舉行祭典的地點必須是清淨、遠離世俗塵囂之處。理想上，神社應該位在高處的森林中，將神社莊嚴神聖的文化意涵轉化為實質空間，讓參拜者可強烈感受到神聖、肅穆的氛圍，通常選擇住宅區邊緣的丘陵郊區或是蒼鬱林木的公園。

圓山公園開園後，日本政府原本計畫在陸軍共同墓地興建神社，紀念征臺戰役中過世的北白川宮能久親王。但因墓地移轉困難，基地規模與高度不足，無法保有神社威嚴等因素，只好將目光轉移至對岸的劍潭山。坐擁廣闊神域，後有靠山前有河川、林木蓊鬱的劍潭山正符合興建神社的要件，因而選在山腹上興建臺灣神社，山下的淡水線鐵道也設有「宮ノ下」駅，方便民眾來此參拜。

圖 2.1.9　臺灣神社的狛犬今已遷移到臺北劍潭公園內

圖 2.1.10　臺灣神社社務所

1901 年 10 月 27 日，特地由日本「敕使[6]」奉迎北白川宮能久親王神靈來臺奉祀於此，舉行盛大安神位的鎮座祭典。敕使沿著樺山町往北行，經圓山公園後過明治橋到達臺灣神社的參拜道路，因而被稱為「敕使街道」（原稱「臺灣神社道」）。

臺灣神社是臺灣唯一的官幣大社[7]，是日本在臺所興建神社中社格最高、佔地面積最廣、建築規模最宏大壯麗的神社，祭祀北白川宮能久親王[8]與大國魂命、大己貴命與少彥名命「開拓三神」，有自日本「開拓」殖民地的象徵意圖與統領第一個殖民地臺灣之意，鎮座祭典後喚起日本人的敬神思想，同時馴化臺灣人對神社崇敬之心。當時凡來臺灣的日本皇族必來此參拜外，臺灣始政紀念日（6月17日）與臺灣神社例祭日（10月28日）學校都會帶領學生至此參拜，順道舉辦修學旅行，是日本政府藉教育制度改造、同化，培養臺灣人接受「忠君愛國」的精神。新年時的「初詣（はつもうで）[9]」參拜者從 12 月 31 日除夕晚上 11 點前後更是絡繹於途。而鬱鬱蒼林更是常夏之國市民乘涼、散步的好去處，臺灣神社與圓山公園可說是臺北北隅的休憩場所。

1937 年實施皇民化政策後，擴張臺灣神社的「境內（けいだい）[10]」地，1944 年 6 月 17 日

增祀天照大神後，升格改稱為臺灣神宮，成為大日本南方鎮護中心。是年 10 月 25 日一架原定降

落在松山機場的日本軍機墜落在神宮附近，導致嚴重損毀，直到二次大戰結束前都未復原。

---

6. 傳達天皇之意所派遣的使者。

7. 官幣大社（かんぺいたいしゃ）：係指由日本政府所奉祀的大神社，舉行祭典時是由日本皇室奉獻幣帛料。

8. 北白川宮能久親王：1847~1895 年，日本皇族，任中將近衛師團長，1895 年乙未戰爭攻臺時感染惡疾逝世後，追贈將軍。

9. 初詣：日本人新年的習俗，指新年後首次到神社或寺院參拜，通常是 12 月 31 日（大晦日）晚上或 1 月 1 日早上。

10. 境內：社寺的敷地，舉凡本殿、拜殿、本堂等宗教儀式舉行之所，信徒教化育成之宗教目的使用建築、工作建物、參道等所使用的土地皆是。

圖 2.1.11　臺灣神社與圓山公園（作者不詳（1935），《臺北市大觀》，臺北：臺北市役所）

圖 2.1.13　臺灣神社全景照

圖 2.1.12　1916 年臺灣神社境內圖

圓山公園的靜態遊賞與動態活動

圓山公園於 1915 年設立圓山動物園，做為御大典的紀念事業[11]，動物園內有猛獸室、駱駝室、大鳥館與小鳥館、水禽籠、猿雜居室、鱷魚池等，是臺灣在公園內（官方）經營動物園的首例，成為觀賞動物生態兼學術研究的場所，1920 年臺北市制實施後轉交臺北市政府管理。1923 年為迎接裕仁皇太子行啟，在公園南邊設置圓山運動場[12]，此後公園除知性、靜態遊賞等功能，還增加西方近代化的體育動態活動。而於 1938 年 7 月 21 日開園的「圓山遊園地」，為臺北市政府購置鄰接地而設，內有山水景觀、巨岩奇石、水蓮池、花壇、遊戲砂場等，也有兒童遊樂設施如迴轉飛行機、電氣自動車等數十種，是一處現代化的遊樂場與市民行樂之地。

1932 年的「大臺北市區計畫」中，將圓山公園納入「公一」公園，與南邊「公八」川端公園計畫串連為臺北市南北端的二大公園。

圖 2.1.16　圓山運動場

圖 2.1.14　日治時期圓山遊園地（臺北市役所（1940），《臺北市政府二十年》，臺北：臺北市役所。無頁碼）

圖 2.1.15　動物園門口（臺北市役所（1933），《たいほく》，臺北：臺北市役所）

圖 2.1.17　1945 年的圓山公園。底圖：19450617 美軍航照影像

臺灣神社

基隆川

遊園地

節孝祠

動物園

忠魂堂

臨濟寺

陸軍墓地

圓山驛

淡水線鐵道

陸軍病院

敕使街道

二次大戰後的圓山公園

自圓山公園成立到終戰為止，日本政府除移植西方的公園、動物園、遊園地、運動場等休閒空間概念，並實踐於公園建設外，還以政治權力加入社寺建築、雕像與紀念碑等日本文化元素「教化」國民，成為其政治意識型態的殖民空間。二次大戰期間，除圓山動物園與兒童遊樂地外，其餘都劃為軍用地，圓山運動場撥給陸軍醫院使用，失去公園的用途。

戰後，因圓山公園毗鄰中山北路，易名為「中山公園」。之後政府為彌補公園不足，以圓山、中山橋一帶秀麗風景，為防止無計畫建築的破壞為由，1946 年 5 月 4 日公告「臺北市都市計畫圖（分區使用）」，1952 年將圓山一帶劃定為「風景區」立法維護。又因動物園與中山橋附近有許多違章建築，1966 年訂定「圓山新生計畫」全面整頓，在動物園旁興建一座具中國傳統色彩的 4 層樓綜合大樓，地下樓與一樓為飲食攤販與商場，二、三、四樓分別供動物園、民防指揮部與民防電臺辦公之用，冀望計畫完成後可完全根除圓山一帶的違建，圓山河濱公園[13] 完成後，也可使圓山一帶成為更完整的遊樂地區。

1952 年至 1996 年，於忠魂堂原址興建同德新村，1955 年至 1995 年陸軍墓地原址闢建空軍大鵬戲劇職業補習學校，「公一」公園預定地內還曾有北區憲兵隊（1996 年拆除）。原圓山運動場在戰時改為陸軍醫院，戰後暫為國軍使用，1950 至 1970 年代提供美軍顧問團使用，美軍撤離臺灣後，1989 年改建為中山足球場，2010 年臺北國際花卉博覽會時做為「爭豔館」，現為花博公園的一部分。

兒童遊園地於戰後轉交臺北市政府管理，1953 年經整修後開放，並改名為「中山兒童樂園」。1986 年臺北市立動物園遷至木柵動物園後擴大園區，1991 年竣工後更名為「臺北市立兒童育樂中心」，內有昨日世界、明日世界與遊樂世界三大主題，是許多人充滿童年回憶的地方。2014 年 12 月 14 日「遊樂世界」結束營運，「明日世界」於臺北國際花卉博覽會時改成「真相館」

圖 2.1.18　1991 年的圓山公園。底圖：1991 年「航測影像」

後，目前未對外開放，「昨日世界」2014 年閉園後，2019 年再次開放。

圓山公園由私人別墅、日本陸軍墓地、臺灣第一座公園、動物園、遊樂地，經「圓山新生計畫」整頓，又遭軍警單位、眷村佔用等，2010 年做為花卉博覽會使用，現今部分公園用地轉為會展特定專用區或展演活動之用。

關於圓山遺址

臺灣的文化資產保存法對遺址的定義為：「考古遺址：指蘊藏過去人類生活遺物、遺跡，而具有歷史、美學、民族學或人類學價值之場域。」且有法令保護之（文化資產保存法第三章考古遺址第 43 條～第 59 條）。在非調查與研究下，不應擾動圓山公園敷地內的圓山遺址文化層。

2018 年 7 月，臺北市公園處的「圓山自然景

觀公園」工程，在施工時不慎挖到圓山遺址文化
層，導致地面下深度 50 至 60 公分的文化層裸露，
上百片陶片露出地面，考古界怒批嚴重破壞文化
資產。然而這並非遺址文化層首度遭到擾動，
2010 年臺北國際花卉博覽會工程中就已遭破壞，
花博結束後臺北市長郝龍斌將此地規劃為「臺北
城市博物館聚落」，繼任的柯文哲市長認為涉及
國定遺址審議、新建建物、經費等因素中止該計
畫後，轉型為「圓山遺址自然景觀公園」。

目前，圓山遺址已增設解說牌，建議也可參
考東京芝公園的丸山古墳遺址以矗立紀念碑與解
說牌的做法，告知大眾遺址的位置。目前「圓山
自然景觀公園」工程已拆除遊樂世界，僅保留摩
天輪、旋轉木馬。其他地區工程如遇到遺址時，
除務必要小心謹慎施工不得下挖超過 40 公分外，
建議應有考古專家全程在旁監看，避免憾事再次
發生。

圖 2.1.19　東京芝公園的丸山古墳遺址（2016.11 林芬郁／攝）

11. 御大典（ごたいてん）：日本 1889 年制定「皇室典範」，
　　依據「登極令」天皇即位儀式的內容有詳細的規範，首次
　　大正天皇即位之禮原預定 1914 年舉行，因 4 月昭憲皇太后
　　過世因而延到次年舉行。

12. 1926 年的「圓山公園擴大計畫」曾將公園的東南側與圓山
　　運動場納入圓山公園範圍內，但是 1932 年「臺北市區計畫
　　街路並公園圖」中卻未包括在內，且由 1945 年「美軍繪製
　　台灣城市地圖」觀之，東南側未做公園用途，圓山運動場
　　則改建為陸軍醫院，因而推論 1926 年的「圓山公園擴大計
　　畫」並未執行。

13. 圓山河濱公園：1970 年開園的圓山河濱公園，位於中山橋
　　北端北安路東側基隆河邊的原海軍眷舍之地。

圖 2.1.20　昔日的兒童樂園（2019.08. 林芬郁／攝）

博物館中的考古學研究所

如果讀者有機會到大阪的話，大阪城是必去的行程，附近的大阪歷史博物館更是不容錯過。電梯直上十樓開門後，走進原尺寸復刻的奈良時代難波宮大極殿與文武百官群像中，讓人有頓時回到 7 至 8 世紀之感。像這樣一踏出電梯門就進入異世界的場景，簡直如同綾瀨遙所主演的《本能寺大飯店》電影中，一位平凡女子穿越時空，遇見織田信長的情節一樣。

難波（なにわ）是大阪的舊名，7 世紀中葉都城從飛鳥（今奈良）遷移至此，據說難波宮（稱為「前期難波宮」）是日本首次依中國都城模樣建造，為當時最壯麗的宮殿，卻毀於大火。之後在其原址又重新建造「後期難波宮」，宮殿中最大的建築即是大極殿。8 世紀末期難波宮被廢除，拆解後的建材搬移至新都城再利用。難波宮逐漸被世人所遺忘，直到 1954 年在挖掘調查中被發現。

現今難波宮殿遺址中心部分已闢建為「難波宮跡公園」，可從博物館展示室的大玻璃窗遠眺，窗戶旁有對照圖可參考，也靜態展示當年挖掘的情況與遺址發現者山根德太郎（1889~1973，大阪

圖 2.1.21　窗戶前難波宮跡對照圖示（2018.09 林芬郁／攝）

圖 2.1.22　博物館內遠眺難波宮跡公園（2018.09. 林芬郁／攝）

市人、考古學者）銅像。博物館敷地為難波長柄豐碕宮原址，因此地下室保留了地下遺構，可在導覽員引導下參觀。

而八樓「發掘歷史的特集展廳」的難波考古研究所令我印象最深刻。展廳內除了靜態展示什麼是考古學外，還有考古發掘現場；一旁的工作檯抽屜內有各種配套元件，做拼對陶片與層位的訓練；透過原尺寸再現的遺跡學習調查、發掘技術與觀察方法，在能看與可觸摸的空間中體驗考古。

位於旁邊的圓山貝塚遺址精華區（舊兒童育樂中心），將來可在考古導覽人員引導下進行參觀，大阪歷史博物館的考古展示絕對是可借鏡的好案例。

「昨日世界」
可作為「考古展示區」

隨「圓山遺址自然景觀公園」對外開放的「昨日世界」，雖經整理後幾已全區開放，但建築仍緊閉門窗不得其門而入；「圓山遺址教室」的招牌已拆除，小庭院依舊未整理。建議建築物外觀仍需稍加整修，建物內部也需整頓後即可作為靜態的遺址展示空間，另外再增加考古體驗區；而

圖 2.1.23 　昨日世界（2019.10 林芬郁／攝）

圖 2.1.24 　八樓的「發掘歷史的特集展廳」（2018.09 林芬郁／攝）

第二章 臺北首座「市區改正」公園：臺北新公園

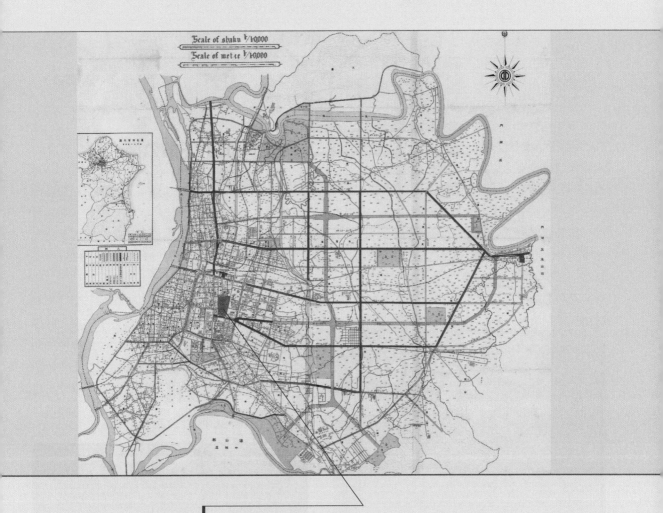

公園特色：臺北首座「市區改正」公園

開園時間：1908 年

日治時期名稱：臺北新公園

現今公園名稱：二二八和平公園

開闢面積：7.6 公頃

地點：今襄陽路、公園路、懷寧街與凱達格蘭大道所圍之地

臺北新公園

臺北新公園（今二二八和平公園）位於今中正區襄陽路、公園路、懷寧街與凱達格蘭大道的範圍內，東側與臺大醫院、臺北賓館相鄰，北側與西側是繁華的商業區，南面有凱達格蘭大道直通總統府，是臺北市大型公園中最靠近政治權力中心的公園，自日治時期起即肩負宣揚國力與教化之責。

擬興建新公園的敷地位於臺北城內中心偏東之地，清治時期建有聖王廟與天后宮。1899 年市區改正計畫與 1900 年公告「臺北城內市區計畫」中，基於公共衛生、改善環境等因素，在城內石坊街三丁目設置公園預定地，是臺灣「市區改正」下預留「公園」空間的第一個近代都市公園範例，迥異於臺灣傳統「廟埕空間」的概念。

「市區改正」下的公園

1900 年「臺北城內市區計畫」中，已在城內的中央位置規劃了「公園」。1905 年「臺北市區計畫」中擴大公園土地與完成規劃案（參見圖 1.1.1），1907 年再次擴大公園預定地，1908 年臺北新公園開園。

1905 年 6 月 3、4 日曾在新公園內舉行「臺北祝捷會」放煙火，並開模擬賣店，供軍人們暢飲。同年 6 月 13 日《臺灣日日新報》報導，此際臺北新公園部分完成，業已種植樹木花草，粗略有公園的樣貌，公園非僅是公眾的遊覽地，也是社會道德的養成場所，這一點卻是日本與西洋

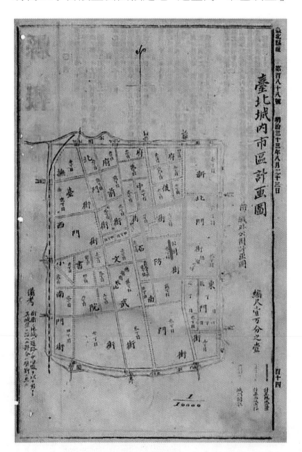

圖 2.2.1　1900 年「臺北城內市區計畫圖」中（綠色框範圍）臺北新公園的位置。底圖：《臺灣總督府公文類纂》「臺北縣告示第六十四號臺北城內公園地指定」，明治 33 年 8 月 24 日，乙種永久保存

圖 2.2.2　1906 年「臺北城內公園之圖」

造園旨趣相異之處。但 1906 年時，臺北新公園
預定地上除北端的天后宮外，還有憲兵隊、陸軍
宿舍、專賣局宿舍等，雖有花木草坪，但無座椅
與夜間照明，推測僅徒具公園之名，但民眾因此
處設立晚於圓山公園，也習慣稱之為「新公園」。

由空照圖與 1911 年「最新臺北市街鳥目全
圖」可知，新公園北側仍有專賣局宿舍、陸軍宿
舍、憲兵屯所、臺北醫院宿舍、聖王廟、天后宮
（已改做他用），也已劃設「兒玉總督及後藤長
官記念館和敷地」。此外，1908 年在臺北醫院
的一側還興建一座音樂堂。新公園南側已設置兒
玉總督與後藤長官雕像，還有急公好義石坊與臺
北俱樂部，由此可知新公園是由南側先行建設，
再擴張至北側。當時新公園的主要入口並非面對
「臺灣總督府殖產局附屬記念博物館」的北側入
口，而是今凱達格蘭大道的南側。

圖 2.2.3　兒玉雕像與總督官邸

圖 2.2.4　後藤雕像與「急公好義」坊

臺灣總督府殖產局附屬記念博物館與教化空間

日治時期，1888 年興建的天后宮由臺灣總督
府接管，改為軍隊與醫療單位，曾一度為總督府
醫學校，1896 年移做守備兵營，1897 年將原位於
大稻埕的臺北病院遷至天后宮東側空地的木造病
院，1898 年做為臨時派遣兵第 20 聯隊第一大隊
使用。1904 年天后宮內部隔間做為醫學校校舍與
學生宿舍，1905 年至 1911 年陸續遭拆除，至此
天后宮被完全剗除。

臺北新公園因位於總督府前，具首都門面意
象。又因其緊鄰總督府、總督官邸、民政長官官
邸、總督府官舍、度量衡所等重要行政機關、建
築與日本人聚居的地利之便，經常舉行政策性活

圖 2.2.5　音樂堂與博物館

圖 2.2.6　臺北新公園的北側仍未興建時

動，以傳達殖民統治的支配意識。

　　1906 年，民政長官祝辰巳發起官民捐款，在天后宮原址興建「兒玉總督後藤民政長官記念館」，以宣揚第四任總督兒玉源太郎與民政長官後藤新平對臺灣的治理功績。1915 年「兒玉總督後藤民政長官記念館」竣工，同年捐贈國庫成為「臺灣總督府殖產局附屬記念博物館」。

　　日本政府拆除曾為臺灣傳統宗教信仰中心的天后宮，並原址新建臺灣第一座博物館——「臺灣總督府殖產局附屬記念博物館」，目的是隔離臺灣與中國，以減低民族意識，更是殖民者透過權力運作，迅速有效的植入殖民母國優勢的文明生活與政治意識型態，以進行「微觀權力」（micro-power）的精心巧妙設計。可見國家唯有先消除空間與地方社會的緊密鑲嵌，都市方能再生產、進行空間的支配。博物館內展示動植物，地質礦物、原住民族與歷史藏品，是日本藉西方的知識，收集、整理臺灣動植物、礦物並加以重新命名，有意識的向被殖民者展現日本的「西方近代文明」知識。此後臺灣各地學生每到臺北旅遊，參訪博物館便成為常例。博物館還曾為「臺灣始政三十年記念展覽會」第一會場，展覽各級教育、社會教育、宗教、衛生、疾病防治宣導等施政成果。

　　新公園內的博物館與兒玉雕像（1906 年）、後藤雕像（1911 年）連結成南北軸線與視覺端點，構成兒玉、後藤的政治紀念空間。而由《臺灣總督府公文類纂》[1]可知，1906 年新公園設計時，總督府已揭示立像表彰偉人之功德與忠孝義烈者，有益於世道人心。遊客在潛移默化中受到

圖 2.2.8　（推測 1920 年後）臺北新公園與其附近重要行政機關、建築空照圖。底圖：「東門上より新廳舍府前街方面」（年份不詳）

偉人精神的薰陶，領略其崇高品德，見賢思齊之效油然而生，顯見官方控制、主導公園建設的政治力量，將教化市民意識型態的功效具體化。

和洋風格與臺灣文化並存的場域

　　採西方公園設計的新公園，除了音樂亭、噴水池、長椅等西洋公園的景觀元素外，之後陸續加入官民集會、交流的臺北俱樂部、カフエー・ライオン（Café Lion），與臺灣總督府殖產局附屬記念博物館等西化設施，呈現近代化的休閒文化地景。此外，臺北俱樂部附近還有天滿宮神社，博物館後方築有一日式風格水池，並配置日式石燈的日式公園景致。新公園內也留有臺灣文化元素，如 1901 年遷移至現址的黃氏節孝坊[2]，與 1905 年因石坊街拓寬而移入的急公好義石坊等清朝遺物，新公園內呈現和、洋風格與臺灣文化並置的混合公園地景（park-scape）。

圖 2.2.7　臺灣總督府殖產局附屬記念博物館落成紀念

圖 2.2.9　臺北新公園裡的西洋公園元素：噴水池、音樂亭與長椅等（山崎鋆一郎（1938），《臺灣の風光》，和歌山市：大正寫真工藝所）

圖 2.2.10　臺灣總督府殖產局附屬記念博物館與後方的日式水池

臺北重要社交之地：臺北俱樂部

在新公園興建之前，近藤喜惠門、小松海藏、塚本喜三郎與其他 7 人於 1898 年 2 月，在十字屋協議設置臺北俱樂部。1902 年 2 月，多名總督府官房民政部各課員出席臺北俱樂部創立諮詢會，全體無異議通過設立俱樂部。敷地借用公園預定地的一部分，也就是總督官邸與民政長官邸間的空地，興建一棟百餘坪左右的二層樓洋式木造建築物，一隅有高塔突出，同年 12 月 28 日舉行開部式。臺北俱樂部大部分的興建經費來自於臺灣總督府職員的義務貯金[3]，會員包括 170 名總督府職員與 80 名民間人士。

臺北俱樂部開部後，空間使用相當多元，曾舉行圍棋大會、臺灣教育總集會、音樂會、撞球競技會、施政紀念祭酒會、刀劍盆栽展覽會、蝴蝶蘭會、典獄會議、後藤男爵送別會等，足見此處是當時臺北重要的社交場所，但也有反對聲浪，認為俱樂部應遷移他處，不應建於公園內。

臺北俱樂部雖曾是臺北達官顯要的重要社交場合，但目前關於臺北俱樂部與カフエー・ライオン的文獻極為有限，只能從《臺灣總督府公文類纂》、《臺灣日日新報》與老照片找尋蛛絲馬跡。此外，臺北俱樂部下方還有一間祭祀「學問之神」與「至誠之神」菅原道真的天滿宮，直到二次大戰後才被拆除。（請參閱第二部番外）

「カフエー・ライオン」掀起臺北的咖啡文化

1902 年臺北俱樂部總代理德見常雄向臺北廳長井村大吉申請使用許可，計畫修正俱樂部敷地中面積約 114 平方公尺的部分土地做為料理場（餐飲部）。1912 年，接續經營者篠塚初太郎向臺北廳長井村大吉提出「臺北公園地使用出願ニ付申請」，建築一面積約 198 平方公尺的喫茶店，此後獨立為カフエー・ライオン營業，是年 12 月 1 日開店。當時，臺灣沒有咖啡這等洋派的食物，カフエー・ライオン可說是臺北咖啡界的先驅。1914 年因生意興隆增建二樓大廳，一隅有

---

1. 「城內臺北公園ノ規畫」，《臺灣總督府公文類纂》，1906 年永久保存第 34 卷。

2. 黃氏節孝坊：清廷為表彰艋舺頂新街儒士王家霖妻黃氏之貞節，1882 年在臺北城內東門街建坊，1901 年因建官舍之故而遷至今臺北新公園內。

3. 每月從薪資中自動扣除的儲金。

圖 2.2.11　臺北新公園航照圖（拍攝時間不詳，推測 1920 年後），紅框為臺北俱樂部與カフエー・ライオン，之後為迎賓館敷地。

圖 2.2.12　臺北俱樂部（村崎長昶（1913），《台北写真帖》，臺北：新高堂書店，頁 7）

圖 2.2.13　カフエー・ライオン正門（《臺灣日日新報》1935 年 3 月 24 日第 12564 號）

舞台，還可隨宴會大小調整空間，可舉辦展覽會與其他會議，1923 年經營權移轉給原正章。

臺灣唯一的「始政四十周年記念臺灣博覽會」

日本政府為展現殖民臺灣的執政成果，曾舉辦過臺灣勸業共進會、臺灣始政三十年記念展覽會。（請參閱第二部番外）而 1935 年 10 年 10 日至 11 月 28 日舉辦的「始政四十周年記念臺灣博覽」，更是日治時期空前的大盛事。這場臺灣至今唯一的博覽會，是日本政府由先進國家移植複製，為展現殖民地建設成果與推廣產業的重要宣揚活動。對外宣揚日本殖民政治實績，對島內則是展示「現代文明」與「殖興產業」，也讓臺灣人能夠觀看與感受物質現代性。

當時臺灣博覽會會場共分四處，第一會場設在臺北公會堂（今中山堂）及西三線道，第二會

圖 2.2.14　「始政四十周年記念臺灣博覽會」第二會場臺北新公園全景（作者不詳（1936），《始政四十周年記念臺灣博覽會寫真帖》，大阪：細古眞美館，無頁碼。）

場在臺北新公園，第三會場位於草山溫泉地，另有大稻埕分場，與各地地方館。（見表 2.7.1）

圖 2.2.15　第二會場音樂臺（（作者不詳）（1936），《始政四十周年記念臺灣博覽會寫真帖》，大阪：細古眞美館，無頁碼）

美輪美奐的迎賓館

臺灣博覽會會場設施與建築，是由總督府官房營繕課技師群組成的「博覽會工營部」與「博覽會協贊會設備部」設計與監督。博覽會結束後，大多數屬於慶典式臨時性建築的展覽館在一個月內就各自拆除，唯獨第二會場臺北新公園內，留下兩座鋼筋混凝土建築：音樂臺與美輪美奐的迎賓館。

迎賓館的敷地，是原臺北俱樂部與當時最摩登的西洋料理店カフエー・ライオン，是官民的大眾社交場所，卻因興建博覽會迎賓館而遭拆除，令人惋惜。迎賓館建築工事由清水組承攬、電氣工事由本田商社負責，瓦斯工事由臺灣瓦斯株式會社承包，給水工事由臺北市役所負責，於

圖 2.2.16　日治時期臺北新公園（臺北市役所（1939），《昭和十四年版臺北市概況》，臺北：臺北市役所，無頁碼）

1935 年 6 月動工興建，是年 9 月竣工。

　　二層樓建築的迎賓館，為鋼筋混凝土與防熱的空心磚所建造，外觀為洗石子，二樓窗戶以下貼釉磁磚，木作部分塗油漆，屋頂為和風型赤瓦。迎賓館外觀的磁磚與屋瓦顏色調和，展現高雅氛圍，室內的窗簾、日常用品色系給人開朗明快感。建物總坪數約 1,446 平方公尺，館內一樓的家具裝飾工事由高島屋承製，摩登的電燈器具也皆購自高島屋，二樓的家具裝飾工事則由秋本裝飾店負責。

　　迎賓館的主要入口，是由新公園一側的車寄[4]走進一樓玄關，上階梯後進入室內，室內除大廳外，還有事務室、衣帽室、第壹室至第五室、廚房、陽台、走廊、廁所，館外有汙水淨化池。二樓設有大廳外，第一集會室內有講台、放映室，另有第二、第三集會室，第四集會室內有榻榻米、壁龕、客廳、裝飾架、向外凸窗等，還有集會休息室、接待員休息室與廁所。

　　為迎接來參觀博覽會的各界賓客，迎賓館對女接待的徵選也特別嚴謹，最後由協贊會與迎賓館相關人員選出 17 名接待小姐，皆具相當教育程度、動作敏捷、落落大方。入館人數一日最多以 4,761 人計，博覽會期間總進館人數共計 63,550 人，主要提供午餐與茶菓。迎賓館曾被譽為臺灣博覽會中最美麗的建築，建造總經費約 100,000 圓，建築費 84,000 多圓大部分是臺灣總督府職員義務貯金剩餘金所支付，其餘由臺博協贊會支出。

博覽會後迎賓館再利用——
「財團法人協和會館」時期

　　博覽會結束後，臺灣總督府職員代表於 12 月 10 日成立財團法人組織，決議將迎賓館作為

---

4. 車寄：日式建築入口，可遮陽避雨的小亭。

圖 2.2.17　迎賓館入口處（《始政四十周年紀念臺灣博覽會寫真帖》，無頁碼）

圖 2.2.18　迎賓館大廳（《始政四十周年紀念臺灣博覽會寫真帖》，無頁碼）

圖 2.2.19　迎賓館正立面圖（社團法人臺灣建築會（1935 年 7、10 月），《臺灣建築會誌》第 7 輯第 5、6 號，臺北：社團法人臺灣建築會，無頁碼）

圖 2.2.20　迎賓館右側外觀，可以看到一樓陽台（松木幹一郎（1939），《始政四十周年紀念臺灣博覽會協贊會誌》，臺北：臺灣博覽會協贊會，無頁碼）

總督府職員俱樂部，但敷地位於新公園內，不應由職員獨佔，因此，1936 年 2 月 1 日臺北市市役所會議室召開的市議會月例會中，一致認為迎賓館建築應以市民最大利益考量，決定加以再利用，成立「財團法人協和會館」，以俱樂部型態經營。

「財團法人協和會館」設置理事 15 名、監事 3 名、評議員若干名，以臺灣官衙職員中德高望重的平塚長官為理事長，會員以官廳在職者、退職者與原「臺北俱樂部」會員為主，官職敕任一個月須繳 3 圓[5] 會費，委任 2 圓，判任五級以上 1 圓，判任六級以下囑託（顧問）1 圓，雇員 60 錢。社會人士欲入會者須經理事認可，且須繳交上百圓入會金。俱樂部內有庶務、學藝、體育、撞球、麻將、圍棋、將棋等設施，是總督府職員的社交場所，餐廳則開放給一般民眾使用。此後，協和會館也成為重要社交場所，常舉辦座談會與演講，如臺灣畜產興業株式會社設立會、臺灣山林會選舉理事長會議等。

開啟臺灣廣播史

新公園內 1930 年興建的放送局，除每日早晨播放「ラヂオ體操」（廣播體操）外，民眾還可以收聽音樂與各種資訊。戰爭時期，改成戰時放送報導，加強民眾戰爭教育，廣播遂成為政府推動文化事業與政令宣傳的工具。收聽廣播不但成為庶民生活不可或缺的娛樂之一，同時也影響臺灣傳統的生活型態。（請參閱第二部番外）

新公園結合了西方文明生活的博物館、放送局、運動場、俱樂部、咖啡店等，成為一座「設施集約型」[6] 的近代都市公園，新公園內的兒童遊樂場，是假日家庭出遊的好去處。另外，博物館旁的運動場、網球場等體育設施，經常舉辦體育競賽，帶動臺灣的運動風潮。

在殖民政府不同時期的政策發展下，面對多元的社會需求，新公園的設施與功能一再演變，具有休閒（散步、音樂會）、推廣產業（商展）、宣揚政績（博覽會）、文化教育（博物館、放送局）、體育集會（棒球賽、網球賽、ラヂオ體操）、政令宣導（防災演練）等功能，也使得殖民者的權力深深嵌入各階層的被殖民者，成為日常生活中不可或缺的一部分。

圖 2.2.21　臺北放送局

二次大戰後的臺北新公園

戰後，臺北新公園內的地景因政權更迭而變

圖 2.2.22　中國風格的亭閣水景與現代化的博物館建築（2018.10.
林芬郁／攝）

亭（紀念孫中山）、大木亭（紀念鄭成功）、大
潛亭（紀念丘逢甲）與劍華亭（紀念連橫），充
滿政治教化意味。此後，公園內除了和、洋、臺
灣文化的地景外，還增添中國風格的景致。

曾登上國際舞臺的「中國之友社」

　　1935 年「臺灣始政四十周年記念博覽會」時
所建的迎賓館，在博覽會結束後改以俱樂部型態
經營。戰後經臺北市政府改建，1952 年租給民航
空運公司（Civil Air Transport，C. A. T. Inc.，後改名
為 Willauer Trading Corporation）作為俱樂部型態的
招待所，10 年後地產無條件歸還臺北市府。招待
所專門接待二次大戰期間與國民政府並肩抗日的
「飛虎航空隊」隊員，也是當時民航空運公司的
中美員工在此吃飯、喝酒、跳舞的場所。

　　由於這個國際性俱樂部是由陳納德將軍發
起，會員皆為各國駐華使領館人士與中國高階
層人士，肩負國際人士在臺北的高級社交活動
使命，後經由蔣夫人宋美齡命名為「中國之友社
（Friends of China Club，簡稱 FOCC）」。1960 年

動，1946 年改名「臺北公園」，「臺灣總督府殖
產局附屬記念博物館」改稱臺灣博物館，博物館
樓下則成為省立臺北圖書館。

　　1958 年市長黃啟瑞巡視荒亂不堪的新公園
後，指示更換鐵欄、重植草皮、碎石路面改鋪柏
油或混凝土；又因市立綜合運動場已有棒球場，
遂將新公園內的棒球場改佈置假山、噴泉、花圃
綠草。新公園管理室擬定三個方案，黃市長決定
採用中國式庭園。1960 年 10 月第一期工程開工，
因經費預算之故，工程陸續興建，1963 年 1 月竣
工，代市長周百鍊邀請文人名士研商，推舉梁寒
操、劉太內決定各亭名稱，1 月 24 日農曆除夕開
放供市民遊覽。新建的亭閣水景分別命名為翠亭

5. 以 1937 年臺灣總督府第一次全臺家計調查，平均月薪 40
圓至 150 圓即屬中產階級。

6. 「設施集約型」公園：公園內博物館、博覽會會場、美術
館等設施聚集於園內的情形，因此稱之為「設施集約型」
公園。

民航空運公司（CAT）

　　民航空運公司是 1946 年由陳納德（Claire Chennault，1893 ~1958）與魏豪爾（Whiting
Willauer）所創，登記在中華民國之下，由戰時協助中國作戰的美國飛虎隊改組而成，為僅次
於中國航空股份有限公司（簡稱「中國航空公司」或「中航」）與中央航空公司（簡稱「央航」）
的第三大航空公司，CAT 雖以商業運輸為主，卻在國共內戰扮演重要角色。1949 年 11 月 9 日，
中航與央航的飛行員集體自香港啟德機場起飛，駕駛 12 架飛機飛至中國大陸地區（即「兩航
事件」）。之後，中華民國政府將兩航停泊在香港國際機場的 71 架飛機售予 1949 年 12 月 19
日由陳納德與魏豪爾在美國成立的 Civil Air Transport Inc.。

　　1964 年 6 月 20 日 CAT 在神岡上空失事墜落，所有機組員及乘客共 57 人全部罹難，是臺灣
第一次死亡慘重的民航空難事件，神岡現場至今仍留有空難紀念碑。1968 年 2 月 16 日，CAT 又
發生林口空難，死亡人數雖比 1964 年那次少很多，CAT 卻從此關門大吉，航線由華航接收。

專欄

圖 2.2.23　中國之友社入口處（王譽臻繪圖，參考 Taipei Air Station 網站照片 http://taipeiairstation.blogspot.tw/2013/）

圖 2.2.24　原「中國之友社」入口處的玻璃牆面仍在（2018.03. 林芬郁／攝）

6 月美國前總統艾森豪訪華時期，白宮新聞祕書哈格泰曾在該社二樓設立臨時新聞發佈中心，一時受到全世界矚目。

　　「中國之友社」是臺北市當時最富麗高雅的社交場所，俱樂部非立案社團，也未辦理財團法人登記，最高權力機構是社員大會，每年至少須舉行一次大會選舉董事會，主管經常業務，董事會設董事 9 人，外籍人士 4 人、中國人士 5 人，互推外籍董事長 1 人。

　　此建築物做為「中國之友社」俱樂部期間，改由面向懷寧街的入口處進出，上方遮陽台為平頂式，進入室內的牆面右側改為漆成灰色的空心磚，左側改為玻璃牆面以改善室內採光。進入大門後位於左側的樓梯並未改變位置，橫向的主建築體外觀則改成洗石子。此外，入口處的左側增建一棟二層樓建築做為廚房，而面向新公園處的後方則增建保齡球館與員工宿舍。1960 年以降因觀光飯店興起，「中國之友社」的業務不振，又因面臨拆遷，許多國內外知名人士紛紛退出，形成無人經管狀況。僅剩下國人社員 20 餘人佔住房屋不遷，並積欠租費，1963 年 6 月已積欠市府租金達新臺幣 230 萬元，1964 年 10 月臺北市政府以拖欠租金為由停止租約。但當市府想收回積欠租金或打侵佔土地官司時，卻面臨找不到對象的窘境。1967 年 8 月 25 日「中國之友社」俱樂部樓上的餐廳部結束後，遷往中央日報八樓營業。

「中國之友社」回歸臺北市政府時期

　　臺北市政府收回房舍後，原擬作為市立交響樂團之用。但行政院向臺北市政府借用建物，於 1967 年 9 月 16 日成立「人事行政局」。1968 年，行政院辦公大樓的第四層增建工程竣工，人事行政局遷回行政院大樓。此處曾供僑務委員會[7]使用。參閱「1974 年航照影像」，主建築物面向懷寧街的左側與後方的增建建築物仍在，且由懷寧街的路型觀之，判斷入口處應仍位於懷寧街一側。

　　1996 年政黨輪替，原位於日治時期的臺北放送局的臺北市政府工務局公園路燈工程管理處，因原空間改設立二二八紀念館而遷至迎賓館原址。在此時期，入口處改由大門進入後的左側進出，並拆除原「中國之友社」的室內入口處的遮陽台，右側原入口處以空心磚填補，左側玻璃牆面的下方也轉換為空心磚，並漆上白色油漆，而樓梯位置不變，遮陽台與室內入口處則轉至面向凱達格蘭大道之側。

　　這棟建築的生命歷程精彩豐富，一開始的臺北俱樂部曾是臺灣總督府達官顯要的社交場所，而拆除後新建的迎賓館更是臺灣博覽會期間最華麗的建築，後又以「協和會館」之名作為臺灣總督府職員的社交場所。戰後，此處的「中國之友社」曾為臺灣重要的外交場域，美國前總統艾森

豪訪華時期，一度受到全球矚目。探究其歷史淵源，這棟建築在臺灣史上的重要性無庸置疑，更應指定為文化資產予以保存。

音樂台

圖 2.2.25 二二八和平公園（地圖：2015 年「南區航測影像」，臺北市政府都市發展局「臺北市歷史圖資展示系統」提供，其他照片 2017.03. 林芬郁／攝）

急公好義坊與福德宮

以「和平」之名撫慰「二二八事件」歷史傷痕的空間改造

而日治時期的臺北放送局，戰後改為臺灣廣播公司，1949 年又改為中國廣播公司，1972 年中廣公司遷移至仁愛路三段新建築（今已改建為帝寶大廈）後，成為臺北市政府公園路燈工程管理處辦公廳舍。

7. 僑務委員會：1957 年 3 月 17 日自臺灣省政府省府大廈遷移今行政院大樓（臺北市忠孝東路一段 1 號），至 1982 年 4 月前都還在此辦公，何時遷至中國之友社原址不詳。

亭閣水景

228 紀念碑

228 紀念館

1996 年政黨輪替，為超越政治對立，撫平「二二八事件」歷史傷痕，1995 年於新公園內設置「二二八紀念碑」，1996 年 2 月 28 日將公園易名為「二二八和平公園」，以促進族群融合。1997 年，公園路燈工程管理處使用的原放送局，因該建築在二二八事件中的重要歷史意義，改為「二二八紀念館」。

昔日臺北新公園出入口僅有館前路大門、介壽路（今凱達格蘭路）與公園路出入口，圍牆環繞所形成的隱密空間，入夜後曾成為同志們的聚會場所。之後因興建捷運站，拆除襄陽路一側圍牆，讓空間有穿透性，且更顯寬闊，其他三面圍牆也改為視覺通透性高的柵欄式圍牆。而公園路一側因有捷運出口，改變民眾進出公園的習慣，可藉轉換交通工具之便，順道進入公園內散步。

表 2.2.1　臺北新公園設施的使用情況

		日治時期情形	戰後情況	現今公園地景
	興建情況	1899 年市區改正、1900 年臺北城內市區計畫已規劃為公園預定地，1905 年擴大規劃，1908 年開園。	1946 年改名「臺北公園」。	1996 年改名「二二八和平公園」。
	展覽會	1925 年博物館為「臺灣始政三十年記念展覽會」第一會場		
		1935 年「始政四十周年記念臺灣博覽會」第二會場		
公園設施	清代文物	急公好義坊、黃氏節孝坊	急公好義坊、黃氏節孝坊	急公好義坊、黃氏節孝坊
	日治時期興建	兒玉總督後藤民政官記念館、日式水池	臺灣博物館、省立臺北圖書館（樓下）、日式水池	國立臺灣博物館、日式水池
	戰後增建	兒玉總督、後藤長官雕像	拆除	——
		運動場	中國式亭閣水景（1963 年）	中國式亭閣水景
		音樂臺（1935）	音樂臺	音樂臺
		臺北俱樂部、カフエー・ライオン→迎賓館、天滿宮	中國之友社、行政院人事行政局、僑委會辦公室	臺北市公園路燈工程管理處辦公室
		兒童遊樂園	兒童遊樂園	兒童遊樂園
		放送局演奏所	中國廣播公司、臺北市公園路燈管工程理處辦公室	二二八紀念館
	戰後增建		警察局	警察局
			二二八公園福德宮	二二八公園福德宮
				二二八紀念碑（1995）
				捷運臺大醫院站出口

第三章　植物園華麗轉身為公園：臺北植物園（公十）

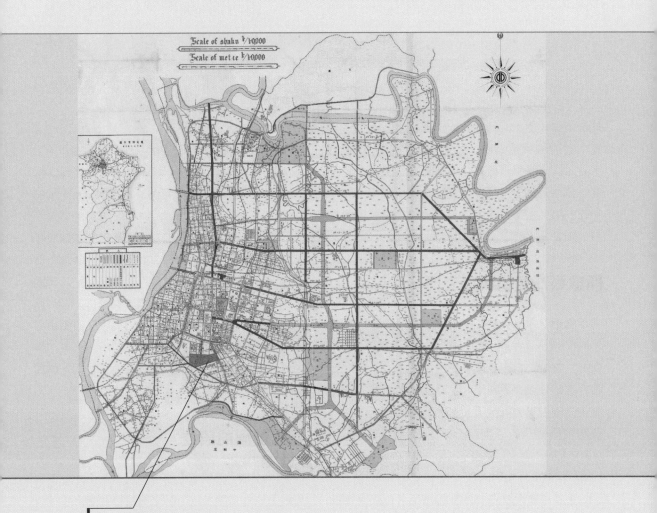

公園號次：十

開園時間：1900 年

日治時期名稱：臺北苗圃、1911 年改稱「林業試驗地」、1921 年改稱「臺北植物園」

現今公園名稱：臺北植物園

開闢面積：12.15 公頃

地點：今重慶南路、南海路與和平西路間，北邊為博愛路路底

臺北植物園

臺北植物園位於今中正區重慶南路二段、南海路、和平西路二段與博愛路底之間，是一座兼具學術與休憩功能的非典型公園。西側與北側隔著小巷弄與民宅為鄰，南側隔著南海路與臺北市立建國高級中學與臺北市國語實驗國民小學相望。日治時期曾是臺北苗圃、林業試驗場，1921年改為臺北植物園。1932年「大臺北市區計畫」中，劃定為「公十」公園預定地。

開啟臺灣植物研究之門

倫敦王立園藝協會東亞植物採集員福鈞（Robert Fortune），曾於1854年到臺灣採集植物，是臺灣植物調查最早的紀錄。之後陸續有英國宣教師、領事等利用公務餘暇採集，再加上香港植物園中英國與俄國人士等專業採集，構成了臺灣植物最早的學術調查。1896年英國人亨利（Augustine Henry）發了《臺灣植物目錄》（A List of Plants from Formosa），記載植物1,248種。

東京帝國大學於1896年即派遣多位植物採集員到臺灣做植物研究。1905年總督府為奠定產業行政基礎，聘請理學博士早田文藏（1874~1934，日本新潟縣人）展開調查，致力於植物的研究與分類。早田氏完成了《臺灣植物圖譜》（Icones Plantarum Formosanarum）、《臺灣高山帶植物誌》（Flora Montana Formosae）、《臺灣植物資料》（Materials for a Flora of Formosa）、《臺灣植物目錄》（與川上瀧彌合著）、《臺灣植物誌》（Enumeratio Plantarum Formosantarum）（與松村早田合著）等世界數一數二的大作，被譽為臺灣植物界的奠基之父。1936年1月13日，臺灣博物學會與山林會共同於植物園腊葉館前舉行早田博士紀念碑除幕式。1920年林業試驗場的標本保管併入殖產局農務課的植物調查中，1923年由理學士山本由松繼續研究臺灣植物的生態分布與利用。之後，佐佐木舜一編著《臺灣植物名彙》與《林業部腊葉館植物標本目錄》。

臺北苗圃的設立

1895年，臺灣總督府殖產課於小南門陸軍用地上成立苗圃，以了解臺灣植物並配合造林所需，1897年大幅擴張苗圃面積。1899年因興建陸軍衛戍病院，苗圃遷移轉至大龍峒第一農場與圓

圖 2.3.1　植物園內早田文藏博士紀念碑

圖 2.3.2　殖產局附屬臺北苗圃

山第三農場，並於 1900 年在龍匣口購買農地，始稱「臺北苗圃」。除苗圃外還設有花卉園、母樹園、果樹園，並進行育苗、苗木栽培試驗、熱帶觀賞植物栽培等，總面積達 17.2 公頃。

位於植物園、歷史博物館、建國中學與龍光里一帶的植物園遺址，屬新石器晚期文化，包括約距今 2500 年至 1800 年前左右的植物園文化，與距今 1800 年至 400 年前左右的十三行文化。考古學上植物園文化以「植物園遺址」命名，方格印紋陶為其代表，石器以農具的斧鋤形居多，顯示當時是過著以農耕為主，兼漁獵、採集活動的生活型態。位於臺北城外南門町的臺北苗圃，原是平埔族凱達格蘭人了阿社（或稱龍匣口社）的社域。

此處在清治時期屬龍匣口庄，右半邊多為濕地，左半邊有聚落。1898 年「日治二萬分之一臺灣堡圖」顯示，左半邊的草地有三分之一闢為「殖產課苗圃」，除了是提供學術研究的特定地，也開放給市民作為遊園地使用，並設有林業試驗場與林業試驗所。1902 年林業試驗場以西 10,248 平方公尺讓予興建城南醫院。1903 年「最近實測臺北全圖」中，苗圃左側建有避病院[1]（圖 2.3.4 畫圈處）。1905 年購入臺灣銀行土地 5.1 公頃擴大

苗圃面積，1911 年改制為「林業試驗場」。在 1912 年「臺北市瓦斯鐵管理設一般圖」中，「公十」公園預定地有水池與小路徑，已略具公園形式。1914 年「臺北市街圖」中，已不復見城南醫院蹤跡，而改為林業試驗場用地。

---

1. 避病院：經警察、醫生等檢疫委員調查後，將傳染病患者進行隔離之所。

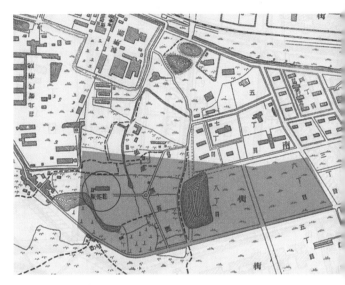

圖 2.3.4　1903 年臺北苗圃（綠色是「公十」公園預定地）。
底圖：1903 年最近實測臺北全圖

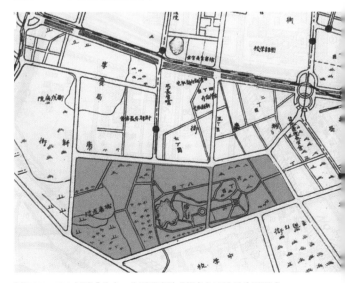

圖 2.3.5　1912 年時「公十」公園預定地（綠色）已略具公園形式。
底圖：1912 年臺北市瓦斯鐵管理設一般圖

圖 2.3.3　1898 年臺北苗圃（綠色是「公十」公園預定地）。
底圖：1898 年日治二萬分之一臺灣堡圖

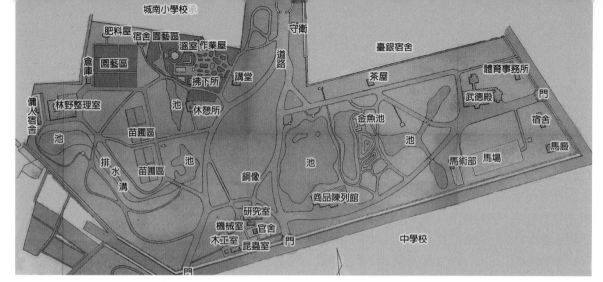

圖 2.3.6　1918 年林業試驗場平面圖。
底圖：臺灣總督府殖產局林業試驗場（1918），《臺灣總督府殖產局附屬林業試驗場植物要覽》，臺灣總督府殖產局林業試驗場

「林業試驗場」時期

　　1911 年臺北苗圃改設立「林業試驗場[2]」，以發展學術為主要業務，包括殖育試驗、森林施業試驗、利用試驗、植物調查等。1911 年 11 月 16 日《臺灣日日新報》中的「苗圃と動物園」一文指出，臺灣位於副熱帶地區，須設置特有的動物園，無論是否與學術相關，以提供民眾遊覽為要，待來年編列地方稅預算後，將目前飼養在博物館與其他地區臺灣特有的小動物安置在臺北苗圃，將來經費餘裕後即可設動物園。1913 年，殖產局附屬博物館附設的動物園（書院街）移至臺北苗圃內，儘管規模不大，但深具教育意義，有許多學生前來觀覽，1915 年後才將動物移往圓山動物園。

　　日本政府為展現在臺灣統治二十年的殖民政績，於 1916 年 4 月 10 日至 5 月 15 日，舉行空前盛大的「臺灣勸業共進會」，第一會場位於今總統府，第二會場則位於林業試驗場。而 1925 年 6 月 17 日至 28 日所舉行的「臺灣始政三十年記念展覽會」，第二展覽場也設置在植物園內。（詳情請參閱第二部番外）

「林業試驗場」設施

　　由「1918 年林業試驗場平面圖」觀之，林業試驗場內有植栽區（綠色區塊）、苗圃區（黃色區塊）、園藝區（粉紅色區塊）、水池、金魚池、排水溝，建築物則有商品陳列館、茶屋、研究室、機械室、木工室、昆蟲室、早田文藏博士紀念碑、宿舍、休憩所、講堂、作業室、溫室、拂下所（民間建築物）、肥料屋、倉庫、守衛室、傭人宿舍等，大門在北側中央（今博愛路入口）。

臺灣總督府殖產局附屬商品陳列館

　　此處原係 1916 年舉辦「臺灣勸業共進會」時所興建的迎賓館，1917 年 6 月 17 日改為「臺灣總督府殖產局附屬商品陳列館」，負責蒐集、研究商品、普及產業知識，與陳列臺灣、華南與南洋的貿易展示品，可謂臺灣產業的縮圖，除提供民眾觀覽，並促進日本、華南與南洋間的商業交易。

　　此外，商品陳列館還舉辦過化學工業展、土產品介紹會、國產愛用展、原住民產品展示會、

圖 2.3.7　林業試驗場正門

全國工藝品展示會等；也曾做為開會場所，如臺灣藥學會在此舉行第十回總會。

圖2.3.8 臺灣商品陳列館（陳石煌（1936），《樂園臺灣の姿》，臺北：魔島出版社）

武德會臺灣地方部

原位於城內文武街的體育俱樂部，因成為興建總督府的敷地已於1912年計畫遷移，1913年移至林業試驗場的右側，武德殿、事務室、體育事務所、宿舍、馬術部的馬場與馬廄、柔道、劍道、弓道場、相撲場等設施次第竣工。1916年10月，體育俱樂部解散後，由武德會臺灣地方部承繼其資產負債與其他相關事務。

武德殿經常舉行各式體育競賽，如全島中等學校以上武術與相撲比賽大會。1923年皇太子行啟時，還曾來武德殿御覽弓術、馬術與相撲表演。1930年臺北武德會馬術部25週年紀念時，在植物園馬場舉行馬術大會，有數千名來賓，盛況空前。

「臺北植物園」時期

1921年8月敕令第362號改為「臺北植物園」，具「公園」性質對外開放，同年林業試驗

場改隸「中央研究院林業部」，主要業務為育苗、苗木栽培試驗、熱帶觀賞植物栽培等，殖育的植物109科、521屬、1120種，有用植物區內有藥用、香料、油脂、染料、單寧、纖維、橡膠、食用等植物，與椰子類植物、園藝觀賞用植物。1924年植物園內新建的腊葉標本館竣工。「腊葉標本」乃是將野外採集的植物乾燥製成保存，以供鑑定植物種類。而這棟二層樓磚造建築，是臺灣第一座專為貯藏腊業標本而興建的建築，是臺灣林業研究與植物資源調查之發祥地。

圖2.3.9 腊葉館，右側是標本室（臺灣總督府林業試驗所（1942），《臺灣總督府林業試驗所要覽》，臺灣總督府林業試驗所）

圖2.3.10 花壇與欽差行臺（臺灣總督府林業試驗所（1942），《臺灣總督府林業試驗所要覽》，臺灣總督府林業試驗所）

2. 1911年4月18日勒令第150號，1911年5月15日訓令第90號。

圖2.3.11 原體育俱樂部，後做為總督府敷地（台灣總督府總督官房文書課（1908），《台湾写真帖》，台湾総督府総督官房文書課）

奉祀英靈的建功神社

　　1925 年，總督府擬在臺北市興建招魂社，供奉自 1895 年日本治臺以來對臺灣有貢獻的人物。1926 年通過建設預算後，選定在臺北市南門町植物園內興建，同年 4 月 30 日舉行地鎮祭（破土典禮），翌年招魂社動工。1928 年 1 月 12 日總督府告示，招魂社的御社號為「建功神社」；同年 3 月 31 日舉行上棟式與執行圓蓋落成祭，上山總督、各部局各官衙長等 200 多人參與，神職人員以大麻鹽湯儀式淨化神域，在笙笛奏樂中服侍降神，供奉神饌、齋主的祝詞、工匠長的壽詞等，儀式莊嚴肅靜，並在本殿前撒放圓餅與錢；同年 7 月竣工，7 月 12 日舉行新殿祭。

　　1928 年 7 月 14 日建功神社舉行鎮座典禮，場外軍隊、學生、警官、壯丁團列隊迎接御靈代（みたましろ，靈位）；場內神池左側數百名遺族，右側有川村總督、軍司令官以下的重要官紳迎接。御靈遷入後，恭奏御靈遷詞、供饌、奏樂、奏祝詞、奉玉串拜禮。當晚入夜後，植物園內佈置燈光、能樂表演等；臺北新公園亦有手踊、臺灣戲、藝旦唱清樂等餘興節目。

　　建功神社由臺灣總督官房營繕課井手薰設計監督，因考量臺灣潮濕的氣候，建材多使用混凝土、磚石、鋼鐵等；神社主結構為日本式，並融入臺灣風土建築特色與當代建築語彙，因而建物外觀具臺灣、日本、西洋混搭之獨特建築風格。本殿與拜殿由浦田永太郎負責工程，側廊與敷石、瑞垣由太田謙六、野川東市負責，電器工事由電力會社、高進商會承攬，給水設備是臺北市役所負責。

　　建功神社屬無格社[3]，境內地約 3,967 平方公尺，奉祀因公殉職、戰死有功勳者，如陸軍、軍人、軍屬、軍夫、警察官、文官、官公署備員、職工、役夫、保甲役員壯丁團員、海軍軍人、軍屬、警察職員、教育者、消防組員、殉難者等 15,350 人的英靈，因六成以上為本島人，可謂臺灣的靖國神社。

　　由鳥居進入建功神社的參拜道後，經水池上的神橋、神池後，進入圓蓋冠式拜殿，拜殿後方

圖 2.3.12　建功神社

圖 2.3.13　建功神社社殿與神池

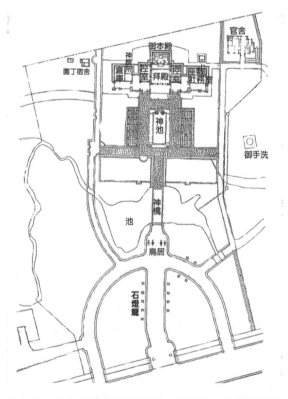

圖 2.3.14　建功神社配置平面圖（社團法人臺灣建築會（1933.01.28），《臺灣建築會誌》第 4 輯第 1 號，臺北社團法人臺灣建築會）

的煉瓦屋頂御本殿內御內陣為純日式木造。拜殿旁有控室（休息室）、社務所、倉庫與神饌所、露臺等附屬建物，建坪約 529 平方公尺。1930 年 12 月建功神社內的東參集所新設工事、玉垣內各項設施，與神池畔的日本德山所產的石造燈籠皆告竣工。之後，除每年 4 月 30 日的例祭日會舉行建功神社祭（招魂祭）外，還舉行過討伐隊安全祈願祭。

臺灣第一次林產物展覽會

1929 年 10 月 16 日至 24 日，由臺灣山林會在臺北植物園內主辦「林產物展覽會」，展示林業相關生產物、製作品與植物寫真展覽，是臺灣首次的林產展覽會。此外，臺灣山岳會也舉辦山岳資料陳列會，臺灣花道會與池坊聯合會也利用廣場、樹林間主辦生花陳列會（插花展）。

展覽會場包括本館、生花陳列場、山岳資料陳列會、植物寫真展覽會場、音樂場、餘興場、花卉賣店、林木廣告塔與各種賣店，還有音樂會、放煙火、表演等各種餘興節目。石塚總督在開館前一日曾來巡視會場外，還在林業部玄關前植樹紀念。展覽會原預定在 10 月 20 日閉幕，但因為東伏見宮殿下將於 23 日蒞臨觀賞，故延期至 24 日結束。林產物展覽會大受歡迎，開幕首日即湧入 34,000 人入場參觀，展覽會期間觀覽人數有 187,000 多人。

1933 年 10 月 7 日至 9 日，臺灣山林會也在植物園內舊廳舍主辦林產物展覽會，展示由臺北州內外各地蒐集的木竹製品，但此次展覽會不若 1929 年的盛大。1932 年的「大臺北市區計畫」中，將植物園規劃為「公十」公園預定地。

繁華盡落的欽差行臺

位於腊葉標本館旁的欽差行臺建於 1892 年，是清代布政使司衙門的西側部分，為當時接待外地高級官員之所，1895 年至 1919 年間做為臺灣總督府廳舍，1919 年總督府竣工後，欽差行臺改稱「總督府舊廳舍」，提供學校與展覽使用。1933 年，因總督府舊廳舍之地被劃設為臺北市公會堂建設敷地，在保存派技師井手薰的力爭下，1942 年將欽差行臺的第二進東翼建物移築到植物園內，其他建物則移至圓山動物園內與今華山地區（皆已拆除）。1963 年至 1965 年，欽差行臺經整修後做為林業陳列館，1985 年指定為古蹟，1992 年轉由臺北市政府接手經營，1998 年北市府設立「布政使司文物館」，2005 年由農委會林業試驗所[4] 接管，修復後重新開放。

圖 2.3.16　欽差行臺（陳石煌（1936），《樂園臺灣の姿》，臺北：魔島出版社）

圖 2.3.15　林產物展覽會會場入口（勝山寫真館（1929），《林產物展覽會記念寫真帳》，臺北：勝山寫真館）

3. 日本近代社格制度（1871~1945），社格分為官社、諸社（府社、縣社、鄉社、村社）與無格社（むかくしゃ），無格社屬最下位，雖是政府所承認的獨立神社，但是政府不提供神饌幣帛料，境內地也無免除地租的特權。

4. 「中央研究院林業部」1939 年改稱「林業試驗所」。

圖 2.3.17 日治時期植物園。
底圖：1945 年美軍航照影像

圖 2.3.18 臺北植物園（綠色框是「公十」公園預定地）。
底圖：1957 年臺北市舊航照圖

二次大戰後的植物園

1945 年林業試驗所改為「臺灣省立林業試驗所」，1949 年又改稱「臺灣省農林廳林業試驗所」，1999 年改隸「行政院農業委員會」林業試驗所至今。

戰後，臺北植物園頻遭公共建築佔用。原建功神社在 1946 年至 1948 年改做民眾教育館。植物園右側的武德殿原址，1946 年 12 月興建中央電影製片廠。而原武德會臺灣地方部馬場原址，則興建五層樓建築的農業發展委員會（原農復會），於 1956 年 6 月竣工。1955 年農復會旁已興建「基督徒聚會處」。

濃濃中國風的「南海學園」

中華民國政府播遷臺灣後，為推動文化建設，劃分出植物園部分土地成立「南海學園」，以增加臺北市的文教設施。1955 年由當時的教育部長張其昀推動建設「南海學園」。

○　國立臺灣科學教育館

1957 年，仿中國北京天壇祈年殿的宮殿式重簷屋頂樣貌所建的國立臺灣科學教育館完工，2003 年遷至士林區士商路 189 號，原建築物整修後現為「臺北當代工藝設計分館」使用。

圖 2.3.19　2016.01 林芬郁／攝

○　國立臺灣藝術教育館之南海書院

戰後，1946 年建功神社主殿與拜殿作為教育部臺灣省國語推行委員會與國語日報辦公室。1955 年 9 月 19 日，國立中央圖書館總館在此設立，1960 年至 1965 年進行改建擴充，並將神社

圖 2.3.20　2016.01 林芬郁／攝

的主殿與拜殿改建為中國宮殿式建築。1986年中央圖書館遷移至中山南路現址後,轉交國立教育資料館使用;後又經多次增建與整修,2002年至2006年曾做為國家人權紀念館籌備處。2006年現四合院式建築合稱為「南海書院」,2011年6月9日移交給國立臺灣藝術教育館使用,原神社之主殿與拜殿現作為「南海藝壇」。2013年登錄為「國立中央圖書館舊址」歷史建築。

○ **獻堂館**

1957年為紀念臺灣反對運動的意見領袖林獻堂,與提倡文化教育事業之貢獻而興建的獻堂館落成。曾作為「孔孟學會」辦公室,現為「國立教育廣播電臺」所使用。

圖2.3.21　2017.04 林芬郁／攝

○ **國立教育廣播電臺**

1963年興建的四層樓國立教育廣播電臺,為美援時期建築,2009年登錄為歷史建築。原出入口門柱、與獻堂館間的圍牆業已拆除。

圖2.3.22　2017.04 林芬郁／攝

○ **國立臺灣藝術教育館之南海劇場**

南海劇場與南海書院皆隸屬國立臺灣藝術教育館。南海劇場設立於1957年3月29日,原稱「演藝廳」,是臺灣首座公立藝術館,曾是臺北市最熱門的表演藝術場地,2006年改稱「南海劇場」,同年登錄為「國立臺灣藝術教育館」歷史建築。

圖2.3.23　2016.01 林芬郁攝

○ **國立歷史博物館**

1956年3月12日「國立歷史文物美術館」開幕,以日治時期興建的商品陳列館,作為展覽、研究、演講等功能的研究中國歷史文物中心,是國民政府遷臺後開辦的第一座博物館。1957年10月10日更名為「國立歷史博物館」。之後陸續增建陳列室、畫廊、國家畫廊與傳統建築式展覽大廳,1971年將原本的木造建築改為七層樓北方宮殿式的紅牆綠瓦。2018年7月起閉館整建,預計3年完工。

圖2.3.24　2016.01 林芬郁攝

○ **林業試驗所標本館**

植物園內1942年竣工的腊葉標本館,1959

圖 2.3.25　2017.04. 林芬郁／攝

重修，2008 年指定為市定古蹟，現為臺灣省林業試驗所標本館。

昔日南海路入口為植物園主要出入口，民眾多習慣從南海路入口進出，後因設置捷運小南門站，許多人改由博愛路入口進出，與二二八和平公園的情況相似，因捷運站的設置改變了民眾出入公園的習慣。

逐漸消失的都市之肺

整體而言，「公十」公園預定地由苗圃改為植物園後，兼具植物研究、神社祭儀、史蹟保存、展覽場、民眾觀賞等多元功能。然而，二次大戰後，園內建築物不斷增加。如植物園右側原屬於「公十」公園預定地之中，南海路入口處是充滿中國建築風格的「南海學園」、臺北市中正二分局、行政院農業委員會、基督徒聚會處與停車場；西南隅為農委會林業試驗所辦公室，加上原有的欽差行臺、腊葉標本館與南門町三二三，整座植物園有近四分之一被建築物佔用，漸失「都市之肺」的功能。（見表 2.3.1）

表 2.3.1　臺北植物園（「公十」公園預定地）二次大戰後遭公共建築佔用情況一覽表

時間	公共建築名稱	備註
1946 年 2 月	臺灣省國語推行委員會與國語日報辦公室（原建功神社）	1955 年 9 月 19 日，國立中央圖書館總館在此設立，並將神社的主殿與拜殿改建為中國宮殿式建築。1986 年轉交國立教育資料館使用，2002-2006 年為國家人權紀念館籌備處。2006 年現四合院式建築合稱為「南海書院」，2011 年移交給國立臺灣藝術教育館使用，2013 年登錄為「國立中央圖書館舊址」歷史建築。
1946 年 12 月	電影製片廠落成	武德殿原址
1955 年以前	基督徒聚會處	
1956 年 6 月	行政院農業委員會（原農復會）	農復會原為五層樓建築
1957 年 3 月 29 日	演藝廳	三層樓建築，臺灣首座公立藝術館，2006 年改稱「南海劇場」，同年登錄為「國立臺灣藝術教育館」歷史建築。
1957 年 6 月	國立歷史博物館	原為臺灣商品陳列館，1956 年成立「國立歷史文物美術館」，1957 年更名「國立歷史博物館」，1971 年改建成北方宮殿式建築，2007 年登錄為歷史建築。
1957 年 10 月 25 日	獻堂館	二層四合院式建築，屬教育部房舍，孔孟學會曾在此設辦公室。2007 年登錄為歷史建築。現為國立教育廣播電臺使用。
1958 年 5 月	國立臺灣科學教育館竣工	盧毓駿設計，2007 年指定為市定古蹟。2003 年科學教育館遷移至士林，舊館整修後現為國立臺灣工藝研究發展中心臺北當代工藝設計分館。（2015 年 12 月開幕）
1959 年重修	臺灣省林業試驗所標本館（臺北植物園腊葉標本館）	1924 年竣工的二層樓磚造建築，腊葉標本館是臺灣第一座專為設置腊葉標本所興建的建築。2008 年指定為市定古蹟。
1963 年	國立教育廣播電臺	美援時期四層樓建築，2009 年登錄為歷史建築。
1965 年	臺灣省林務局林業試驗所	五層樓建築

資料來源：蔡厚男，1991：93；臺北市政府工務局 1971：63；中央研究院人文社會科地理資訊科學研究專題中心「臺北百年歷史地圖」；林芬郁整理、製作。

第四章　本島人居住地首座公園：龍山寺公園（公十二）

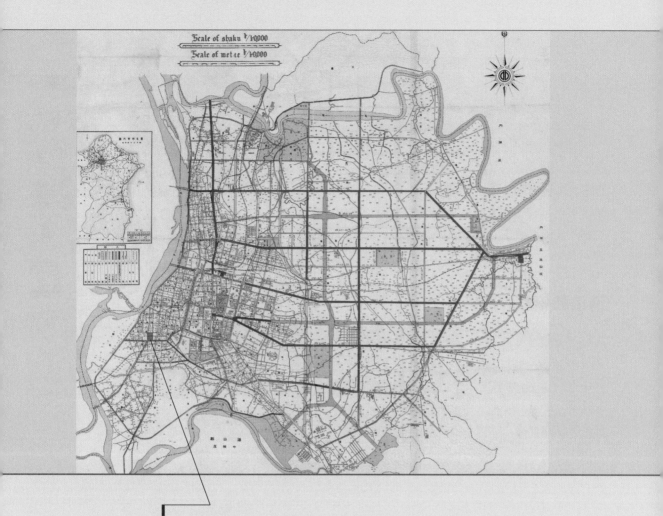

公園號次：十二

開園時間：1927 年

日治時期名稱：龍山寺公園

現今公園名稱：艋舺公園

開闢面積：1.34 公頃

地點：今和平西路、和平西路三段 109 巷、廣州街、西園路所圍之地

龍山寺公園

香火鼎盛的龍山寺，是國外觀光客必遊的聖地，現今龍山寺對面的艋舺公園，前身是日治時期興建的龍山寺公園，但是知名度並不高。

艋舺公園位於今萬華區西園路一段、和平西路三段、廣州街與廣州街 152 巷的範圍內，北邊是香火鼎盛的龍山寺、青草巷，東、西兩側是商業區，南面則是萬華區行政中心，公園下方建有停車場與地下商場，並設有捷運龍山寺站出入口。

清治時期艋舺龍山寺

1709 年墾戶陳賴章申請開拓大佳臘堡的墾照，乾隆年間臺北盆地內已形成許多小聚落。1850 年以降，艋舺因位於淡水河、新店溪、大嵙崁溪匯流之處，遂成為漢人與原住民的貨物交易集散地與重要港口，繁榮的經濟使得艋舺成為臺

圖 2.4.2　龍山寺公園原為蓮花池塘。
底圖：1911 年最新臺北市街鳥目全圖

圖 2.4.1　艋舺龍山寺與前方有「美人照月鏡」之稱的池塘

灣第三大城。但居民保守、排拒外人介入經濟壟斷優勢，又因河口淤積、頂下郊拼[1]、鐵道未經過艋舺等因素，致使其沒落。

1740年聚居艋舺的三邑人（泉州晉江、南安、惠安）釀資興建龍山寺，經風水勘輿後，在廟前挖一池塘種植蓮花，以破除風水，居民稱此池塘為「佛祖之鏡」，因勘輿上龍山寺為美人穴，又有「美人照月鏡」之稱，龍山寺池塘南側與西側都是農地。

臺北本島人聚落第一座公園

日治時期，計畫興建龍山寺公園的敷地屬大加蚋堡，1920年市區改正後隸屬龍山寺町一丁目。臺北龍山寺前的廣場，因荒廢許久雜草叢生，令人嫌惡，1925年萬華地區的有力人士與市府當局協議後，倡議興建為公園，可與名聞遐邇的龍山寺成為臺灣的名勝地。

1927年龍山寺於修復時捐出廟埕，掩埋寺前的蓮花池。艋舺區長吳昌才捐獻各種樹木，種植於噴水池周圍，小公園漸漸有優美的樣貌；同時向市役所申請在公園內設置音樂臺。完工後的龍山寺公園面積0.48公頃，園內種植樹木，還有中央設噴水池、廣場、音樂臺、運動器材、兒童遊樂地等設施，呈現出華麗小公園的樣貌，讓市民有一處舒適悠閒、納涼之地，又因位於著名建築物龍山寺旁，也吸引民眾在黃昏或夜間到此。

據《臺灣日日新報》報導，1940年有明町區男女青年團在七七事變紀念日夜晚曾在公園內舉辦過兒童相撲大會與唱片音樂會（レコードコンサート）。唱片音樂會指的是，在留聲機尚屬奢侈品的年代，放送局（廣播電臺）或主辦單位自備留聲機，公開播放唱片與民眾分享的音樂會。龍山寺公園的這場初夏夜晚音樂會，充滿了浪漫的想像。

日本統治臺灣的五十年間，在本島人聚居的萬華地區，龍山寺公園是首座也是唯一的公園，興建公園似有安撫懷柔的意味。儘管日治時期居住在傳統社區的臺灣人並沒有男女一起散步的慣習，只有少數人會與家人到公園走走，但已日漸

圖 2.4.3　位於臺灣人居住地區的龍山寺公園（綠色長方形）。底圖：1928年「臺北市職業明細圖」

圖 2.4.4　龍山寺公園中央的噴水池與廣場

圖 2.4.5　龍山寺與龍山寺公園

有休閒與健身的概念了。龍山寺公園開園後，經常有二百至三百人到訪，因此有小販在公園內設攤，市府還對此立牌禁止。1932年「大臺北市區計畫」中，將龍山寺公園規劃為「公十二」公園預定地。

---

1. 頂下郊拼：1853年居住在艋舺的頂郊人（泉州晉江縣、南安縣、惠安縣的三邑人）與居住在八甲庄的下郊人（泉州同安縣）因生存競爭而發生械鬥事件。

圖 2.4.6　從龍山寺虎邊望向龍山寺公園，可見人力車與攤販聚集

小而美的龍山寺公園差一點變成路邊攤市場

　　據《臺灣日日新報》1939 年 6 月 1 日報導，萬華地區內的祖師廟、龍山寺、萬華俱樂部一帶，有為數不少臺灣人的露天飲食店、雜貨商等各種路邊攤，與流浪漢等喧譁不絕，還有贓物市場，加上附近交通繁雜、環境雜亂，有必要清理整頓。

　　為了都市美觀、交通、衛生、防犯等因素，保安當局向署長提議，比照大稻埕地區將龍山寺周圍的路邊攤集中管理，以提振日漸衰退的萬華經濟，並計畫在龍山寺公園內設千坪以上的路邊攤市場，設置防火巷、排水溝等，並劃分為飲食店、雜貨商，經費由臺北南露店組合的會員分攤。但根據 1945 年的航照圖，直到二次大戰前在龍山寺公園內並沒有設置路邊攤市場。

二次大戰後龍山公園變龍山商場

　　戰後，「公十二」公園預定地中靠今和平西路三段的部分被攤販佔據，成為西三水街市場與萬華戲院。而龍山公園因地勢低於馬路且排水不良，再加上後方攤販聚集，市民出入頻繁，草地被踐踏毀壞。龍山公園甚至有一段時日曾因無人管理，而顯得髒亂。

　　龍山公園及其周邊被攤販「癱瘓」的問題，自日治時期就一直是政府頭痛的難題。1957 年，臺灣觀光協會曾向臺北市政府建議儘速改善龍山寺環境，並擴大龍山公園範圍，公園應由工務局負責設計、管理、美化，才能使公園成為龍山區居民的遊憩場所與臺北市的遊覽勝地。1958 年，臺北市政府編列經費整修。據《聯合報》報導，1963 年 12 月底，市長指示警察局整頓龍山寺前環境，擇地另安置攤販；1964 年 8 月曾報導為迎接 9 月到來的世運觀光客，將在龍山公園內建圓頂攤棚收容攤販，但市議會認為未有詳細計畫前應停止整頓，可見攤販問題一直存在。

　　萬華地區的違章建築與攤販林立，有礙市容，尤其龍山寺為觀光勝地，萬華俱樂部與其他人民團體於 1966 年提出整頓龍山寺環境計畫：在龍山公園兩側興建四層樓的龍山商場，面積 9,256 平方公尺，攤位 608 間，以集中附近攤販，

圖 2.4.7　1957 被攤販佔據的龍山公園
底圖：1957 年臺北市舊航照影像

並設置兩座戲院。1967 年 8 月全部拆除違章攤販後，暫時遷入龍山公園的臨時商場內營業，待龍山商場完工。

由 1965 年「臺北市舊航照影像」仍可看出公園樣貌，1967 年「臺北市舊航照影像」中公園已被剷平，整建龍山商場，1967 年 11 月 1 日竣工開業。但據《聯合報》報導，1979 年時龍山寺與龍山商場附近交通依然混亂，且不時有流動攤販盤距。

公園建設一波三折

1978 年時市政府曾依公共設施多目標使用「獎勵私人投資條例」與「萬華更新計畫」公開招商。但得標的大艋舺建設公司卻無法在 1988 年 9 月 5 日公共設施保留地最後期限前取得土地，因而被市府取消投資權。

1988 年，依都發局擬定的「萬華車站特定專用區計畫」辦理徵收公園用地。「公十二」公園預定地除了長期被龍山商場佔用外，預定地內還有一間萬華戲院。

萬華戲院原為艋舺戲園，1911 年艋舺前區長黃應麟因當地無娛樂設施，在其奔走下戲園招募之事初有眉目。後由保正林添進找了區長吳昌才籌畫，號召地方仕紳，以股東認股方式，並向萬華俱樂部[2] 與武榮媽祖公業租地興建戲園，1919 年 11 月艋舺戲園舉行落成儀式，正式開演，林添進成為第一代經營者。戰後，艋舺戲園更名為萬華戲院。1969 年左右，因和平西路拓寬戲院整建，整體建築向後退縮與改建門面，又於 1986 年進行第二次翻修。

為興建捷運板南線龍山寺站，北市府於 1993 年 12 月 20 日出動多名警察、大批工人、機具等拆除違建戶。當時公園預定地上有 200 間合法房屋、52 間違建、攤販 506 攤。據《聯合晚報》報導，這次北市府破例加發 25 萬元給 172 拆遷戶，且臺北市公園處以 3,800 餘萬元天價與萬華戲院達成拆除協議，才順利拆除，之後僅有簡易綠化。1997 年「公十二」公園預定地納入都市設計審議委員會審查後，市政府尊重當地歷史文化傳承與龍山寺宗教團體的強勢民意，將公園定調為民俗公園。

艋舺公園

2005 年 1 月 15 日，艋舺公園開園。面積 13,322 平方公尺，號稱是臺北市首座融合商場、停車場的五星級公園。下有地下停車場、捷運板南線龍山寺站與地下街商場，安置原龍山商場、西三水街攤商及其他有證攤商。艋舺公園地面上的「ㄇ」字形迴廊，與龍山寺的三進四合院相互呼應，是附近居民下棋、喝茶、聚會與遊民棲身的場所。

艋舺公園的街友，始終是深層的社會問題。曾位於西園路一段與廣州街交叉口的麥當勞西

2. 萬華俱樂部：艋舺區長吳昌才以募股方式興建萬華俱樂部建築。

園店，長期有街友與老年人聚集簽賭六合彩。為防患未然，警察局還曾在此設置警民服務站。而麥當勞也因街友進出頻繁，與各種因素下遷移他處。至今艋舺公園內仍有街友聚集，如何安置一直是市府懸而未決的難題。

目前，艋舺公園北側建有星象誌與「美人照月池」，是一處很少噴水的音樂噴水池。公園內空地有時搭棚演歌仔戲、布袋戲、民俗表演、園遊會與歌唱比賽。又因龍山寺是民進黨的民主聖地，選舉時便成為兵家必爭之地，許多候選人都來演講，聽眾摩肩擦踵，將龍山寺附近擠得水洩不通。

艋舺公園除了兩排樹木外，唯一僅存的小面積草坪上有時甚至因辦活動而搭蓋木臺並以欄杆圍住，整座公園幾乎水泥化，完全失去「都市之肺」的功效。又因街友與閒雜人等常在此聚集，一般民眾極少在此休憩，期盼政府能妥善安置街友，或輔導街友就業重新回歸社會，還給市民一個舒適且安全無虞的公園。

圖 2.4.8　龍山寺與艋舺公園今貌（2017.03 林芬郁／攝）

第五章　新店溪畔的體育運動公園：川端公園（公八）

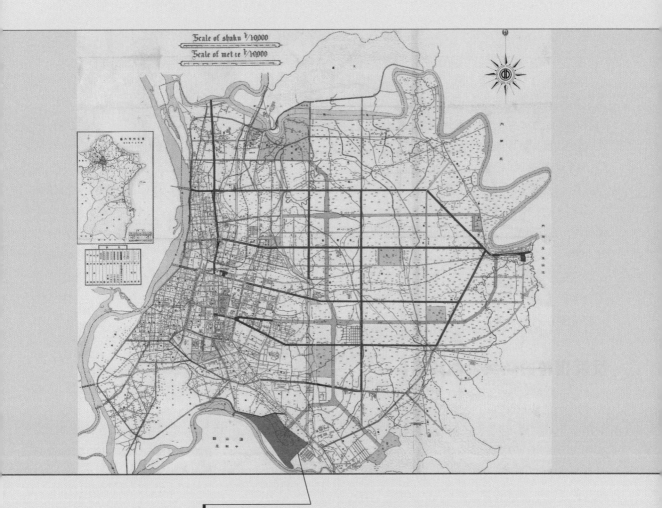

公園號次：八

開園時間：1938 年

日治時期名稱：川端公園

現今公園名稱：古亭河濱公園（堤內部分被挪用）

開闊面積：規劃中未定

地點：今師大路、汀州路、思源路、新店溪所圍之地

川端公園

臺灣與日本是地震頻繁的島嶼，日本歷經多次災難後，透過防火對策、都市計畫、防災公園的設置將災害降至最低。直到 1999 年 921 大地震後，臺北市才參考日本的「防災公園」設置原則，於 2001 年在 12 個行政區中指定一座公園為防災公園。

「防災公園」意指平日為市民休憩、保健、運動、社交等場所，經導入防災相關機能設施後，當地震、火災等災害發生時，便成為保護住民生命財產的避難地，也是救援、醫療、情報傳達、復原活動等的防災據點，可收容周邊避難者，具有非常時期的地域防災機能。

反反覆覆的防災公園政策

2004 年臺北市都市發展局通過《擬定台北市中正區三軍總醫院附近地區細部計畫案》，做為臺北市南區的大型防災公園。2016 年進一步在「台北市防災公園精進計畫」中將「三總舊址水源地區防災型都更計畫」列為「中長期收容所」，除了是災民中長期避難據點外，還包含大型救災、醫療、指揮與物資調度據點。做為全市性大型救災基地，面積應在 10 公頃以上，將其列入推動大型防救災基地整備計畫之防災公園建置的中期目標。

但此區的「嘉禾新村」文化資產保存與居民安置問題，使得都市發展局著手研議新方案。2018 年 4 月，新方案出爐，但公園占地範圍從 2004 年的 9.47 公頃，大幅縮水為 6.63 公頃，住宅區的範圍反而變大，完全不符合北市府 2016 年公告的「防災公園精進計畫」，無異是搬石頭砸自己的腳。在文資團體抗議下，消防局表示：防災公園面積縮小確有影響到災害收容功能，但災害備援中心、物資轉運、直升機起降等主要防災功能都未受影響，並指出可將收容調派給學校及

其他公園，都市規劃科長也表示，目前方案非最終方案。

而這一處充滿爭議的「三總舊址水源地區防災型都更計畫」基地範圍，即是 1932 年「大臺北市區計畫」中規劃為「公八」公園預定地。範圍包括今中正區思源路、汀州路三段、水源路與水源快速道路外圍的古亭河濱公園。右側是自來水博物館，北側以汀州路三段與公館商圈相望；西側則是師大路的住宅區，堤外部分以中正橋與中正河濱公園相隔；預定地南側築有堤防與水源快速道路將其分成堤內與堤外。

「公八」公園預定地

清代時，此處大部分屬林口庄，其餘則為古亭庄，還包括新店溪河灘地，多為農地，僅有少數住家。西側於 1909 年已興建臺北水源地（今自來水博物館）。1920 年市區改正後公園預定地屬水道町，北側築有新店線鐵道。

圖 2.5.1　清代時，「公八」公園預定地（綠色）位於林口庄與古亭庄。底圖：1898 年日治二萬分之一臺灣堡圖

日治時期，政府有感於臺北市人口日增，但僅有圓山公園、新公園供市民散步休閒，特別是孩童在酷夏中沒有遊樂場所可遊憩。植物園內雖可漫步、賞花，但做為林業試驗場，肩負特殊的學術研究任務，設備無法完全開放。1920 年時，市政當局便構思利用萬華、古亭庄堤防到水源地的耕地與空地，加上新店溪的水資源，以相對較少的費用興建公園。

川端公園先期建設

1933 年 1 月臺北馬事協會在新店溪畔興建競馬場，同年 5 月完工後移交臺北州畜產組合聯合會經營。每年春、秋兩季舉行競馬大會，駿馬競賽時，數千人在觀眾席上熱血沸騰，歡呼響徹雲霄。平日，賽馬跑道內可改裝成高爾夫球場，成為業餘高爾夫球的競技場。

川端公園倣效東京的隅田公園[1] 設計，巧妙納入水的情境，竹製長椅散置於花壇與樹林間，是絕佳的河濱公園。1938 年 2 月，川端公園內占地 1.58 公頃的「臺北農園」，從日本移植櫻花，期待將來盛開時能媲美東京的隅田公園成為市民的賞櫻聖地。是年 5 月，位於水源地與川端競馬場間、新店溪畔的川端公園設施工事開始進行，公園偏東南方有機械體操道具、魚形水雷、旋轉木馬、噴水池、滑臺等遊戲設備，還有亭榭、草坪、步道，是一座孩童喜歡的樂園，園內還有幼兒遊樂設備，可說是「兒童的天國」。（參圖 2.5.3）

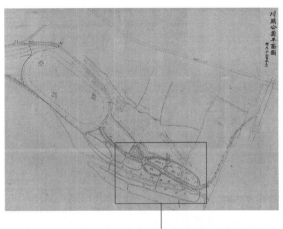

圖 2.5.2　「川端公園平面圖」（臺灣總督府檔案「『臺南州嘉義市新高町』國有地貸付許可ノ件」，昭和十三年十五年保存第一卷甲）

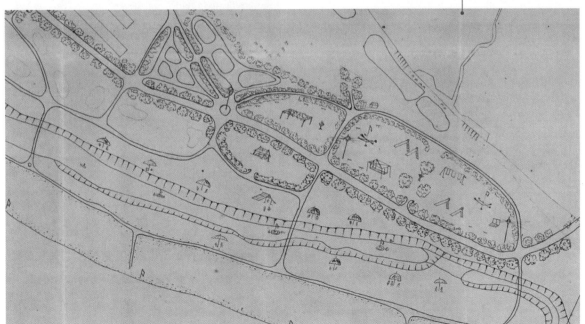

圖 2.5.3　川端公園偏東南方的「兒童の天國」（臺灣總督府檔案：「川端公園平面圖」局部，「『臺南州嘉義市新高町』國有地貸付許可ノ件」，昭和十三年十五年保存第一卷甲）

青年揮汗奉獻的結晶—川端公園

　　1938 年 7 月至 8 月實施「市社會教育課」的勤行奉仕（勤勞報國），對象主要為青年團、青年教習所、青年隊、中小學校學生、銀行、公司，與一般民間團體。以中、小學校（五、六年級）學生為例，暑假時，前一天即到學校準備，回家吃完晚餐後攜帶必需品，七點到校集合住宿，翌日五點半起床，在校內升旗、遙拜皇居、做收音機體操、吃早餐後，七點從學校出發，到南門逍遙道路或川端公園植樹、築造道路、鋪草坪等，工作到下午六點為止，六點半回到學校，降旗、洗澡、洗衣、吃晚餐，八點至九點看電影，九點半熄燈就寢。

　　1940 年間，臺北市各地區青年團男、女團員二萬多人總動員到川端公園、五分埔林間、體育場、圓山苗圃等地勤勞奉仕。圓山苗圃、圓山廣場由城北地區與東北地區負責，川端公園由城西、城內、城南與城東負責，五分埔林間、體育場由松山地區、東北地區的青年團負責。早上七點集合到作業場，八點至十一點作業。男生拿鍬掘土、鋪設道路，女生則用鐮刀除草，下午三點至六點則由另一班次勤行鍛鍊。

　　川端公園的築造，可說是青年學子與市民勤行報國運動的汗水結晶。警官練習所、東園青年團員、民間企業職員、市役所（市政府）員工也都在酷暑中揮汗加入川端公園整地的行列。據報紙報導，進行奉仕報國前都要先升國旗、遙拜皇

圖 2.5.4　競馬場（洪長庚攝）

圖 2.5.5　東京隅田公園（西田繁造編（1918），《日本名勝旧蹟産業写真集　関東地方之部》，富田屋書店，頁 20）

圖 2.5.6　東京隅田公園今貌（2016.11 林芬郁／攝）

圖 2.5.7　學童在川端公園游泳，後方為川端橋

居，似乎是當時勤勞奉仕的標準作業流程。

盛大的開場式

　　集市民之力的川端公園，在整地作業完成後，由土木課種植草皮、興建軟式棒球場與水道設備工事，1939 年運動公園已現雛型。1939 年 4 月 24 日下午一半點舉行神聖盛大的開場式，修祓（求神消災儀式）、降神、獻饌、齋主祝詞等諸儀式，由石井市尹（臺北市長）、榊原土木課長、倉岡市議代表、參與總代表關林業所長，依序行玉串拜禮、撤饌、昇神等，在石井市尹致詞並舉杯同慶後開園，當天還舉行水上競賽、孩童相撲，大小市民歡欣同樂。1939 年 8 月 13 日，甫開園的川端公園卻在一場豪雨中，樹木倒塌、土砂掩埋、廁所流失，不堪使用，土木課緊急派員修復。

邁向綜合運動場之路

　　川端公園是都市計畫中的「公八」公園，與「公十一」公園（今中正河濱公園）鄰接，在市民的引領期盼下，市政府持續對河濱公園投入建設。園內有臺北農場與兒童遊憩設施，瀕臨新店溪的遊戲場是夏日消暑的好場所。競馬場和少年乘馬練習場，是公園內設置競馬場的開端，也是全園的焦點設施。另外還增設游泳池等，漸漸有綜合運動場的規模。

　　公園內除了兒童相撲場外，還有由土木課設計全島唯一的大相撲場，可容納 7,000 至 7,500 人。上有鐵製的天蓋，可如傘般張開。1939 年 10 月 8 日，體協舉辦全島中等學校相撲大會臺灣地方預選，由臺北工業學校、臺北商業學校、臺北二中三校爭取優勝代表，後因天候因素改至泉町鐵道

---

1. 隅田公園：江戶時代以來就是賞櫻勝地，1923 年關東大地震後，是「震災復興計畫」規劃的三大公園（隅田公園、浜町公園、錦系公園）之一，也是日本最早的臨水公園（riverside park）。隅田公園大致是隅田川上游的吾妻橋至白鬚橋附近沿岸的遊步道公園，平日是四時行樂地，非常時期則成為避難場所。

圖 2.5.8　專賣局員工在川端公園敷地種植樟樹（《臺灣日日新報》1938 年 8 月 29 日第 13809 號）

圖 2.5.9　（上）臺灣貯蓄銀行川端公園整地作業隊，（下）臺灣日日新報工場團奉仕隊（《臺灣日日新報》1938 年 8 月 29 日第 13809 號）

圖 2.5.10　川端公園開園式中石井市尹行玉串拜禮（《臺灣日日新報》1939 年 6 月 25 日第 14107 號）

圖 2.5.11　川端公園開園式的游泳競賽（《臺灣日日新報》1939年 6 月 25 日第 14107 號）

圖 2.5.13　川端公園內的相撲場（圖片來源：臺北市役所（1942），《臺北市概況》，臺北：臺北市役所，無頁碼）

俱樂部相撲場舉行。

　　同年 10 月 17 日適逢神嘗祭佳節，在全島第一的相撲場舉行盛大的土俵祭。上午九點半，先由石井市尹、島田文教局長、古山高等法院檢察長等，在土俵祭時行修祓、降神、獻饌、恭讀齋主祝詞。之後，石井市尹、體協總務理事島田文教局長、臺北州支部長代理森田內務部長、臺北州相撲代表小松吉久與參列者代表古山高等法院檢察長，行玉串拜禮、撤饌、昇神、朗讀祝詞後，東京大相撲常勝將軍橫綱双葉山關、專賣局、鐵道部選手一同出場。場內熱鬧非凡，擠得水洩不通，共吸引了一萬多名市民參加。

圖 2.5.12　1945 年川端公園內設施示意圖。
底圖：19450617 美軍航照影像

　　川端相撲場竣工時，土木課也出版「川端公園相撲道場竣功について」說明相撲的歷史，以獎勵學童有更強健的體魄。1941 年 5 月 3 日，在川端公園的土俵舉辦國民學校相撲比賽，上午以內地兒童為主，下午則是本島兒童的競賽，同年 9 月 23 日也在此舉辦全島大學高專相撲大會。

　　1941 年 7 月 23 日，新店溪畔的「學童體錬館」竣工落成。這棟建坪約 182 平方公尺的平房式建築，也是各界青年學子、公司行號員工勤勞奉仕的結晶。可容納 200 多人住宿，鋪設 53 張榻榻米的大禮堂，除了是島都的國民學校兒童的野餐地、游泳練習的休憩所外，也是少年團訓練與各種講習會的場所。

　　1941 年 8 月，川端公園事務所前的小池在青年團的勤勞奉仕下，擴大挖掘為划船池，靠新店溪的左側則挖掘為釣魚池（10 月上旬開放）。1943 年 2 月 20 日舉行青年道場建築上棟式，成為青年練成的殿堂。

　　川端公園還成為各單位、團體舉行訓練或體育會的場所，例如 1941 年 5 月 17 日體協支部在川端公園棒球場舉辦島都市內軟式棒球大會；臺北市為了擴充與強化各少年團教育，同年 7 月 10 日至 12 日在學童體錬館附近舉行少年團指導者講習，含結繩、通信連絡信號、測量、急救衛生等必要知識技能。此外，南警察署在川端公園定期演習、操練；臺北市役所職員及其家族也在此舉行體育會；翌年 1 月 24 日至 25 日臺北市鄉軍聯合分會管下各分會的查閱也在川端公園舉行。

體位向上、國防徵兵整備之場所

這座新店溪畔、總計 38.6 公頃的川端公園，儘管主要以市民休憩娛樂與體育運動設施為主，在進入太平洋戰爭後，還兼作國防和體能向上訓練場域。如佔地 8.2 公頃的滑翔練習場，即為國防訓練場地。

1940 年 11 月 30 日，在川端公園舉行全島青年學校大會，如手榴彈擲突擊競走、障礙通過競走等，展現青年國防教育的成果。同年 12 月 8 日，臺北市聯合少年團也在此主辦島都少年團合同訓練，參加的有旭、壽、南門、樺山、建成、錦、幸、大橋町的少年團指導員 70 名，少年團健兒 2,400 名。在開幕致詞、升旗、皇城遙拜、感謝默禱、團長訓示、齊唱團歌後，進行建國體操、傳令競走、擔架競走、齊唱「光の路」、「進め健兒」、手旗信號、設營競賽等表演，高唱奉祝歌「紀元二千六百年（1940 年）」，分列式檢閱後，在激起青少年們心中的高昂鬥志下閉幕。

圖 2.5.14　臺北市青年學校軍事檢閱（《臺灣日日新報》1942 年 10 月 16 日第 15307 號）

1942 年在川端公園舉行軍事相關的活動有：1 月 31 日的島都[2] 聯合少年團訓練，以提升少年團體位向上、振作士氣；5 月舉行該年度徵兵檢查，實施壯丁臨時體力章檢定會；10 月臺北陸軍兵事有田部長、查閱官等檢閱臺北青年學校學生的軍事訓練、城南地區市民運動大會，還有帝國軍用犬協會臺灣支部在此舉辦軍犬資格測試。

在決戰氛圍下，青年意氣昂揚、身心與前線將兵呼應，1943 年 1 月拓南工業戰士也在此從事實務訓練；同年 11 月 23 日，廣谷臺北市青少年團長、松藤副團長與 5,000 名男女青年團員，在川端公園舉行臺北市青年大會，在「君が代」的奏樂中，升起國旗、宣讀旨令、齊唱奉答歌後，表彰功勞者與優良團員。

1944 年 3 月 17 日，府報 588 號告示第 304 號「臺北都市計畫一部變更」，將川端公園面積變更為 49.92 公頃，但進入戰爭末期，公園右側遭挪用興建陸軍砲兵聯隊營房。

二次大戰後公園挪作他用

戰後，川端公園改稱螢橋公園，臺北農園仍為耕地，原「川端苗圃」，更名為「第一苗圃」，經部分整修後培育苗木。1950 年為配合臺北市綠化市區，因「公二」公園預定地內的中山苗圃空間不敷使用，1954 年度起徵收附近田地，擴大第一苗圃面積。

1948 年因國防醫學院遷臺設校，在「公八」公園預定地內原陸軍砲兵聯隊營房之地興建校舍，2001 年底國防醫學院遷移至內湖國防醫學中心後，改為臺灣大學水源校區與學生宿舍。原砲兵聯隊營房左側部分，由陸軍總部接收做為後勤司令部通信學校的修理廠與庫房，1956 年後遷移至桃園內壢，原廠房建築由軍眷向陸軍總部申請補助，以公地自建方式興建列管眷宅，即是日後的嘉禾新村。

1968 年，改組後的三軍總醫院遷移至今汀州

---

2. 島都：日治時期指稱臺北的詞彙，意指「全島之首都」。

圖 2.5.17　臺北市客家文化主題公園（2017.04 林芬郁／攝）

圖 2.5.18 堤防外的古亭河濱公園（2017.04 林芬郁／攝）

圖 2.5.15　1958 年「公八」公園（綠色框）內的國防醫學院與第一苗圃，競馬場改做農地使用。
底圖：1958 年臺北市圖

圖 2.5.16　「公八」公園預定地現況（底圖：2015 年南區航測影像，臺北市政府都市發展局「臺北市歷史圖資展示系統」提供）

圖 2.5.19　嘉禾新村（2015.01 林芬郁／攝）

圖 2.5.20　臺灣大學水源校區倉庫，照片左邊為水源高架道路（2015.01 林芬郁／攝）

院區，2000 年底總院遷移至內湖，汀州院區保留門診和急診，原汀州院區土地部分轉為臺北市替代役中心與中華民國國防部軍備局。佔地約 4 公頃、位於汀州路、師大路交會處的「兒童交通博

圖 2.5.21　聖靈寺（2017.04 林芬郁／攝）

圖 2.5.22　臺北市替代役中心（2017.04 林芬郁／攝）

圖 2.5.23　三軍總醫院汀州院區（2017.04 林芬郁／攝）

圖 2.5.24　臺灣大學水源校區（2015.01 林芬郁／攝）

物館」於 1991 年成立，2008 年閉館。其原址興建「臺北市客家文化主題公園」，2011 年 10 月 15 日開園。

1980 年代，因新店溪堤防與水源快速道路的興築，將「公八」公園預定地分隔成堤防內與堤防外。堤防內有前述的三軍總醫院、嘉禾新村與兒童交通博物館外，還有（軍方）學人新村、螢橋國中、臺北市替代役中心、聖靈寺等建築。1988 年於堤防外闢建面積 23.35 公頃的古亭河濱公園。整座公園預定地三分之二被建築物所佔據，完全失去公園功能。而古亭河濱公園因堤防與水源快速道路的阻隔，交通不便。再加上位於行水區內，並無樹蔭遮陽，到此運動的人並不多，倒是永福水管橋旁因有水源高架橋的遮蔽，較多人在此休憩。

臺北市南區防災主題公園的規劃

2000 年 9 月 18 日，臺北市市長馬英九在臺北市議會施政報告時提出，有鑑於九二一震災後缺乏避難場所的窘境，須建立臺北市成為防災體系健全之城市，市民在重大災難發生後能迅速、安全的到達避難場所，與及時獲得必要的維生與協助。此次施政報告馬前市長還說：「**本市對於中正區三軍總醫院及國防醫學院預定於八十九年底搬遷至內湖區國醫中心，除由發展局計畫將該機關用地變更為防災主題公園外，刻正由消防局、發展局及公園處、各區公所於大型、鄰里公園內選擇適當地點作為防災公園預定地。**」

臺北市政府於 2001 年提出「具維生功能大型避難場所防災公園執行計畫」，2004 年 9 月完成都市計畫變更程序，依據「變更臺北市三軍總醫院附近地區主要計畫案」內容，建置「臺北市南區防災主題公園」。三總與國防醫學院遷出後的大面積公有地，計畫為防避災難、交通、休閒、醫療用地（三軍總醫院汀州院區）、安置等五大機能。

防災園區為廣場式開放空間，設臺北市南區「救災救護指揮中心」與防災科學教育館，平日

可作防災教育與訓練、地區性防災演習、災難時與鄰近醫院、學校、警政、消防救災機構，成為救災、避難收容、物資集散、復原的活動空間，整合地區自然環境、歷史脈絡建構防災主題公園（9.51 公頃），與提供地區性運動休閒、醫療、防災、教育等公共服務性設施，同時利用公地興建專案住宅區安置本區的拆遷戶。

防災公園預定區內的嘉禾新村，雖有文資團體呼籲全村保留，但是經文資審議後村內僅有永春街 131 巷 1 號、131 巷 3 弄 4 號、5 號 3 棟建築登錄為歷史建築，2017 年 2 月臺北市政府開始拆除嘉禾新村東側，以興建防災公園。防災公園平日可做市民的休憩設施，災害發生時才做為防災避難與提供避難者維生功能基本設施之所。

依據北市府工務局公園綠地（含公園、綠地、兒童遊樂場、廣場、河濱公園）統計資料顯示，2017 年度全臺北市平均每位市民享有公園綠地面積為 5.36 平方公尺，三總舊址所在地的中正區是 5.5 平方公尺，皆遠低於世界衛生組織人均綠地面積標準 8 平方公尺。更何況「綠地」僅是綠化人行道、道路旁植栽綠化，市民無法入內休憩；而河濱公園法令上卻是「行水區」，意即平時是市民的休憩公園，颱風季或暴雨期是疏洪河道，因此扣除綠地、廣場與河濱公園等名義上的公園後，可知臺北市極度缺乏公園的真相。

＊＊＊

如能讓承載著豐富歷史故事與在地居民情感記憶的嘉禾新村儘量保留其聚落紋理，便能夠與鄰近的紀州庵文學森林、客家文化主題公園、自來水園區、寶藏巖國際藝術村、蟾蜍山文化景觀等歷史資源景點相連，串聯起成為臺北城南城市博物園區。

他山之石——防災公園

相對於臺北市在 921 地震後才有明定建置「防災公園」的政策，日本在經歷多次地震、火災與颱風後，對於非常時期的「避難所」設施有較完善的思維，或可供地理環境條件相仿的臺灣做為借鏡。

日本的「防災公園」不單指地震火災的避難地，還包括海嘯、土石流、洪水時避難之所，而是成立「防災公園」網絡（network）。「防災公園」的設置地點需避開山地、丘陵地的傾斜面、活斷層、低濕地等軟弱地盤與海嘯浸水危險區域。最好鄰近消防局、警察局、災害基地，學校、市民活動中心等教育設施，醫院救護設施，寬幅道路、綠道、鐵道、高速公路、飛機場等交通設施。災難發生時避難者以先「自助」（守護自身、家族安全）為前提，再「公助」（公家機關的救助），並「共助」（避難時居民、自主防災組織、志願服務單位等，大家互相幫助）。

為避免餘震發生，避難需選擇安全空曠之處，以防掉落物砸下或火災延燒。在都市內設置容易理解的行動地圖與有效的符號圖像，讓民眾馬上能找到避難場所。受傷者的治療與儲備品的分配也很重要。東京都內的鄰里公園中設有儲物箱，放置食物、飲用水、藥品等備用物品，並與協定廠商合作定期更換新品。目前日本的防災公園，分為：廣域防災機能的都市公園、地域防災地機能的都市核心廣域公園、主要避難地機能的鄰里公園、具疏散道（避難路）功能的寬幅綠道、近身防災活動基地的街區公園等。（見表 2.5.1）

2011 年日本受 311 大地震影響，首都圈許多鐵道停駛，道路大規模塞車，許多公共交通運輸窒礙難行，又因地震發生在平日，首都圈約 515 萬人成為有家歸不得的「歸宅困難者[2]」。日本內閣府針對大規模地震（7 級以上）發生後，因交通運輸無法運作、災後無法回家者（歸宅困難者）提供飲用水、食物、毛毯等支援，避難所需

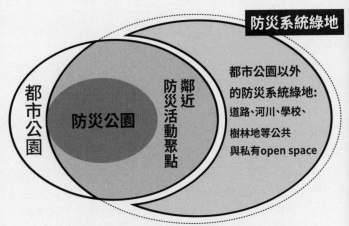

圖 2.5.25　防災公園的概念（參考：国土交通省国土技術政策総合研究所（2015），防災公園の計画・設計に関するガイドライン」，頁 20。王馨臻重繪）

要有衛生設施（廁所、垃圾處理），歸宅困難者的收留以三日為限，遇有行動障礙者、高齡者、孕婦、幼兒、遠距離通學的小學生等應給予支援，四日以後仍無法回家者則安置到其他避難所。

關於東京都的防災公園，都內有 58 處都立公園被指定為「避難場所」，另有 35 處「大規模救助活動基地」或「直升機活動基地」，東京都公園協會管理 37 處「避難場所」、28 處「活動基地」。防災設施包括：防災馬桶、太陽能發電照明燈、爐灶長凳、取水唧筒、防火水槽（消防用）、緊急供水設施、直升機臨時著陸場（棒球場、競技場、廣場）等。

---

2. 意指地震時外出，無法搭交通工具或徒步回家者。

表 2.5.1　日本防災公園類型

種類	功能	公園類型
廣域防災機能的都市公園	以大面積的修復、重建活動基地為主的都市公園	廣域公園等（都市內地方生活圈為範圍），50 公頃以上
地域防災地機能的都市核心廣域公園	大地震火災發生時提供大面積避難用的都市公園	都市核心廣域公園（2 公里範圍內），10 公頃以上
主要避難地機能的都市公園	大地震火災發生時提供臨時避難用的都市公園	鄰里公園、地區公園（500 公尺範圍內），1 公頃以上
具疏散道（避難路）功能的都市公園	廣域避難地與安全通暢避難路或綠道	綠道等，寬幅 10 公尺以上
石油產業工業區等與一般市街地的緩衝綠地	以防止災害為主的都市緩衝綠地	緩衝綠地
有切身關係（近身）的防災活動基地的都市公園	以近身的防災活動基地為主的都市公園	街區公園等（500 公尺範圍內），一般市街地面積 500 平方公尺以上，人口集中地區 300 平方公尺以上
歸宅支援場所機能的都市公園	主要是都心回郊區歸家者的支援場所	街區公園等

資料來源：国土交通省検討会報告書（2003 年），「広域防災の拠点整備に関する調査」，頁 77、80；国土交通省国土技術政策総合研究所（2015），「防災公園の計画・設計に関するガイドライン」。筆者整理、製作。

日本防災公園參考案例

1. 東京日比谷公園

　　日比谷公園平日是市民的休憩、文化場所，遇災難時則成為避難公園，戰爭時既是避難地、防空地，草坪、花壇也可以做為糧食生產地。311 地震發生時，日比谷公園因位於霞關的官廳街與丸之內的辦公區等，有許多人到公園內避難，公園內的日比谷公會堂、松本樓等建築物，則成為歸宅困難者過夜與接收訊息的地方[3]。

　　在 2012 年 11 月千代田區丸之內 2 丁目 1 番製作的指示地圖上，日比谷公園與隔著「晴海通り」的皇居外苑同被指定為「歸宅困難者避難場所」，與一般公園做為「避難場所」有所不同，顯見日本防災工作的細膩，周全的考慮到災難時因交通中斷而無法回家的民眾，需要一處暫時避難安身之所。

　　日比谷公園內的「避難場所」設備，除了有防災備蓄倉庫外，還有震災對策用應急供給設施。水的供給方面，地震時可確保飲用水，地下一直儲有 1,500,000 公升新鮮的水可供市民飲用，火災發生時也可當消防用水使用。

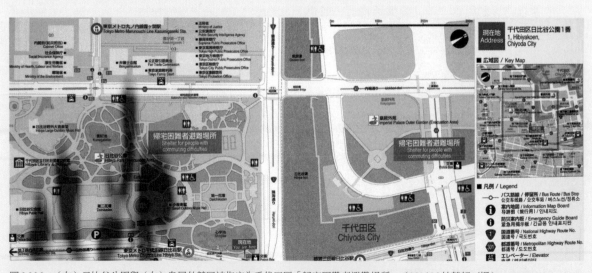

圖 2.5.26　（左）日比谷公園與（右）皇居外苑同被指定為千代田區「歸宅困難者避難場所」（2016.06 林芬郁／攝）

圖 2.5.27　日比谷公園災害時避難場所（上：防災備蓄倉庫，下：應急給水設施）（2016.11 林芬郁／攝）

圖 2.5.28　震災用應急給水設施指示牌（2016.11 林芬郁／攝）

圖 2.5.29　（右）消防取水口與（左）取油口（2016.11 林芬郁／攝）

2. 芝公園

芝公園的防災設備設置在公園的東北角落，包含有：

(1) 太陽能電燈：利用太陽光蓄電，供給照明。

(2) 指示板：利用太陽光蓄電供電，夜間也可看見公園內的災害應對設施配置的利用方法指示。

(3) 災害用馬桶：利用直式排水管直結型馬桶，使用後手壓幫浦即可沖走。災害用馬桶不使用時狀如排水孔蓋，使用時先在外圍架上帳篷後，打開蓋子即可使用，如圖 2.5.33 所示。

(4) 防災倉庫。

(5) 爐灶長凳：平時是公園供人坐下休息的長凳，非常時期拿下木頭的部分當桌子使用，椅子下可生火煮食。

(6) 雨水貯留槽與取水唧筒（不可飲用）。

以上的防災設備，足供臺北市防災公園防災設備設置之參考。

臺北市防災公園的省思

2001 年臺北市在 12 個行政區內，每區指定一座公園為防災公園，分別為民權公園（松山區）、松德公園（信義區）、大安森林公園（大安區）、榮星花園公園（中山區）、二二八和平公園（中正區）、玉泉公園（大同區）、青年公

---

3. 国土交通省国土技術政策総合研究所（2015），「防災公園の計画・設計に関するガイドライン」，頁 15。

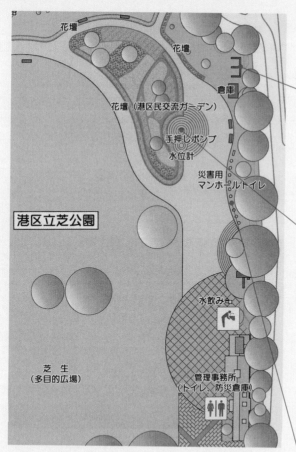

圖 2.5.31　芝公園防災儲備倉庫（2016.11 林芬郁／攝）

圖 2.5.30　芝公園內防災設施圖示（2016.11.林芬郁／攝）

圖 2.5.32　芝公園雨水水位計與取水唧筒（不可飲用）
（2016.11 林芬郁／攝）

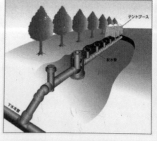

左圖 2.5.33　防災用馬桶圖示（2016.11 林芬郁／攝）
右圖 2.5.34　芝公園防災用馬桶（2016.11 林芬郁／攝）

園（萬華區）、景華公園（文山區）、南港公園（南港區）、大湖公園（內湖區）、士林官邸公園（士林區）、復興公園（北投區）。公園處同時表示除了 12 處「防災公園」外，仁愛路、敦化南北路等綠帶，在災變的緊急狀況下，也可作為緊急避難場所。

　　但據「臺北市防災公園精進計畫」，與臺北市防災資訊網所提供的資訊顯示，災害防救設備（器材）數量顯然不足，且公園內除現有公廁外，並無提供防災用的馬桶（如東京芝公園），維生設備（供水設施）不夠，且無法用火煮食，也無防災備蓄倉庫存放救災物資。

　　關於「歸宅困難者」雖有擬定因應策略，卻未設置避難場所，倘若真有災難發生，恐慌的民眾恐在街上手足無措，徒增救災的困難。建議應在重要交通運輸集結點，如火車站、捷運站等設置「歸宅困難者」避難場所指示牌。如東京車站附近的辦公大樓集中區，日比谷公園與皇居外苑便可提供因交通運輸中斷而無法歸家者一處安全的臨時避難場所，這一點很值得臺灣學習。

第六章　都市計畫上「曇花一現」的「公十六」、「公十七」公園

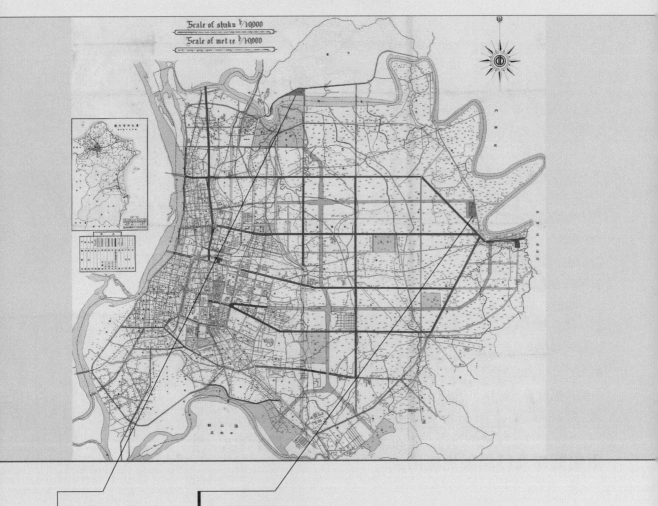

公園號次：十六
公園興建：廢止
原規劃面積：5.94 公頃
地點：塔悠路、健康路、塔悠路 188 巷與健康路 325 巷 24 弄
　　　偏北、健康路 325 巷 6 弄偏左的範圍
日治時期敷地使用情況：軍用簡易飛行場

公園號次：十七
公園興建：廢止
原規劃面積：4.23 公頃
地點：北安路、國民革命忠烈祠、致誠營區、碧海山莊、海軍總部部分與美僑協會
日治時期敷地使用情況：護國神社

公十六、公十七

「大臺北市區計畫」中規劃的「公十六」與「公十七」公園分別於 1941 年和 1938 年廢止。廢止後的公園預定地各有不同的發展方向，詳述如下。

1932 年「大臺北市區計畫」中規劃的「公十六」公園預定地，面積 5.94 公頃。約位於今松山區塔悠路、健康路、塔悠路 188 巷與健康路 325 巷 24 弄偏北、健康路 325 巷 6 弄偏左的範圍內，鄰近基隆河邊、坐落在舊臺北市區的東北隅，屬都市的邊緣地帶。

清治時期此地屬里族庄，皆為農地。日治時期，1920 年市區改正後屬松山庄舊里族，有瑠公圳舊里族支線流經其西南側灌溉農田。1932 年規劃為「公十六」公園預定地，但 1941 年 11 月 8 日依據總督府《府報》第 4333 號，告示第 1003 號「廢止」。

軍用簡易飛行場與飛機場線

1945 年二次大戰末期，在機場運作效率與順暢的軍事考量下，日本政府擬在原「公十六」公園預定地上興建軍用簡易飛行場，以彌補臺北

圖 2.6.2　日治時期「公十六」公園預定地位置。底圖：1939 年瑠公圳水利組合區域圖

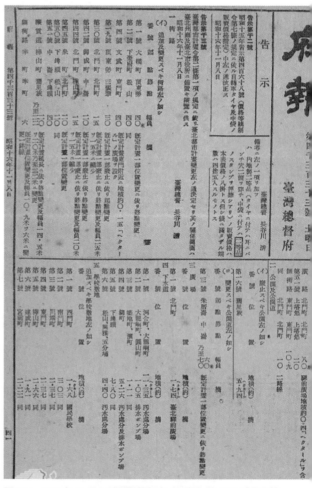

圖 2.6.3　1941 年 11 月 8 日臺灣總督府《府報》第 4333 號告示第 1003 號廢止「公十六」公園預定地

圖 2.6.1　清治時期「公十六」公園預定地位置。底圖：1898 年日治二萬分之一臺灣堡圖

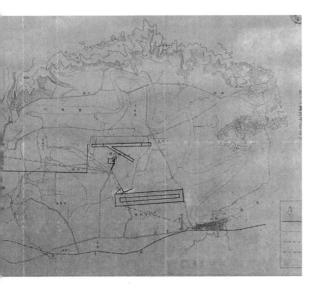

圖 2.6.4　臺北飛行場位置平面圖，下方長方形即是軍用簡易飛行場（著者、出版者與年份不詳）

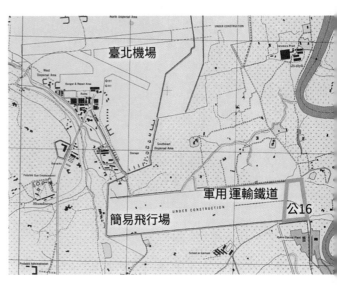

圖 2.6.5　綠色框為原「公十六」公園預定地。底圖：1945 年美軍繪製臺灣城市地圖

機場跑道的缺失。從軍用簡易飛行場到松山車站間，鋪設有軍用運輸鐵道，由松山站分歧，其中由松山站越過虎林街平交道經南松山至撫遠街，稱「松山發電所線」；撫遠街以下原是松山機場線的一部分，是飛機場興建時所建、長 1.5 公里的「飛機場線」，1936 年 3 月 30 日機場竣工啟用。

　　戰後，此地已無軍事用途，因而改建為空軍眷村，唯飛行場由西向東時往左的方位角 15° 偏折軸線方向，深刻影響了臺北市街道日後的走向。

戰後變變變──最後成為鄰里公園

　　1947 年「臺北市都市計畫用途分區圖」中，原「公十六」公園預定地為「未指定地區」。

1948 年「臺北市都市計畫圖」中，已計畫於原公園預定地東側興建撫遠街（今改稱塔悠路）。1956 年「臺北市舊航照影像」已見零星房屋，1957 年「臺北市舊航照影像」中，原「公十六」公園預定地東側下半部有東西向的小巷弄出現，比對今地圖這些巷弄紋理依然存在，如塔悠路 100 巷、120 巷、136 巷，而戰前的軍用簡易飛行場西側建有空軍松山新村（部分）、空軍中心醫院（今空軍總醫院）。

　　1958 年「一千二百分之一台北市地形圖」中，原「公十六」公園預定地東側下半部已建有房舍，西側上半部有零星屋宇，軍用運輸鐵道仍存在。戰前的軍用簡易飛行場，除松山新村增建許多眷舍外，還有空軍育幼院、復興新村、婦聯四村，

圖 2.6.6　1958 年（綠色塊）「公十六」公園預定地與（紅色框）日治時期簡易飛行場。底圖：1958 年一千二百分之一台北市地形圖

圖 2.6.7　1963 年（綠色塊）「公十六」公園預定地與（紅色框）日治時期簡易飛行場。底圖：1963 年臺北市舊航照影像

之後又增建婦聯五村與婦聯六村。1963 年「臺北市舊航照影像」中，「公十六」公園預定地原為農地的西側已建有零星房屋，其他用地疑似栽種植物。至 1977 年植栽地已變為空地，1983 年成為鵬程里「區民活動中心」的一部分。1973 年「臺北市航測影像」中已見撫遠街右側臨基隆河之地興建堤防。

　　至於原「公十六」公園預定地東側鄰撫遠街的「松山發電所線」鐵道，於 1966 年 5 月 1 日改稱「飛機場線」，在撫遠街附近卸除礦油。1976 年左右，礦油改為油管輸送，「飛機場線」停用。1983 年鐵道仍存，但 1994 年「一萬分之一臺北市街道圖」中已消失。1994 年「區民活動中心」東側留下空地，之後興建為鵬程公園，西側則變為住宅區。鵬程公園內有涼亭棚架、兒童遊樂器材、體育健身器材等。2018 年 2 月公園處拆除原

有的涼亭棚架，興建彩虹造型舞臺，成為鄰里社區舉辦藝文活動的多用途空間。

　　綜觀「公十六」公園預定地，清代至日治中期原為農地，1944 年為軍用簡易飛行場的一部分。戰後原公園預定地東側建有眷村，西側則由植栽地變為「區民活動中心」用地，今分為住宅區與鵬程公園二部分。「公十六」公園預定地雖已於 1941 年廢止，至今只留下鵬程公園，筆者現地調查時有多位年長的居民在此活動筋骨或聊天，充分發揮鄰里公園的用途。

圖 2.6.9　拆除涼亭改成彩虹舞台（2019.01 林芬郁 / 攝）

日治時期即廢止的「公十七」公園預定地

　　「公十七」公園預定地，約位於今中山區北安路、國民革命忠烈祠、臺北市美僑協會與海軍

圖 2.6.8　鵬程公園廣場（2017.01 林芬郁 / 攝）

總部的部分範圍內，坐落在舊臺北市區的北隅鄰近基隆河邊，屬都市邊緣的河灘地，與「公三」公園預定地隔著基隆河相望。

清治時期，此處為大直庄劍潭山下，基隆河畔河灘地，多為農地。「大臺北市區計畫」中規劃為「公十七」公園預定地，面積 4.23 公頃，但 1938 年 12 月 14 日依據總督府《府報》第 3457 號，告示第 423 號公告廢止。

劃入臺灣神社外苑的聖域內

據青井哲人的著作《植民地神社と帝国日本》，坐落劍潭山上的臺灣神社（25.92 公頃）共有三次境內地擴張：

- 第一次境內地擴張（1901 年至 1907 年）：收買民有地約 8.30 公頃，
- 第二次境內地擴張（1913 年至 1914 年）：參道改善、建神樂殿（1925 年）
- 第三次境內地擴張（1939 年至 1945 年）：建新明治橋（1933 年）、建國民精神研修所（1938 年竣工）、1938 年廢止「公十七」公園預地定、敕使街道擴張（1939 年）、遷移劍潭寺（1940 年左右）、1942 年興建臺灣護國神社。

1937 年中日戰爭，為國民精神總動員，神社的地位急遽提升；同年 10 月在臺灣神社外苑中，面臨基隆河、遠眺臺北平野、三面翠巒圍繞、遠離塵囂的聖域，興建一座「國民精神研修所」，做為修養道場。翌年 5 月竣工的研修所（敷地面積 5,950.44 平方公尺、建物 1,487.61 平方公尺），設有講堂、教室、圖書室、來賓室、合宿室、浴室等，設備完善。

為臺灣總鎮守、官幣大社的臺灣神社於 1940 年（紀元 2600 年紀念事業）擴建，境內地擴增為從前的三倍。當局希望將為戰死者慰靈的社會機能，轉化為戰爭動員的國家需求，在此契機下興建護國神社（招魂社）。

1896 年興建的圓山公園與臺灣神社境內形成一體的意圖明顯。對神社而言，境內地前抑制開發、景觀整合，有使之成為風景公園的意義。1937 年的都市計畫中，最受矚目的當屬位於基隆河兩岸，形成大規模的公園綠地群的公一、公二、公三、公四、公十七預定地。然而，1938 年臺灣神社外苑的全體計畫大致確定，因護國神社境內預定地與「公十七」公園預定地相互重疊，因而於 1938 年廢止「公十七」公園。由「大臺北市區計畫」看來，「公十七」公園預定地東境界線至基隆河有架橋計畫，推測此時可能已決定護國神社境內的位置。

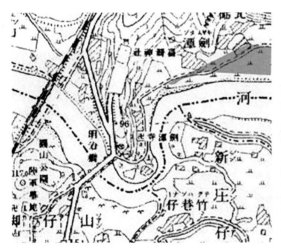

圖 2.6.10　綠色是清治時期「公十七」公園預定地位置。底圖：1898 年日治二萬分之一臺灣堡圖

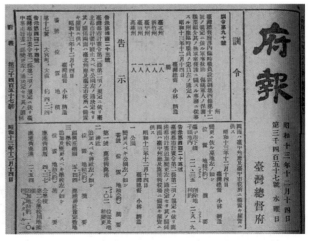

圖 2.6.11　1938 年 12 月 14 日臺灣總督府《府報》告示第 423 號廢止「公十七」公園預定地

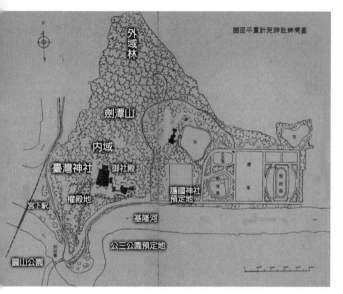

圖 2.6.12　臺灣神社神苑計畫平面圖
底圖：官幣大社臺灣神社御造營奉贊會（1939），《臺灣神社御
造營奉贊會趣意書竝會則附役員名簿》，出版地不詳：官幣大社
臺灣神社御造營奉贊會，無頁碼

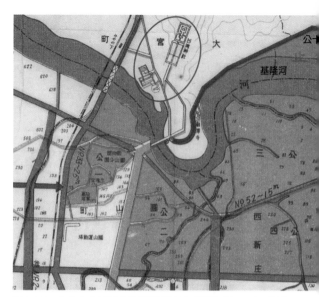

圖 2.6.13　公十七公園預定地與臺灣神社（圈起處）、公三與公
四公園關係圖示。
底圖：1932 年臺北市區計畫街路並公園圖

臺灣神宮外苑

　　臺灣神宮外苑工事從 1939 年 8 月 6 日起，在
95 隊各團體、19,100 人熱心的勤勞奉仕下，雖區
域內一部分的填埋作業非常困難，但比預期更為
順利，9 月 18 日石井市尹、谷垣社會教育課長與
其他相關人員都到現場視察。從明治橋到大直約
77.59 公頃之地，為臺灣神社、臺灣護國神社、國
民精神研修所、各類運動場等敬神教化的聖域。
外苑運動場與苑地因臨基隆河，興築 10 公尺高
的土堤防，堤防內側為 20 公尺寬道路；外苑運
動場的設施包括棒球場、陸上競技場、網球場、
大廣場、運動場等，並仿傚明治神宮之例，做為
學校青年團、保甲民、一般民眾的勤勞奉仕。

島民募捐、勤勞奉仕下奠基的臺灣護國神社

　　臺灣護國神社為臺灣神社的外苑，依 1939
年 3 月 14 日敕令第 59 號創設。據《臺灣日日新
報》報導，1939 年 7 月 15 日在總督府正廳聚集
全島仕紳，設立臺灣護國神社御造營奉贊會創立
會。當日由發起人森岡總務長官致詞後，島田文
教長說明奉贊會的會則宗旨、獻納金額、事業計

畫等。臺灣神社與護國神社，是本島的總鎮守、
帝國南進的據點，支那事變後有許多殉職英靈
需入社奉祀，在這時局下全島民募資興建別具意
義。依照 1938 年 12 月 2 日內務省訓令，招魂社
統一改稱為「護國神社」，臺灣的招魂社即稱為
「臺灣護國神社」，其社格與日本相同屬縣社格。

護國神社的地鎮祭與社殿的建造

　　為舉行護國神社的地鎮祭[1]，1941 年 1 月 14
日下午二時，在國民精神研修所舉行當年度的第
三回勤行報國青年隊的入隊式，先由帝國大學醫

圖 2.6.14　總督府正廳成立臺灣護國神社御造營奉贊會創立會
（《臺灣日日新報》1939 年 7 月 16 日第 14128 號）

院教授等為預備訓練的青年做身體檢查。

　　1941 年 1 月 15 日上午 10：30 舉行御神殿地
鎮祭。長谷川總督、臺灣軍司令官代理上村軍參
謀長、馬公要港部司令官代理酒井海軍武官、奉
贊會長齋藤總務長官與軍官民代表三百多人參
與，以田村臺灣神社官司、伊東臺北稻荷神社社
司為先導，副齋主松崎以下官員著純白齋服陸續
參進，奏樂聲中祭式依奉仕降神、供奉御食御酒、
神饌、齋主田村富司祝詞等，最後由吉野官司捧
持大麻、豐福建功神社社掌捧持米與切麻向東
北、東南、西南、西北四隅與中央順次求神消災
後，舉行動土儀式並依序行玉串拜禮，於奏樂聲
中撤饌、升神儀式後閉幕式，典禮莊嚴而隆重。

　　御神殿地鎮祭後，在軍民赤誠的勤勞奉仕
下，工事進行順利，11 月 9 日舉行立柱上棟式。
1942 年 3 月中旬御造營事務局開始建社殿，護國
神社的設施包含：本殿（木造的流造型式建築）、
祝詞殿、拜殿、左右渡廊、祭器庫與控所（休息
室）、左右祭舍、神饌所、手水舍、鳥居（檜木
造）、招魂祭庭、社務所（木造平房）、倉庫、
社司與社掌宿舍、便所，第一鳥居前有長谷川總
督題字「臺灣護國神社」的神社標柱。

　　建築工事主要由總督官房營繕課負責設計與
監督、建築工事由池田好治負責、敷地整地工事

圖 2.6.16　護國神社地鎮祭求神消災儀式 I（《臺灣日日新報》
1941 年 1 月 16 日第 14673 號）

圖 2.6.17　護國神社地鎮祭求神消災儀式 II（《臺灣日日新報》
1941 年 1 月 16 日第 14673 號）

圖 2.6.18　臺灣護國神社正面（《臺灣建築會誌》（1942.1130）第
14 輯第 4 號）

圖 2.6.15　臺灣護國神社（臺北市役所（1942），《昭和十七年版
臺北市概況》，臺北：臺北市役所）

1.　地鎮祭（じちんさい）：萬物（山、樹木、岩石、土地等）
　　在進行人為工程前，以神道儀式祈求神明降臨，以保佑無
　　事故發生，居者能繁榮興盛等，工事開始前向土地之神
　　報告以安鎮之的祭典，類似臺灣傳統的動工儀式。

圖 2.6.19　臺灣護國神社側面（《臺灣建築會誌》（1942.1130）第
14 輯第 4 號）

圖 2.6.20 國民精神研修所正面（《臺灣建築會誌》（1938.12）
第 10 輯第 5 號）

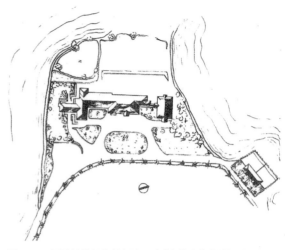

圖 2.6.21 國民精神研修所配置圖（《臺灣建築會誌》（1938.12）
第 10 輯第 5 號）

是太田組、參道盛土其他工事由陳通明負責、石
垣工事為橋本德士承接、本殿其他石工事由昭和
石材株式會社承攬、白蟻預防工事由大脇為德負
責、電氣工事是高進商會承接、給水工事由臺北
市役所負責。

莊嚴的護國神社鎮座祭

臺灣護國神社位於臺北近郊平地，境內地面
積 12.89 公頃、境內建物面積 125.65 平方公尺。
1942 年 5 月 22、23 日舉行鎮座祭[2]，22 日晚間
六時至八時為鎮座儀式，約八時半為神靈入御時
刻，收音機放送公告周知，島民家庭熄燈並在其
所在地對護國的神靈行 30 秒感謝祈念。

5 月 23 日上午九時舉行幣帛供進儀式，護國
神社奉祀在臺灣戰歿隸屬陸海軍部隊、艦隊官衛
者，在臺戰歿的日本籍者，與在臺事變中殉職者。
將原本由靖國神社與臺北建功神社祭祀的英靈，
或是日本籍縣府的護國神社的合祀者，都遷移至
臺灣護國神社奉祀，合祀祭神 9,226 柱，之後陸
續有合祭祀。首任社司為松崎貞吉。「鎮座祭委
員業務規程」由業務委員長梁井文教局長負責，
下設總務部、設備部、祭儀部、遺族部、警備部、
奉祝部。

鎮座祝祭日，臺北市附近的官公署、公司、
銀行等都來參拜外，各地方行遙拜禮，學校與教
化團體在適宜之時訓示為何參拜與遙拜護國神

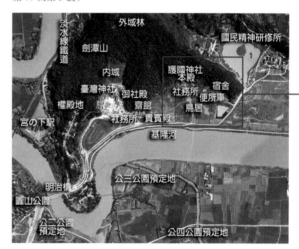

圖 2.6.22 1945 年臺灣神社、外域林與護國神社。底圖：19450617
美軍航照影像

圖 2.6.23 臺灣護國神社。底圖：19450617 美軍航照影像

圖 2.6.24　護國神社鎮座祭海報（《臺灣日日新報》1942 年 5 月 7 日第 15046 號）　　圖 2.6.25　幣帛供進（《臺灣日日新報》1942 年 5 月 24 日第 15063 號）

社。鎮座祭舉行期間，還有盛大的體育奉納行事，如棒球、自行車大會、相撲、軟式網球、水上競技、撞球、全臺桌球賽等，還有奉納演武會：劍道、柔道、弓道等，奉納舞踊大會、奉納音樂大會、全臺體操大會。

依臺灣總督府《官報》昭和 17 年 7 月 12 日告示第 670 號，規定護國神社例祭日為每年 5 月 23 日。此外，許多重要祭儀也都在此舉行，如 1942 年 11 月 28 日，在護國神社前舉行兵制 70 周年紀念奉告祭；臺北州主辦大東亞戰爭感謝祭，在北部隊的將兵到護國神社參拜；1942 年 12 月 17 日，臺灣總督府陸軍兵志願者訓練所第一回修業生 500 多名，在石川所長、中隊長、教官率領下，到臺灣神社與護國神社參拜英靈，並宣誓以死奉公報國。此外，還有祈求五穀豐收的祈年祭、陸軍紀念日祭、戰捷祈願市民遠足暨小運動會等。1943 年臺灣軍將兵、軍屬獻納大石燈籠，並於 5 月 21 日舉行獻納奉告祭，又基於一般國民愛護動物精神之涵養，在護國神社廣場前興建軍用動物慰靈塔，以祭祀戰歿的馬、犬、鴿等動物。

二次大戰後護國神社變為臺灣省忠烈祠

戰後，原「公十七」公園預定地南側，已於 1946 年闢為北安路，劃入「圓山風景區」範圍。1956 年「臺北市舊航照影像」中顯示，公園預定地中段建有軍事建築致誠營區。

1946 年 5 月 28 日依臺灣省行政長官公署〈接收護國神社改為臺灣省忠烈祠〉公告[3]，將護國神社改為臺灣省忠烈祠。同年 7 月 7 日舉圓山忠烈祠行奉安典禮，為中華民國中央崇祀國殤位階最高的場域，11 月 6 日由臺灣護國神社社司兒玉尊臣將「會計帳據清冊」[4]移交給臺灣省行政長官公署教育接收專員林紹賢。

---

2. 鎮座祭（ちんざさい）：神社竣工後，將「御靈代」移入神殿奉安，是神社創社中最重要的祭典儀式。

3. 「護國神社未移交圖書物品請點交省忠烈祠保管案」（1946 年 5 月 28 日），〈接收護國神社改為省忠烈祠〉，《臺灣省行政長官公署檔案》，國史館臺灣文獻館。

4. 「護國神社財產清冊造送案」（1946 年 11 月 6 日），〈接收護國神社改為省忠烈祠〉，《臺灣省行政長官公署檔案》，國史館臺灣文獻館。

仿北京宮殿式建築的國民革命忠烈祠

1967 年，臺灣省忠烈祠的牌樓（原護國神社鳥居）因有倒塌之虞，藉此將建築由日式神社改為仿北方宮殿的樣式，以宣揚政權、文化傳承的正統性，並更名為「國民革命忠烈祠」。

1967 年 9 月 14 日行政院通過改建圓山忠烈祠案，設計師為姚文英、陶馥記營造廠承建，同年 12 月開工改建為鋼筋混凝土造的「國民革命忠烈祠」。1969 年 3 月 25 日落成啟用，祭祀中華民國建立以來為國家殉難殉職的忠勇官兵、執行特殊危險任務死亡經總統明令褒揚者，每年 3 月 29 日與 9 月 3 日舉行春、秋國殤大典，現隸屬國防部後備司令部。

國民革命忠烈祠為仿北京宮殿式建築，此一建築模式成為日後各地方忠烈祠的範本。忠烈祠正殿四周有迴廊，兩側為烈士奉祀配殿，另有先賢祠、鐘鼓樓、辦公室、貴賓室、警衛室。1998 年 4 月 8 日行政院臺 87 內字第 14661 號，修正《忠烈祠祀辦法》，將殉職員警、義消、民防、消防、或依法從事公務人員入祀忠烈祠。

從 Google Map 來看，原護國神社前方的三個水池都被填平，今國民革命忠烈祠靠圓山飯店一側為致誠營區，營區西側的碧海山莊於 1970 年落成，供海軍差旅軍官住宿，現海軍委託岳陽餐飲管理顧問公司經營中餐廳，其入口處設有「圓山風景區」的牌樓。

原「公十七」公園預定地最西側之地，是 1968 年由美國在臺商務人士成立的「社團法人台北市美僑協會」所興建的「American Club」，屬俱樂部性質；其後方為中央廣播電臺。

而國民革命忠烈祠靠大直一側則是國安單位，由地圖判斷應是在 1958 年至 1963 年間填平水池後所建。原護國神社右上方的水池仍在，旁邊為海軍總司令部，水池下方的國民精神研修所已改建為國防部海軍司令部圖書中心。

從神社到忠烈祠

神社是日本國家的神道信仰，忠烈祠則是國民政府崇祀戰歿軍人。從護國神社改為圓山忠烈祠是政權的移轉，也是國家民族英雄認定、國家宗祀的轉換，國民政府更藉此去除日本國家神道的遺緒。但莊嚴肅穆的忠烈祠近年來因大量中國遊客前來觀看衛兵交接，或有竊賊趁觀光客忙拍照時行竊等，已由祭祀「聖地」漸淪為「觀光勝地」，而失去其空間的神聖性。

1937 年公告的「公十七」公園預定地，於 1938 年 12 月廢止，之後建有護國神社；戰後改為臺灣省忠烈祠，1952 年被劃入「圓山風景區」，1967 年至 1969 年改築為仿北方宮殿樣式建築，並改名為「國民革命忠烈祠」，一旁改為軍事用地與「American Club」用地。在「圓山風景區」內的原「公十七」公園預定地，業經臺北市政府於 1986 年 1 月 3 日公告實施通過由「風景區」變更為「行政區」與「軍事使用」，一言以蔽之，「公十七」公園預定地的地景發展完全與「公園」無關。

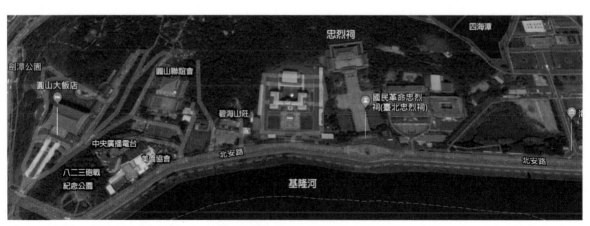

圖 2.6.26　忠烈祠。底圖：2018 年 Google Map

番外　庶民的日常因公園而美麗

日本政府將歐美都市公園概念引進臺灣後，不僅是改變了都市的空間，也改變了庶民的日常生活。「日常生活」是指尋常的、規律的、機械般重複為之，且無所不在、經常被忽視或視為理所當然的社會生活，反覆於居家與工作間、依照時間作息的日常物質、社會關係的生活經驗。法國社會學家列斐伏爾（Henri Lefebvre，1901~1991）認為，社會關係的產生依附於日常生活，人格也在日常生活的瑣碎事物中塑造。因此殖民者善用微觀權力塑造公園殖民地景，鑲嵌於日常生活空間脈絡中，形塑成庶民習以為常的休閒慣習。

日治時期，臺北興建都市公園，改善了公共衛生，還形成新的公共空間與新的社交場所。臺灣傳統日常生活乃是「日出而作、日入而息」，標準時間的施行，產生了「時」的革命與生活變化。隨交通工具與時俱進、時空壓縮（time-space compression），加上實施「星期制」，民眾有多餘的時間到公園從事休閒、運動等休憩活動。

「大臺北市區計畫」共規劃了 17 座公園，二次大戰前已興建了圓山公園、植物園、龍山寺公園、川端公園，外加臺北新公園共有 5 座，這些大型公園對庶民日常生活產生了什麼樣的影響呢？

公園是日本帝國國力展示空間與社會教育啟蒙場域

日本在明治維新後，吸取西方文明，也效法西方國家舉辦展覽會或博覽會以宣揚國威。領臺後，為了誇耀殖民地建設績效，同時振興產業發展，舉辦過幾次兼具資訊傳達、商品促銷、社會教育啟蒙、遊藝娛樂用意的始政年紀念展覽會。在臺北舉行的有 1916 年的「臺灣勸業共進會」、1925 年「臺灣始政三十年記念展覽會」、1935 年「始政四十周年記念臺灣博覽會」，這三次展覽場地的共同點是綠意盎然的市民休閒公園。可見公園非僅是休憩功能，還兼具社會教育、殖興產業發展與宣揚國威的場域。（見表 2.7.1）

表 2.7.1　日治時期在臺北舉辦的展覽會一覽表

展覽會名稱	臺灣勸業共進會	臺灣始政三十年記念展覽會	始政四十周年記念臺灣博覽會
時間	1916.04.10~05.15	1925.06.17~06.28	1935.10.10~11.28
第一會場	總督府廳舍前	臺北新公園博物館	公會堂（今中山堂）與西三線道（今中華路一段）
第二會場	林業試驗所（今植物園）	臺北植物園	臺北新公園（今二二八和平公園）
第三會場	—	總督府舊廳舍（原欽差行臺）	草山溫泉地（今陽明山國家公園）大稻埕分場
第四會場	—	專賣局	基隆水族館、板橋鄉土館、新竹案內所、臺中山岳館、嘉義特設館、高山博物館、臺南歷史館、高雄觀光館、臺東鄉土館、花蓮港鄉土館

臺灣勸業共進會

臺灣是日本的第一個殖民地，也是帝國南進的起點。1916 年，日本殖民政府為了展現這 20 年間的進步與產業發展的偉大政績，於 4 月 10 日至 5 月 15 日舉行領臺以來首次的「臺灣勸業共進會」。首先組織臺灣勸業共進會協贊會，由臺灣銀行頭取[1]櫻井鐵太郎擔任會長。4 月 19 日閑院宮殿下並同妃殿下參加開會式，可見日本政府對此次展示會的重視程度，會期中觀覽者共計八十萬九千多人，盛況空前超出預期。

「臺灣勸業共進會」的第一會場位於即將完工的總督府廳舍與圖書館，第二會場位於林業試驗所，設施有支那及南洋館、機械館、蕃俗館、園藝蔬菜館、菲律賓農舍、家畜舍等。其他特別設施有陳列館、迎賓館、演藝館、飲料店、賣店、休憩所等，另有基隆水族館為地方展覽館。

第二會場內的南支南洋館（前有奏樂堂），館內網羅香港、英屬印度、法屬印度支那、暹羅、荷屬東印度、菲律賓、澳洲與南洋新占領地等的產物、通商品。尤其是南洋各地的實景壁畫，是會場中最吸睛的場景。機械館陳列各種原動機、發電機、各種電器器具、製造染織機械、工場設計、模型等。蕃俗館展示臺灣各族原住民衣、食、住為主的一般生活樣態，有實物、模型與產品展。園藝蔬菜館與室外則網羅一切園藝植物，展示苑圃、庭園用的樹木與花卉盆栽，特別是臺灣特有的甘蔗植栽陳列。菲律賓農舍則是仿當地特有的農舍造型建築，展示其經濟發展實況，與生活樣態。家畜舍是從各廳蒐集臺灣特有家畜，並說明家畜養殖事業的進步發展。會場內還興建接待來賓用的迎賓館，為二層樓純日式木造建築，面積約 615 平方公尺，建材全部使用阿里山檜木，由臺灣建築物株式會社負責建造，共進會結束後留存下來繼續使用。

展覽會期間，第二會場觀覽的人數共有 290,692 人，除臺灣人、日本人外，還有外國人也來共襄盛舉。據《臺灣日日新報》報導，展覽會期間常有日本各地民眾組團來臺觀光，中國福建省、江蘇省也有官方考察團與民間觀光團來參

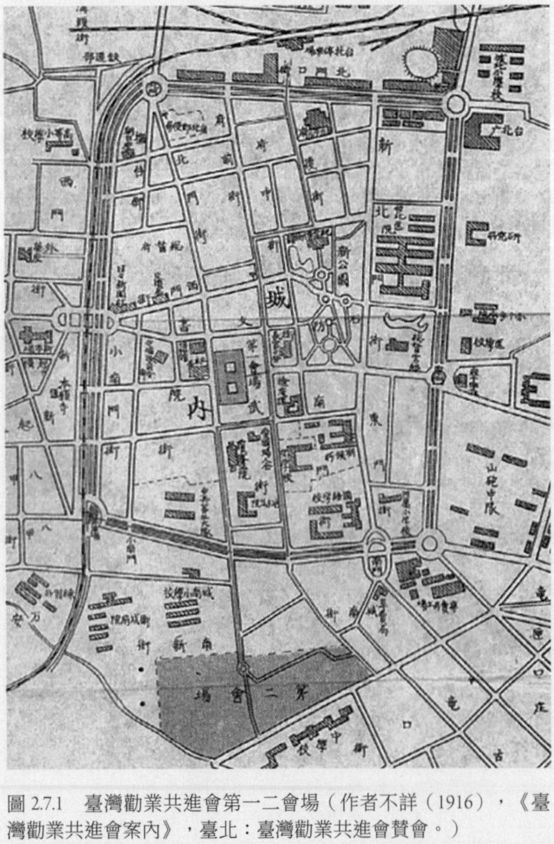

圖 2.7.1　臺灣勸業共進會第一二會場（作者不詳（1916），《臺灣勸業共進會案內》，臺北：臺灣勸業共進會協贊會。）

圖 2.7.2　臺灣勸業共進會第二會場正門

圖 2.7.3　臺灣勸業共進會觀覽券（臺灣勸業共進會協贊會編輯（1916），《臺灣勸業共進會協贊會報告書》，出版地不詳：臺灣勸業共進會協贊會）

圖 2.7.4　第一會場總督府、第二會場植物園內的迎賓館

圖 2.7.5　臺灣勸業共進會第二會場蕃族館

圖 2.7.6　臺灣勸業共進會第二會場南支南洋館遠景

訪，但對臺北的經濟僅有曇花一現的短暫升溫作用。儘管會後對整體商業改善並不大，卻提升了臺灣物產品質與技術。展覽會中與原住民相關的陳列，是為了彰顯殖民者理蕃政策的成功，而南支南洋館與菲律賓農舍則勾勒出日本帝國南進擴張的企圖。

始政三十周年紀念事業

　　大正時期，臺灣的基礎建設逐步完工、生活機能日趨完善、教育日漸普及、藝術文化普遍提升，因此群眾參與文化活動的熱情也升溫。產業繁榮、促銷策略應用，帶動商業發展，櫥窗設計競賽、廣播事業開放，開啟民眾全新的視野與文化生活。

　　「臺灣始政三十年記念展覽會」於 1925 年 6 月 17 日至 28 日舉行。6 月 16 日下午 6 時在植物園內的武德殿舉行盛大開會式，伊澤多喜南總督、菅野軍司令官與 600 多名官民共同出席，開幕當天即湧入 8 萬人參觀，可謂盛況空前。第一

1. 頭取（とうどり）：銀行行長。

展覽場位於新公園的博物館，展覽各級教育、宗教、社會教育、衛生、疾病防治宣導等社會教育，還有宣傳影片播放、廣播節目的試播。

第二展覽場設置在植物園，除商品陳列館展示米、茶、糖、青果物、原住民物產與臺灣物產相關的土木事業資料展示外，還有以阿里山檜木新搭建的林產館，展覽臺灣主要木材大標本、森林圖、造林寫真等；地方館則陳列各地方優良產物，臺灣即賣館展售臺灣商品，內地即賣館則展售日本商品，園內的武德殿做為工業實演場，如織布、捲煙草、編帽子等。除展示臺灣進步發達的物產外，館外還有飲料店、啤酒店等與餘興節目，是最受囑目的展覽場，展覽會期間約有六十萬人來參觀。

第三展覽場在舊總督府廳舍（原欽差行臺），展示電信、郵政、鐵道、海事等交通事業外，還有放送設施的試驗廣播。第四展覽場為專賣局，宣傳專賣產品，如樟腦、鹽、酒、煙草、鴉片。6月18日還配合臺北橋啟用，施放煙火；6月28日有媽祖遶境、藝閣競賽、店家廣告促銷遊行。

圖 2.7.7　始政三十年櫥窗設計獎狀（《臺灣日日新報》，1925 年 6 月 30 日第 9020 號）

圖 2.7.8　始政三十年媽祖遶境時的藝閣行列（《臺灣日日新報》，1925 年 6 月 29 日第 9029 號）

圖 2.7.9　始政三十年記念展覽會餘興節目（《臺灣日日新報》，1925 年 6 月 14 日第 9014 號）

展覽會在臺灣社會激起的漣漪

這一系列的始政紀念展覽會，皆是以殖民者的角度與史觀加以展覽詮釋，臺灣無疑成為一個殖民治理的展示會場，臺灣人被統治的成果呈現與觀看「自身」的被展現，而展覽會對臺灣最大的影響是興起臺灣觀光旅遊發展。

其實「臺灣始政三十年記念展覽會」規模不算大，然而開展以來各館盛況空前，除了臺灣民眾參觀外，還有學校的見學之旅與來自日本的觀光團，因觀覽者眾多，展覽會期由最初的 10 天延後二日於 6 月 28 日結束。

不論展覽會協贊會，或是其他熱忱的市內或地方的餘興節目，都意外受到歡迎。尤其是第二會場植物園內的餘興節目與賣店、第三會場的ラヂオ（收音機）的試驗廣播等最有人氣，第二會場更在 12 天內創下六十多萬人參觀的盛況，已對臺灣社會、經濟激起了漣漪。

而臺灣至今唯一舉辦的博覽會「始政四十年臺灣博覽會」，市面上已有許多相關書籍介紹其規模、盛況，與對臺灣觀光、經濟、社會繁榮各層面的空前影響，於此不再贅言。

公園成為庶民的日常生活空間

1895 年日本領臺後，在臺灣實施教育制度，

臺灣人逐漸接觸近代西方文明，使得臺人的日常生活也產生質變。1896 年 1 月 1 日臺灣開始採用格林威治標準時間（Greenwich Mean Time）。1921 年起，每年的 6 月 10 日訂為「時の記念日」（時的紀念日），各地會利用各種方式宣傳時間的重要性。日治時期實施「星期制度」後，總督府規定星期日為休息日，區分了工作時間與休息時間，定時休假、工時縮減讓大家能有休閒生活，鐵道的興築更縮短時空旅程，促進餘暇文化。新的時間制度、教育制度與交通系統等施行後，臺灣傳統社會的生活作息產生重大變革。而文明化的措施使社會有嶄新的樣貌、新社交空間、多元的休憩形式等，尤其是開始重視休閒娛樂以調劑緊張的生活節奏。因引進「星期制」而出現固定休息的日常生活，可說是現代化社會的重要象徵。

臺灣除原有的傳統文化外，在殖民統治之下，日本文化因挾帶行政管理的優勢，而成為強勢文化。其傳統文化習俗、宗教信仰、生活慣習也隨之傳入臺灣，如服飾、居住房舍、日式廟宇建築與飲食習慣等，日本語言的教學，更使日本文化能廣為流傳與深化。

臺北開闢三線道後，炎夏有許多人在樹蔭下乘涼、休息，夜晚開車兜風也成為樂事，秋高氣爽的時節適合散步、賞月，成為市民的休憩空間。西門橢圓公園白天有路人納涼歇息，夜晚也有人散步，路旁攤販聚集使此處如夜市般熱鬧。臺灣人原本沒有男女夜晚一起散步的習慣，但隨時代風潮改變，臺北城內已有少數人攜眷在夏夜散步了。

愈夜愈美麗

新公園因位置適中，方便舉辦各類活動，因此使用率極高，也常吸引參加人潮。風和日麗的春天可在公園內愜意散步，炎炎夏日在綠蔭下納涼、夜晚賞月、漫步，可說是市民休憩娛樂與社交的最佳場所。

新公園內除了具文明教化與政治意涵的博物館外，露天音樂堂的開堂式於 1908 年 10 月 20 日

圖 2.7.10　日治時期臺北新公園音樂堂演奏情況

晚間六時舉辦，旋即演奏音樂供市民同樂。音樂堂有時放映電影或演講，夏夜一周有二次演奏會。據《臺灣日日新報》載：「對臺北而言，缺乏避暑的設施，新公園是市民唯一能一周一次聆聽音樂會之地，也是唯一的納涼與娛樂之所。」新公園的晚間音樂會常高朋滿座，在清涼的夏夜聆聽身穿雪白洋服的樂師演奏，月光下美妙的音色常讓聽眾如癡如醉。

1917 年 6 月 16 日《臺灣日日新報》報導，新公園舉行大納涼會，正門中高掛高橋醇領大師所寫的「清風動地」，左柱上掛「臺灣日日新報主催（主辦）」，入門後懸掛燈飾，除音樂堂奏樂、遊戲攤位、飲料與清涼飲食攤外，還施放煙火，遊客不下數萬人熱鬧非凡。

此外，公園也成為中秋賞月的最佳景點，臺北市內的新公園、三線道路（線性公園）、川端公園與堤防等雖都是賞月的好場所，但臨基隆河、劍潭森林的圓山遊園地似乎更勝一籌，因此土木課特別在中秋夜七點至十一點免費開放圓山遊園地供民眾賞月，唯園內的遊樂器具不開放使用。

休閒風氣大開

據 1922 年 1 月 24 日《臺灣日日新報》載：「風和日麗的星期日，公園提供了民眾遊憩之樂趣，至臺灣神社與圓山公園參拜、遊山與到動物園觀覽珍奇鳥獸者眾，也有攜眷遠赴北投一日遊。」又 1923 年 1 月 22 日《臺灣日日新報》「昨日の日曜好天氣に郊外賑ふ」報導中，也提及星期日風和日麗是絕佳的散步日，晨風吹拂非常暖和，許多人到郊外或市區內的植物園、公園、淡水河畔，三五成群散心，也有人到位於圓山公園對岸的臺灣神社參拜完後，信步到動物園參觀。

1936 年臺北市役所成立「觀光係」，將臺灣神社、草山、北投溫泉、大屯國立公園、淡水等規劃成觀光路線，推廣休閒旅遊。此際，公園提供民眾休閒場所，加上便捷的現代化大眾交通系統，如淡水線、新北投線鐵道與公車，縮短時間與空間的距離，開啟了臺灣人的休閒風氣。

而只要是連日陰雨後放晴的星期日，許多市民有如解放般，趁著好天氣到植物園、新公園、

圖 2.7.11　臺北新公園運動場

圖 2.7.12　圓山運動場

圓山公園與動物園出遊。植物園的陳列館參觀人潮不曾間斷，新公園內音樂堂、水池邊、樹蔭下熙來攘往，臺北車站搭到圓山車站的火車也擠得水洩不通，前往動物園的遊客更是絡繹於途。由這些報導中可知，在假日到公園「休閒遊憩」漸漸成為庶民生活的一部分。

運動風氣日盛

清代時，臺灣的運動風氣並不普及，只有中國武術或各鄉鎮團練。為健全國民身心健康、強化人民素質，日本政府推廣西式運動，而傳自西方文明的娛樂與體育活動「再現」於公園空間，新的文化與社交活動帶給當時臺灣人嶄新的生活型態與體驗。

新公園內增設的運動場便成為推廣運動的新興地點，經常舉行棒球、排球、網球或其他體育競賽活動。儘管場地狹小，但城內幾條主要的道路皆可抵達新公園，如今館前路入園後往南或東南方向可接今凱達格蘭大道（南北軸線），今衡陽路入園後往東走可接今常德路（東西軸線），除了東西、南北二大軸線外，公園共設置 10 個

入口處，堪稱出入方便、四通八達。又因為新公園位於市中心、交通方便，在圓山運動場完成前，許多運動比賽都在此舉行，經常擠滿人群。

棒球運動快速盛行，早稻田、慶應等大學與美國職業棒球隊都曾在臺北新公園表演過，官廳、公司團體也紛紛組球隊在新公園比賽。受到棒球運動興盛的影響，網球運動也很熱門，每年都在臺北新公園或學校舉行比賽，各地方團體、學校紛紛設置網球場，臺灣的年輕人也漸漸熱中網球運動。每年臺北州下與臺北市各團體多次在新公園舉辦爭霸戰，場面盛大。

日本統領臺灣後各學校開始每年舉行田徑運動會，以小學校（學生為日本人）、公學校（學生為臺灣人）分別在新公園舉辦聯合會，帶動了學童、家長，甚至是臺北人的運動風氣，每逢運動會總是熱鬧非凡。例如 1913 年 11 月 16 日，第二回臺北市內小學校聯合運動會在新公園運動場舉行，學童約 3,500 名，加上家長應有一萬人以上參加。

1923 年為紀念裕仁皇太子到臺灣行啟而建的圓山運動場設置後，市內小、公學校各聯合運動會就移轉到圓山運動場舉辦，每週學生的運動會

或田徑賽、棒球賽等，街道上人山人海、川流不息，成為臺北例行盛事之一。每年甲子園全國中等學校棒球比賽大會期間，場內場外人滿為患，男女球迷皆有。而田徑賽多在圓山運動場，或臺北帝國大學（今臺灣大學）運動場舉辦。由此可見，臺北的運動風氣日漸盛行。

電臺廣播事業提升國民生活文化

廣播事業是近代文明的產物。臺灣電臺廣播的開端，當屬 1925 年「臺灣始政三十年記念展覽會」位於總督府舊廳舍的第三展覽場中的試驗廣播。為了宣傳遞信部的事業與通信相關知識，以ウエスターン會社製的 50W 放送機，與島內各地 16 個所的受信機設備進行放送。

1928 年 10 月，在總督府遞信部廳舍內，將一部分建築改造後設置放送設備。放送機室的四座機械，在東京無線電信電話株式會社的指導監督下，由遞信部工務局二位技師（中上、荒川）與技手（寺畑）製作完成。是年 10 月 10 日運抵臺北，由寺畑技手與平井技師接續完成，電波可遠傳至日本。11 月 24 日開始進行輸出功率 1 kW

圖 2.7.13 （上圖）放送機室、（下圖）演奏室中麥克風前立者為放送局設置勞心勞力的平井技師（《臺灣日日新報》1928 年 11 月 13 日第 10261 號）

圖 2.7.14　收音機晚間節目表（《臺灣日日新報》1941 年 8 月 2 日第 14870 號）

內免費實驗放送；12 月 22 日在遞信部舉行臺北放送局開局式，當日招待官民、仕紳百餘人，參觀各式受信機與訪送室。下午三時播放河原田交通局總長開式致詞、來賓石黑文教局長與河村本社長的禮讚祝詞後，三時五十分播放各式演奏，次日招待廣播相關人員參觀放送室。

除播送臺灣的節目、報時、天氣概況與預報、英語講座、暑假的「兒童講座」、每星期四圖書館優良書目與新出刊圖書介紹、棒球實況轉播外，還接收大阪放送局與東京放送局的中繼放送（現場轉播），如首相演說廣播。由於實驗放送成績非常良好，遞信部決定設置永久放送設備的方針。

臺灣設置放送局最重要的目的是現場轉播日本的節目，電波由 JOAK[2] 在東京愛宕山的天線傳送到各殖民地。此外，廣播事業還可促進國民生活文化向上、島民知識提升至世界水準、家庭團聚和樂、或在南支南洋的同胞能知故鄉事與鄉土藝術，同時迅速與世界各國互通訊息、情報以促進國際融合等。文教局或社會課也可利用收音機實施社會教育，例如臺灣人家庭日語簡單講習會演講等，娛樂、趣味事務、藝術節目等皆可提升國民生活文化。

之後，為天皇御大典紀念（登基紀念）事業完成 10 公里放送設備，1930 年陸續建設板橋放送所、新公園演奏所、淡水中繼受信所等，建構「板橋－臺北－淡水」10 公里間相互的陸線連結。

板橋放送所為二層樓摩登現代式建築，被譽為當時世界第一的內臺無線電信，75 公尺高的鐵塔氣派恢弘。新公園演奏所於 1930 年 2 月 1 日動工，1930 年 11 月 8 日竣工，建築物設計與監督由栗山俊一、草間市太郎、角野正瞭負責，為

THE J.F.A.K. RADIO BROADCASTING STATION, TAIHOKU.
（臺北）放送演奏局所の新裝
スーユニろゆらあ,に語落,に樂晉,に演講。
地源發つ分な樂歡ミ養教に民市りよに

圖 2.7.15 剛竣工的臺北放送局演奏所

圖 2.7.16 放送局演奏所側面（《臺灣建築會誌》第 03 輯第 03 號，無頁碼）

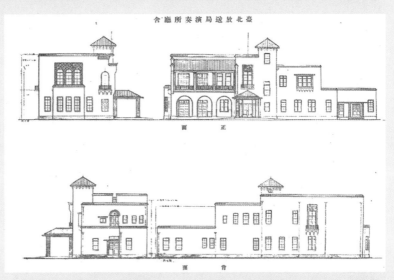

臺北放送局演奏所廳舍

正 面

會 面

圖 2.7.17 臺北放送局演奏所外觀與側面（《臺灣建築會誌》（1931 年 7 月）第 03 輯第 03 號，無頁碼）

圖 2.7.18 板橋無線電送信所

二層樓鋼筋混凝土造、現代式建築樣貌。

　　1931 年 1 月 13 日通過成立以公益事業為目的的社團法人臺灣放送協會，官民共同協議無線放送業務經營要項等，於 2 月開始運作。1931 年 2 月 16 日下午二時在新公園演奏所旁的相撲場舉行開局儀式，太田總督、三宅遞信部長、白勢交通總長、渡邊軍總司令等官民千餘人共襄盛舉，栗山技師報告建築工事、佐佐木技師報告電氣工事。16 日播送落成紀念放送，如南管、管弦

2. JOAK：是 1925 年 3 月 22 日開播的 NHK Radio1（（NHK ラジオ第 1 放送）廣播發射機的呼號 (call sign)，臺北放送局的呼號為 JFAK。

樂、鋼琴演奏、演臺灣劇等。臺北放送局（呼號JFAK）將新公園的演奏音樂傳送到板橋街的「放送所」後對外播放。而日本傳來的廣播則由淡水街的「中繼受信所」接收訊息後傳送到臺北，再由板橋放送所向外播送。

　　「社團法人臺灣放送協會」除了掌管、經營廣播事宜外，還要向收聽戶徵收每月一圓的收聽費，以維持營運。廣播節目從每天清晨的收音機體操開始，到晚間 10 時以新聞報導收播。期間有國語普及時間、臺灣講古、主婦的料理時間、家庭百科問答、白天的音樂娛樂時光、實況轉播日本的運動競賽或其他表演，晚間為學生播放童話、音樂、話劇，或請學者、專家演講的知識教育，或實況轉播演藝娛樂，還有早晨、正午、夜間新聞與天氣預報等，輪番播放的廣播節目琳琅滿目，涉及各層面，努力達到電臺廣播「安慰、報導、教養」的使命，尤其現場轉播臺北舉行的棒球、游泳比賽等，更激起市民愛好運動的風氣。

　　此外，娛樂性節目如日本音樂、西洋古典音樂與流行歌曲，帶動了臺灣流行歌曲的風行，如鄧雨賢的「望春風」、「四季紅」等。不受空間限制的電臺廣播在沒有電視的年代，其「無遠弗屆」的流行力量，撫慰了庶民的生活日常；不過，戰爭期間收音機還需肩負起宣傳國家政令，是喚起國民意識的重要工具。

123、223……強身健國的收音機體操（ラジオ体操）

　　收音機體操是配合收音機播放的音樂節奏做體操，1922 年 4 月美國波士頓廣播電臺（呼號 WGI）開始播放，匹茲堡廣播電臺（呼號 KDKA）與德國的廣播電臺也陸續加入播放行列。

　　1923 年日本遞信省簡易保險局官員到美國大都會人壽保險公司（MetLife）考察，受到該公司為增進健康與衛生提倡收音機體操的啟蒙後，1927 年提議以收音機體操作為昭和天皇即位的「御大典記念事業」，之後與日本生命保險會社協會、日本放送協會開會討論，委由文部省籌組委員會辦理，並於 1928 年 10 月定名為「國民保健體操」。

　　1928 年 11 月 1 日七時東京中央放送局（NHK）播放收音機體操以慶祝「御大典記念事業」，此後成為固定的廣播節目，翌年 2 月 11 日全國也實施。而收音機體操的推廣，讓保健衛生的概念普及化，尤其在戰事非常之際，男女老幼常保身心健康是國民的義務。每天做做收音機體操必能身強體健，充實國家的人力資源與提升國家總戰鬥力。1930 年 4 月 1 日起，臺灣也開始固定每日播放收音機體操。

圖 2.7.19　新公園體操大會（《臺灣日日新報》1937 年 10 月 14 日第 13492 號）

圖 2.7.20　臺北新公園內放送亭（《臺灣建築會誌》（1934.09.30）第 6 輯第 5 號。

1934 年，臺灣放送協會為紀念創會三周年，於 7 月 5 日至 8 月 10 日在臺北新公園廣場西側興建「放送亭」（ラヂオ塔）。亭高度約二公尺，為鋼筋混凝土造，裡面有兩個擴音器，一個面向臺北醫院一側，另一個朝向音樂堂服務大眾。每天，收音機體操的旋律緩緩從放送亭內流出，有時連日播放現場轉播的甲子園棒球賽，在盛夏仍引來許多球迷圍繞在放送亭邊收聽。

支那事變後，開始實施國民精神總動員的國民生活。1937 年 10 月 13 日開始，全島上午八點在清靜的臺北新公園與各地學校的朝會時間實施，當日藤田知事、石井市尹、一般市民參加，首先播放國歌、皇居遙拜、訓話後，才做收音機體操，大約於 8：20 結束。此外，國民精神總動員本部還印製新生活改善十則發給小學校兒童。

為達成國民體位向上的目的，1938 年 8 月 8 日至 10 日，由國民精神總動員本部、文教局、遞信部、臺灣放送協會共同舉辦全臺灣收音機體操大會，從臺北開始推廣到全島各地。臺北新公園的廣場為市內的中央會場，各地方的學校校園、公園與其他會場，在上午 6：25 開始預備播放唱片，依序是 6：30 晨間招呼、升旗（齊唱「君が代」前奏二小節）、開會致詞、皇居遙拜、向皇軍將士感謝默禱、體操開始、體操結束、呼喊「萬歲」三次、拍手，接著播放音樂開始做收音

機體操。

有拜有保庇，入學試驗前先到天滿宮報到

有不少臺灣公園內有小型土地公廟宇，日本的公園內也建有稻荷神社，臺北新公園內卻有一座祭祀日本學問之神菅原道真的神社天滿宮，類似臺灣能保佑考生的文昌廟。

因臺北的天滿宮不是雄偉的神社，無法確定興建的確切時間，但從《臺灣總督府檔案》1902年 10 月 6 日「公園豫定地內ヘ俱樂部設置並二同敷地無料使用許可ノ件」上，得知天滿宮的坐落位置。根據《臺灣日日新報》1927 年秋季祭的受訪者吉鹿善次郎表示：「20 多年前尾崎秀貞、中辻喜次郎、古賀商工銀行等 3,000 人於番茶會的會議上決定天滿宮的祭典為 3 月 25 日與 9 月25 日的春、秋二次大祭典」，即可推論天滿宮應是大約與臺北俱樂部同時興建。

由番茶會發起興建的天滿宮，坐落在臺北新公園西南隅，位於臺北俱樂部東南側下方，早期因位置不佳而鮮為人知，不過日後參拜者年年增加。天滿宮除每年各有春季、秋季大典，春季祭除參拜者外，古賀商工銀行行長吉鹿善次郎、吉岡德松、山岡好文等約 800 名民眾來參拜。秋季

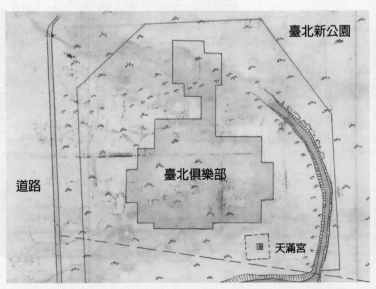

圖 2.7.21 「公園豫定地內ヘ俱樂部設置並二同敷地無料使用許可ノ件」（1902 年 10 月 06 日），〈明治三十六年永久保存第五十二卷〉，《臺灣總督府檔案》，國史館臺灣文獻館。）

圖 2.7.22 1918 年時的臺北公園內的天滿宮（《臺灣日日新報》1918 年 6 月 1 日第 6444 號）

大祭時天滿宮祭祀圈內的相原高等法院院長、與學校有關的來賓等都前來,可說香火鼎盛。

1929 年 1 月 25 日,天滿宮舉行改築工事竣工的奉告祭。1930 年,決定以春季大典剩餘下的基金在拜殿前建設華表(神社柱),又有人獻金寄贈洗手盆、石燈籠等。5 月 26 日下午 4 時舉行奉告祭,並發紅白御供餅給參拜者。天滿宮奉祀菅原道真,例祭日 3 月 25 日,社司為臺北稻荷神社社掌伊東伊代吉,翌年 9 月 24 日舉行鎮座祭。

學問之神菅原道真

天滿宮是供奉菅原道真的神社,在日本,約有 12,000 間天滿宮,總本宮為「太宰府天滿宮」(福岡縣太宰府市)。京都出身的菅原道真(845~903),可說是集一流的學者、政治家、文人於一身。年幼即發揮才學被譽為神童,青年時期已成為學者最高位階的「文章博士」,不僅才高八斗,弓箭更是百發百中,是文武雙才的傑出人物。壯年時期曾至讚岐國當官,之後受宇多天皇賞識回到京都任官,晚年卻身陷政治惡鬥被貶至太宰府,最後於 903 年在太宰府結束其波瀾萬丈的生涯。905 年在其墓所上創建祠廟,919 年勅命興建堂皇的社殿,之後贈予「天滿大自在天神」的神明御位,成為「學問之神」與「至誠之神」為後世所崇仰,因此日本人在考試前、戰爭時都要來參拜天滿宮。

祈求考運亨通

據 1933 年 3 月 23 日《臺灣日日新報》報導,近年來許多男女中等學校與小學校學生來天滿宮參拜,24、25 日盛大舉行春季祭典,此年度特別是自榮町開始,本町、京町、表町等會支援樽御輿(たるみこし)巡遶,從神社參道到附近一帶都掛奉祝燈,公園廣場有活動寫真,臺北以外的插花界也共襄盛舉。

1935 年,臺北新公園做為始政四十年臺灣博覽會的第二會場,博覽會期間臺北俱樂部拆除後興建迎賓館,但天滿宮並未被拆除。之後,天滿宮還漸漸成為臺北學生的「學業之神」。來參拜的學生很

圖 2.7.23　改建後的天滿宮秋季大祭(《臺灣日日新報》1936 年 9 月 26 日第 13112 號)

圖 2.7.24　入學考試三部曲之首部:先到天滿宮祈求通過考試,二部曲:進入考場(臺北高等中學),三部曲:等待放榜(臺北第一高等女學校)(《臺灣日日新報》1938 年 3 月 24 日第 13652 號)

多，新公園內神社前一帶有小學奉納的燈籠，秋祭時也放映教育電影，還頒贈與神饌鉛筆。

以 1938 年 3 月 23 日舉行臺北市內州立中等學校入學考試之日為例，許多考生、家長們就一大早先到天滿宮祈求「文運長久」、通過考試；進入考場應試，除筆試外，還有口試、體格檢查等；最後，等待放榜，合格發表（放榜）各校不一。

雖然從照片上看起來都是日本人來參拜祈求考運亨通，但 1922 年臺灣教育令改正，4 月 1 日公告諭告第一號「教育令改正ニ關スル件」，實施「內臺共學」，中等學校以上撤廢內臺人差別後，臺灣人也可進入較好的學校就讀，因而推論應該也會有臺灣考生來參拜祈求好考運。

進入戰爭時期，天滿宮大祭典時還兼舉行國威宣揚、皇軍健勝祈願祭，本町區會第十七奉公班也曾到天滿宮祈願武運長久，印證了菅原道真公是保佑文運與武運之神。

培養「勤勞奉仕」精神、揮聖汗報國去

勤勞奉仕乃是發揚敬神思想、皇民精神，強韌地身心鍛鍊、提升團隊意識的奧義策略。1939 年 9 月 25 日戶水知事、文教局官員視察圓山公園工事、川端公園道路與相撲場工事，以及臺銀宿舍前、千歲町小公園、專賣局附近三個小綠地帶工事。

奉仕申請者須在奉仕希望日期前十天，將申請表格寄到「總督府文教局社會課內臺灣神社、臺灣護國神社御造營奉贊會」。文教當局也利用暑假期間號召在鄉軍人、防衛團男女青年團員、保甲壯丁團員、學生、官公署、銀行、公司各團體，為臺灣神社外苑與護國神社營造工事組織勤勞奉仕隊，以聖汗報國。

1941 年 5 月，奉仕隊大約以 20 人為一班，一天 20 個班工作，盛土、整地、植樹、土石搬運等土木工事，需嚴格遵守規律、協同精神，以增進社會與公共福祉。6：00 起床、8：00 神社參拜、9：10 開始作業、17：00 作業結束，期間有數回休憩時間，21：30 熄燈。

1941 年為例，8 月 6 日起陸續有青年團動員誠摯地為臺灣神社與護國神社的營造工事勤勞奉仕，8 月 8 日至 9 日臺灣第三部隊將兵在武智部隊長麾下於炎夏中揮汗在護國神社內苑勤勞奉仕，將兵們踏著朝露先到臺灣神社參拜，7：30 到達聖域（護國神社內苑），首先朝向東方恭敬地遙拜宮城，接著武智部隊長訓勉、講述護國神

圖 2.7.25　青年團在圓山苗圃除草（《臺灣日日新報》1940 年 8 月 13 日第 14519 號）

圖 2.7.26　臺北高商生流汗奉仕勤勞報國（《臺灣日日新報》1938 年 7 月 5 日第 13755 號。）

圖 2.7.27　第一部隊勇士連在護國神社的御造營工事勤勞奉仕（《臺灣日日新報》1941 年 8 月 10 日第 14878 號）

社的由來，再由小林部隊長說明作業相關事項後開始作業。國土防衛的第一線勇士一鍬一鍬地，以勞力向為祖國殉職的英靈表達崇敬感謝之意，奉仕作業在 16：00 結束，接著打掃研修所、入浴，用晚餐。中西指導官修養相關講說、靜坐後入睡。

1941 年度共有 12,000 多名青年在酷暑下動員，展開臺北市的勤行報國作業，完成的工事有臺灣神社外苑的整地工事、棒球場整地工事、體育設施、龍山寺道路、双葉國民學校通學道路、川端公園掘池與體鍊館整地作業、西本願寺貯水池、古亭町道路、千歲町道路、下奎府圓形公園貯水池等。

如上所述，公園成為日本舉辦展覽會的國力展示空間與社會教育啟蒙場域，公園也是常民生活的休閒空間，運動場的興建更帶動運動風氣日盛，放送局的廣播事業提升了國民生活文化，每天播放的收音機體操讓國民能強身健國。新公園內奉祀「學問之神」與「至誠之神」菅原道真的天滿宮，是學生入學試驗前必報到祈求考運之處；而臺北市許多公園的工事都是在培養「勤勞奉仕」精神、揮聖汗報國的精神下所建設的，可見公園與庶民的生活息息相關。

然而從許多日治時期留下來的照片中，多見穿西服或和服人士、學生、兒童在公園散步或休憩，由此也可窺見西方文明雖走入大眾生活，但仍有性別、年齡、身分與階級區分。

＊＊＊

臺北新公園內的放送亭，明明是日治時期所建造的，1998 年臺北市政府卻將其指定為市定古蹟「臺灣廣播電臺放送亭」，令人納悶。而臺北放送局也遲至 2019 年 11 月文化資產會議審議才通過，指定為「市定古蹟」。

古蹟與歷史建築的數量未必代表城市的文化深度，但面對這些歷史痕跡時的態度才真正反應執政者對文化的重視與否。當一座城市漸漸失去了這些帶著故事的角落、歷史記憶與都市紋理，無數不斷複製極為相似的現代化城市平景（flatscape），致使城市喪失獨特文化與地方感，

試想從基隆到高雄，每座城市長得都一樣，那還奢談什麼觀光呢？

利用地方過往歷史所積蓄下豐厚的文化資產，重構在地文化主體性與獨特性，成為城市的行銷利器，是臺灣想要發展觀光唯一途徑。「愈在地、愈國際」是不變的真理，讓歷史文化與城鎮空間紋理成為地方抵抗全球化壓力，與文化再發展的契機，也才能迴避被同質化的危機，與成為有競爭力城市的轉機。

第三部

1937 年都市計畫中短暫消失　與永遠消失的公園

SEVENTEEN

THREE

ONE

FOUR

TWO

SIXTEEN

FOURTEEN

FIFTEEN

THIRTEEN

FIVE

1937 年施行「臺灣都市計畫令」之際，日本已將大量人力與物資投入戰爭中，臺北市的建設因此停滯，而幸町與敕使街道沿線的土地區劃整理事業也都未竣工。「臺灣都市計畫令」中規劃的 17 座公園，在日治時期只興建了圓山公園（公一）、川端公園（公八）、臺北植物園（公十）、龍山寺公園（公十二）。「公十六」公園於 1941 年廢止，1945 年成為日軍簡易飛行場與軍用運輸鐵道用地。「公十七」公園於 1938 年廢止，改為興建護國神社。

SIX

TWELVE

TEN

SEVEN

其餘的 11 個公園，因進入戰爭時期而未興建。「公五」與「公九」公園預定地被改變用途，成為「永遠消失」的公園；而其餘的 9 個公園預定地則在戰後被挪用或佔用，「消失」多年後才闢建為公園。

ELEVEN

EIGHT

NINE

第一章　二次大戰後臺北的社會情勢與都市公園發展

戰後臺北社會的政經狀況

1945 年 8 月 15 日日本宣告無條件投降，8 月 29 日國民政府任命陳儀為臺灣省行政長官，負責臺灣的接收與軍政事務；9 月 1 日成立「臺灣省行政長官公署」與「臺灣省警備總司令部」，負責接收臺灣事宜，10 月 25 日在臺北公會堂（今中山堂）舉行受降典禮，臺灣歸中華民國統治。

「戰時首都」臺北的神聖任務

二戰結束後，國民黨政權在國共內戰全面敗北，於 1949 年 12 月 7 日播遷臺灣做為「反共復國」基地，一時之間臺灣人口遽增，導致多個城市產生居住不足問題，臺灣經濟更加紊亂，當時一切以軍事反攻大陸為國家政策，國民政府對於都市建設既無心且無財力。

總統蔣中正曾對臺北市的建設訓示：「**我們是處於戰時戰地，時時刻刻都在備戰狀態之中，臺北市為中央政府所在地，亦即為戰時之首都，以臺北市改為院轄市的目的，即在建設其為一個現代化的都市，以適應戰時之需要。**」1967 年臺北市改制為院轄市後，遵循蔣總統遺訓擔負起「戰時首都」的神聖任務，以軍事發展為最優先。蔣總統的訓示還包括：道路、下水道、防空洞建設，還有改善衛生、興建市場、增加自來水供水量、整頓交通、健全國民教育等，完全無公園建設的規劃，漠視民眾的休閒需求。

創造「臺灣經濟奇蹟」的年代

1950 年以降，資本主義的世界分工重新組編，將資本移往低工資、廉價原料、無勞動與無環保立法管制區，以獲得更高的經濟利潤。政府陸續頒布「外匯及貿易管制計畫」、「獎勵投資條例」、「加工出口區設置條例」，1960 年代推動外匯改革、鼓勵出口、解除管制措施等經濟改革措施後，逐漸由進口替代政策轉向勞力密集的出口導向，成為世界經濟體系的一員。1963 年，工業生產毛額已超過農業生產，臺灣由農業經濟型態轉為工業經濟型態。在這「經濟起飛」的年代，生活環境品質、生態保護、文化發展、學校、醫療、公園、休憩等，只能維持最低的水準。

1950 至 1970 年間，在物資匱乏、急速的工業化過程中，除了鄉村勞力流入都市外，許多市鎮出現「客廳即工廠」的家庭代工景觀。在顧溫飽的年代，談休閒是奢侈的，在官方與旅遊機構的宣傳下，休閒只是「健康、中產階級品味」，隱喻著自由選擇參與的個人行為，更是資本主義生產關係所決定的「非工作時間（non-work time）」，休閒的作用是為恢復勞動力、再生產，此際的公園用地僅聊備一格就不足為奇了。

1953 年蔣中正發表三民主義附錄「民生主義育樂兩篇補述」第三章「樂的問題」第一節「康樂的意義」三、「城市與健康」載：「怎麼纔算是健康？一個人能夠充分工作，抵抗疲勞，就算健康。」蔣總統認為城市生活的特點是忙碌緊張、擁擠的空間不易享受陽光空氣的生活，過度的刺激讓人產生沉重的壓迫感。除病菌妨礙健康外，缺乏休養引起疲勞的心理衛生問題也是禍因，因此勞動民眾的人格陶冶、個性修養、如何利用閒暇時間都是社會問題，並指示：「**國家對群眾的閒暇時間不過問的話，國際共黨匪徒們便以煽惑、陰謀吸收群眾，所以須特別注意群眾的閒暇與娛樂問題。**」

蔣總統並於第二節「康樂的環境」二、山林川原的設計（寅）、「城市中的園林」指示：「**我們的市鄉建設計畫應該以城市鄉村化，鄉村城市化為原則。……要城市鄉村化，最重要的一件事就是城市能享受園林景色。……公園、兒童公園**

以及運動場，都應該以人口比例來建設，使這些場所所佔的空間，平均為城市人口的健康和娛樂來使用。」

自從蔣總統在「民生主義育樂兩篇補述」中，將國民的休閒遊憩列入國家重要的政策內，利用自由閒暇時間便成為重要的社會文化、心防與政治問題，並指示為城市人口的健康和娛樂，應設置公園、兒童公園與運動場，此後國民才被鼓勵休閒，且視為正當的生活娛樂。

戰後臺北的都市計畫

戰後，因臺灣有 72 個大小城市的都市計畫法制在日治時期已運作多時，且已建立了空間秩序，因而政府於 1945 年 9 月 14 日公告「臺灣都市計畫令及其施行法則（1937 年）」沿用之。

1946 年「大臺北都市計畫」

1946 年，臺北市政府邀請戰後留用的日籍技術人員與市府人員共組「臺北都市建設研究會」。除了沿襲 1932 年日本政府規畫的「大臺北市區計畫」，並增加隸屬臺北縣的七星區（士林、北投、汐止、內湖）與新莊區（新莊、蘆洲、林口、五股），還擬定「大臺北綜合都市計畫草案」，

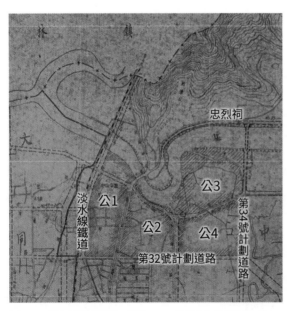

圖 3.1.1　圓山風景區範圍。底圖：1948 年臺北市都市計畫圖

但該草案並未完整實施。

當時都市計畫委員會認為，因戰時市區大量土地被軍事或重要工程佔用，於是將都市收容人口降為 50 萬人，又劃設部分農業區以緩衝都市過度膨脹。1946 年「大臺北都市計畫」構想案，除延續日治時期的公共建設，如鐵道、道路、橋樑、國家公園、都市公園與綠地，也利用防空空地開闢公園（如老松公園、師大公園）等。此計畫的公園綠地包括：大屯山與觀音山劃為國立公園，市區南界的紫頭埤山與內湖山作為郊區大公園，都市邊緣與非供建築用地設置生產綠地以限制都市無限制的膨脹發展，也可供應市區內所需的蔬菜。此綠地系統加上「大臺北市區計畫」所擬訂的都市公園系統，成為戰後初期臺北市公園綠地系統的初步架構。

圓山風景區

1946 年北市府公告「臺北市都市計畫圖（分區使用）」[1]，劃定圓山一帶為「風景區[2]」。且為防止無計畫建築之破壞與彌補當時公園的不足，於 1952 年指定風景秀麗的圓山、中山橋一帶為風景區。「圓山風景區」範圍：東起第 34 號計畫道路、西以淡水線鐵道為界、北至市界（基隆河）、南至第 32 號計畫道路，區域內有圓山、劍潭山、中山公園（即圓山公園）、動物園、兒童樂園、忠烈祠與都市計畫的公一、公二、公三、公四公園預定地。（見圖 3.1.1）

臺北市訂定風景區的目的，是保育與開發自然風景區而劃定的「使用分區」，兼具觀光價值或開發潛力，在臺北市公園不足的情況下，儘量保留以提供市民休憩場所。但是「圓山風景區」漸次被變更用途為行政區、文教區、住宅區與軍事使用，早已失去「補公園不足」的良善立意。

例如，經委員會議審議後決議，將「海軍總部、三軍健康檢查醫院、七海營區至碧海山莊一帶」，由「風景區」變更為「行政區」，建蔽率、容積率分別修正為 20%、60%，以維護該地區優美景觀。「國防語文中心、三軍大學、大直東西村一帶（不含大直國中）」變更為「文教區」，

圖 3.1.2　圓山風景區牌樓（2017.03 林芬郁／攝）

惟建蔽率、容積率分別修正為 20%、60%。另外，力行新村、圓山二村、雨農樓，復興 1、2、3 村，則變更為「住宅區」；大直海軍總部附近變更為「軍事使用」。上述公告皆由臺北市政府於 1986 年 1 月 3 日公告實施。

1968 年《臺北市綱要計畫》

1953 年政府成立「臺灣省市建設考察小組」，建議將日治時期的都市計畫轉換成各地方政府可運作的模式。1954 年起，都市計畫修訂案皆以防空疏散的軍事需求工程為主，開拓馬路（如羅斯福路、新生北路等拆遷建戶）、橋樑，所有的工程著重在拓寬改善，或是興建浮橋，顯見軍需下都市建設被嚴重忽視。1955 年，省府與各縣市依照政府指示，修訂既有的都市計畫再公布實施。1956 年公告《臺北都市計畫圖》（不含七星區與新莊區）的公園道計畫仍沿襲 1937 年都市計畫概念。

1958 年臺北市成立「都市計畫委員會」，為因應經濟發展推動都市計畫法修正，同時解決長期沿用日治時期法令窘境，1964 年通過修正都市計畫法。之後，在聯合國發展基金（United Nation Development Program）協助下，成立「經合會」（今「經建會」前身），下設「都市建設及住宅計畫小組」對臺灣的住宅、都市與區域提出建議，並陸續完成《臺北市綱要計畫》，基隆、臺北、臺中、臺南、高雄與林口新市鎮的研究規劃，此際聯合國顧問多為歐美的專家，因之歐美的規劃理論、技術等成為臺灣都市計畫界的主流。

1967 年臺北市改制為院轄市，1968 年制定《臺北市綱要計畫》，整合新併入的內湖、南港、木柵、景美、士林與北投區，訂立這六區與舊臺北市間的發展依存關係，將臺北市區熔為一體，路網與土地使用分區沿用至今，為臺北市的發展奠下基礎。此計畫收容 250 萬人，規劃範圍包括：道路、排水系統、上下水道、學校、公園與其他公共設施，並取消 1937 年都市計畫中公園道第

1. 1946 年 5 月 4 日北市工字第 14417 號公告。
2. 臺北市其他劃定的風景區尚有景美仙跡岩、木柵指南宮、北投關渡宮附近地區。

一號、第二號（連接「公四」至「公八」、「公九」公園預定地，今建國南北路、辛亥路），僅留存公園道第四號（今仁愛路）。敦化南北路取代了南北向的公園道，因而無法連結大型公園。原公園道第一號南端的「公八」公園預定地被三軍總醫院與國防醫學院佔用，「公五」與「公九」公園預定地變更為建築用地，原本具串連都市南北兩端公園系統特徵的「大臺北市區計畫」被全然破壞。

1967 年臺北市政府委託「行政院經濟發展委員會都市建設及住宅計畫小組」，經都市規劃專家與聯合國顧問集思廣益，《臺北市綱要計畫》於 1968 年完成。報告中提出「（五）最有效實施都市計畫之地區應予優先計畫」：臺北盆地四周的山坡地可作為公園或林野，連同淡水河西岸的洪水平原、水岸形成環繞臺北市的永久綠帶，有效遏止都市無限制發展；具風景、遊憩、歷史與文化價值之地區或建築物應予以保護。臺北市內公園綠地極為缺乏，今後應於各社區與鄰里單位內選擇適當地點設置遊戲場、小公園與其他大型遊憩設施用地，且遊憩設施用地不宜少於臺北市面積的 10%，經指定設施用地應加以保留儘早收購，並研擬水岸發展為遊憩設施之可能性。

此後，臺北市都市計畫公園綠地保留地的劃設，改以局部計畫地區的人口規模與密度為基礎，再依每人享有多少面積為準，利用該地區邊際廢棄或畸零土地分派公園保留地，摒棄以往以全市計畫面積之百分比為規劃原則。再加上不再劃設公園道，公園綠地呈現點狀零散分布，彼此間並無聯繫系統，全然失去形塑都市空間的功能。

戰後臺北都市公園的發展

臺北市在日治時期所建置的廣場、街道綠地與交通島，因二次大戰期間設置防空壕，與獎勵市民栽種蔬菜之故，加上遭受轟炸，受損甚大。戰後經整修、添植樹木、鋪草皮後，方能再次使用。此外，戰後重新檢視日治時期防空法下的防空空地法，保留部分供作道路、公園、綠地使用，

並設定「圓山風景區」。簡言之，1967 年臺北市改制為院轄市前，公園綠地計畫大致仍維持日治末期「大臺北市區計畫」的架構。

1949 年後大量軍民從中國來臺，1951 年達 56 萬多政治移民湧入臺北，無處棲身的政治移民，只能在未開闢的公共設施用地或公園預定地搭違建、棚屋居住。直到 1961 年，臺北市仍有 28.13% 的人口（192,894 人）居住在違建中。而軍方順理成章的接收臺北市「公一」、「公八」公園內的軍事單位用地，其中還包括《中美共同防禦條約》下，美軍在臺軍事顧問團所借用「公一」公園與「公二」公園預定地。1965 年更挪用「公八」公園預定地部分興建三軍總醫院與國防醫學院等，僅留下十二分之一左右的綠地。

據臺北市政府成立的專案小組調查（1963.10.21~1964.02.09），建於都市計畫道路、學校、公園等空地內之合法房屋與現有違建共 2,643 間，妨礙公園預定地 4,834 間，如臺北市的「公七」、「公十」、「公十二」、「公十三」、「公十四」與「公十五」公園皆是。（見表 3.1.1）致使戰爭已結束十多年了，臺北市政不進反退，在「反共抗俄」的最高軍事目標下，經濟、民生與都市建設都被嚴重忽略。

1932 年「大臺北市區計畫」公園系統瓦解

另外，為實施蔣中正所提倡的「寓教於樂」政策，政府透過社會教育將中國傳統文化導入休閒活動，以強化其政權統治的合法性。於是將植物園改造為「南海學園」，並興建國立科學教育館、國立歷史博物館、國立臺灣藝術教育館等；「公五」公園預定地興建國家級體育場；「公六」公園預定地興建國父紀念館。這幾處公園用地的變更，導致 1932 年「大臺北市區計畫」中的公園系統瓦解。

1963 年，臺北新公園原運動場敷地興建中國式亭閣水景，充滿政治教化意味；1964 年為慶祝雙十國慶興建介壽公園；1966 年為恭祝蔣總統華壽，整建圓山附近的公園綠地作為獻禮。由此可知，此時期臺北市都市公園設置的目的，乃是為

表 3.1.1　臺北市公園預定地被違建戶佔用一覽表（1958 年 5 月前）

公園預定地	行政區	地　點	戶數（間）	備註
市 7	大安	（原）信義路三段 56 巷（468 間）、信義路三段 78 巷（186 間）、新生南路二段空軍宿舍（582 間）、新生南路二段單號（34 間）、和平東路二段單號（56 間，含侵佔計畫道路）	1,326	今大安森林公園
市 10	中正	植物園科學館附近 20 多間、南海路植物園邊 30 多間、博愛路植物園口 100 間	150	植物園
市 12	萬華	（原）三水街	162	今艋舺公園
市 13	大同	（今）西寧北路靠環河北路	300	今玉泉公園
市 14	中山	（原）中山北路二段一巷一帶、含侵佔計畫道路	1,250	今林森公園
市 15	中山	（原）中山北路二段一巷一帶、含侵佔計畫道路	400	今康樂公園
市 17	大同	（今）歸綏街與民樂街口（1944 年 11 月總督府公告第一次疏開空地）	100	今大稻埕公園
市 19	大同	（今）歸綏街與重慶北路二段交點（1944 年 11 月總督府公告第一次疏開空地）	50	今歸綏公園
市 20	大同	（今）重慶北路二段 64 巷與 70 巷間（1944 年 11 月總督府公告第一次疏開空地）	40	今朝陽公園
市 23	中山	（原）中山北路三段 54 巷西端	40	未開發
市 27	中山	（今）民生西路 45 巷 11 弄口	70	今民享公園
市 55	萬華	（今）昆明街與峨眉街交點（1945 年 4 月 26 日總督府公告的第二次疏開空地帶「番號 17」）	22	1953 年興建峨眉公園，現為峨嵋立體停車場
市 56	大安	（今）寧波東街與羅斯福路一段交點	15	未開發
市 58	大安	（今）師大路 80 巷與 92 巷間靠師大路一側路旁（1945 年 4 月總督府公告的第二次疏開空地）	16	今師大公園
市 64	中正	（今）新生南路一段 146 巷與 150 巷間	25	今連雲公園
市 65	大安	（今）仁愛路三段 31 巷與建國南路一段 212 巷交點	35	今民輝公園

＊公園編號依據 1956 年公告計畫時的公園編號。

反共教化、國家慶典與元首華誕，而主要公園預定地則被挪用為公共建築、軍事設施，或被政治移民的違章建築所佔用。

臺北市改制初期，公園建設由臺北市政府工務局新建工程處負責，1969 年「臺北市公園管理所」改隸「臺北市政府工務局養護工程處」，1970 年將公園路燈管理業務劃出，翌年 7 月 10 日成立「臺北市政府工務局公園路燈管理處」與都市計畫處並列二級主管單位。1977 年接管陽明山管理局公園組，士林園藝所與陽明山工作站改為「園藝管理所」，增設陽明山公園管理所、青年公園管理所，同時更名為「公園路燈工程管理處」，專責臺北市公園的新設、管理與維護。

根據臺北市養護工程處的調查統計，1970 年初時臺北舊市區都市計畫中的公園預定地共有 228 處，47.24% 變更為公共使用地，公園預定地僅剩下 52.76%，換言之，幾近一半的公園預定地被挪做他用。黃世孟計畫主持的《都市地區公園綠地規劃與法制之基礎研究》指出，1985 年以前臺北市舊市區「公園綠地保留地全部或局部變更使用項目」的 54 處中，以道路用地 14 處為最多，住宅與商業建築用地 13 處、學校用地 6 處，這結果使得日後公園用地的徵收阻礙重重。加上新市區的部分土地礙於既成發展的事實，不易劃設大面積的公園，因此師法受美援貸款的民生東路新社區鄰里單元規劃設置鄰里公園。

1974年在蔣經國院長指示下，臺北市政府依行政院 1974 年 4 月 8 日臺 63 內 2496 號函示：「**將位置於臺北市水源路南機場之高爾夫球場全部場址，撥為公園之用，該公園應該以供青少年喜愛的活動項目除球類運動外，如騎馬、游泳、射擊等，最好皆能俱備，為便於籌劃起見，該高爾夫球場並應於本年十月一日起停止使用。**」並於是年即刻籌劃興建「青年公園」，這是戰後臺北市所興建面積最大的公園。

公園發展的轉機

都市發展、地價飆漲與財政困頓，使得公園保留地取得困難，公園開發恐遙遙無期。為因應公共空間的需求與土地利用的經濟效益，內政部於 1978 年 8 月 28 日定訂「都市計畫公共設施多目標使用方案」，其中第 3 至 7 條，積極獎勵私人投資興辦公共設施，並放寬使用類別、項目與條件，意即降低公共設施保留地標準做「多目標使用」，即公共設施上之多層建築物，各別做多功能使用，如市場上方可供市立圖書館、公家機構使用。試辦二年成效良好，遂改訂為「獎勵投資興建公共設施辦法」，鼓勵私人或團體投資興建公園、兒童遊樂場、停車場、廣場、市場等多目標開發。

1979 年「臺北市公園管理辦法」訂定公園規劃設計準則為確定飾景、休憩、遊樂、運動、社教、服務、管理設施物的範圍，與限制公園內的建築物面積。將公園類型分為：十萬人口設一處綜合公園（供市民休憩、觀賞、運動、集會等機能），一萬人口設一處鄰里公園（提供附近居民可徒步利用為要），並利用都市計畫中所留置的畸零地關際地公園。此外，於近郊風景區設自然公園，且在不妨礙水流下，利用綠化河川地作為河濱公園。次年研訂 6 年中程計畫全面推動公園建設，1985 年臺北市政府組「綠化指導委員會」確定由點、線到面加強公園建設，推廣屋頂花園、美化河川地，全面推展臺北市綠化。

臺北市在定訂「都市計畫公共設施多目標使用方案」時，同時成立「臺北市審議公司團體申請投資興建公園案件專案小組」，每年公告獎勵投資位置。但公園非營利項目，民間投資意願不高、政策成效不彰。1990 年前後，依多目標使用方案開闢的公園以臺中市為最多，幾乎所有案例都在公園內興建大型的公共建築，如圖書館、藝術館、音樂廳、體育館、活動中心、博物館、游泳池、停車場等。儘管是基於土地利用的經濟效益，與減輕政府公共建設的土地成本，此類建設卻是造成今日臺灣的公園內填塞各種類型的水泥建築的原凶，且嚴重破壞公園設置的本質。

第二章 曾短暫成為「美軍屬地」的花博公園美術園區（公二）

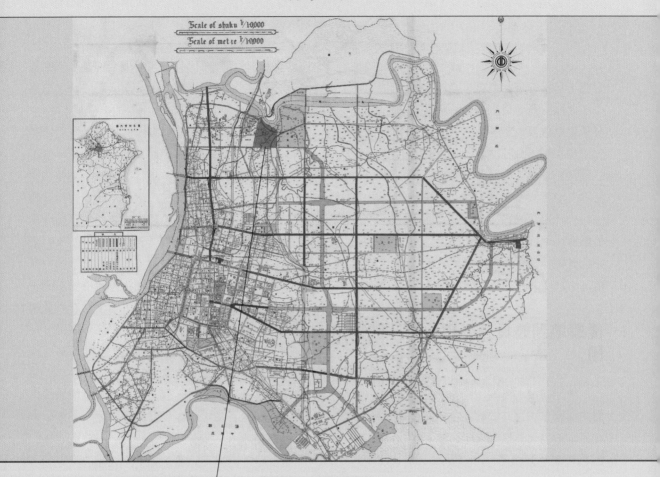

公園號次：二
開園時間：1998 年
公園名稱：花博公園美術園區
開闢面積：10.22 公頃
園內設施：臺北市立美術館、舞蝶館、國際原生活美學館、王大閎自宅
地點：新生北路、民族東路、中山北路三段與基隆河所圍之地

花博公園美術園區

1932 年「大臺北市區計畫」中的「公二」公園，坐落在臺北市舊市區最北端，在今中山區中山北路三段、民族東路、新生北路三段與新生高架道路之間。東側隔新生高架道路與「公四」公園預定地（今花博公園新生園區）、「公三」公園預定地內（今濱江公園與花博公園大佳河濱園區）的建國抽水站相鄰，南邊是住宅區，西側以中山北路三段與「公一」公園預定地（今花博公園圓山園區）為鄰，北面堤防外是基隆河。靠中山北路一側現為花博公園美術園區，是通往圓山、士林、大直必經之地，較無商業氣息。

從農地到兼具公園用途的「圓山苗圃」

清治時期，多為農地的「公二」公園預定地屬山仔腳庄，僅有少數農家散佈其間，有一「牛埔庄」地名，昔日有草地飼養牛隻。1920 年改正町名後屬「圓山町」，明治橋旁有一座大稻埕茶商陳朝駿別墅。「大臺北市區計畫」中規劃的「公二」公園預定地（22.28 公頃）與「公三」、「公四」公園預定地相鄰，為臺北市北隅緊鄰基隆河畔都市邊陲的緩衝綠地空間，但二次大戰終戰之前都未開闢公園。

日治時期，因龍山寺町與馬場町內臺北市經營的苗圃太小，又因為道路、公園、綠地、廣場等大量各種土木工程同時進行，如公園道第四號（今仁愛路一、二段）、三線道路改建工事、敕使街道擴張工事、川端公園新設工程等。民間業者對於植栽的需求大增。因此 1939 年市政府決定，以敕使街道東側「公二」公園預定地的一部分，設置大規模的「圓山苗圃」，面積約 4.29 公頃，約佔公園預定地的 19.25%。由土木課設計的苗圃內有欄柵、通道、長椅、噴水池等設備，是一處兼具公園性質的苗圃，可提供市民自由行樂。二次大戰期間，圓山苗圃一部分劃為動物園的飼料農場。戰後，圓山苗圃更名為「中山苗圃」，配合「都市綠化」計畫與省公路植樹，培育各種苗木。

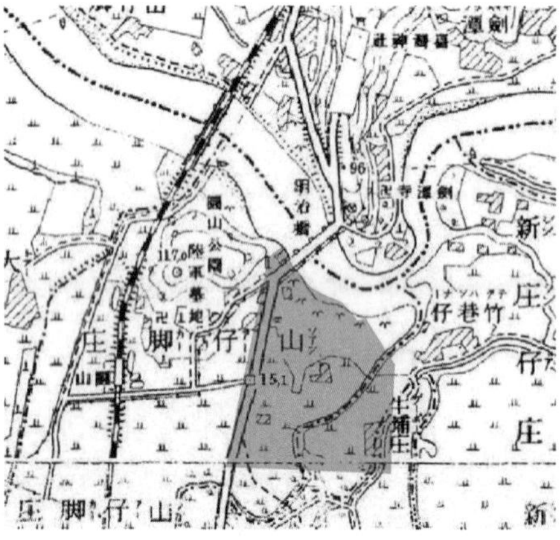

圖 3.2.1　（綠色）清治時期位於山仔腳庄的「公二」公園預定地多為農地。底圖：1898 年日治二萬分之一臺灣堡圖

圖 3.2.2　1945 年「公二」公園預定地內的苗圃與南方資料館。底圖：19450617 美軍航照影像

基隆河畔英式風格「陳朝駿別莊」

　　位於基隆河畔，「公二」公園預定地的西北角落，今臺北市立美術館旁，有一棟英國都鐸式風格的「陳朝駿別莊」。1913 年竣工，是當年「同業組合臺北茶商業公會」首任會長陳朝駿做為休憩度假與招待臺灣士紳、政要與茶商的聚會之處。1923 年陳朝駿過世後曾數度易手，之後曾為日本憲兵隊行刑隊徵用。

　　二次大戰後，別莊曾作為臺灣省公產管理處與黃國書宅邸。之後，由財政部國有財產局接收，將別莊出租給藝品館，後由臺北市政府徵購做為公園路燈管理工程處北區分隊駐在所。1987 年移交臺北市立美術館管理，做為藝術家聯誼中心。1998 年別莊指定為古蹟並進行修復，2003 年至 2015 年由陳國慈律師贊助，做為「臺北故事館」對外開放。2015 年至 2018 年臺北市文化局委託郭木生文教基金會接手經營，2019 年至 2020 年休館進行修復工程後再行開館。

專門研究南洋地區的南方資料館

　　「公二」公園預定地的北端，為南方資料館。臺灣在歷經日本 40 年統治後，足以肩負南方國策執行與經濟據點之使命。太平洋戰爭期間，臺灣總督府為了南進政策，以臺灣實業家後宮信太郎所捐獻的一百萬圓，於 1940 年 9 月 6 日成立「財團法人南方資料館」。專責南方調查研究，蒐集政治、經濟、文化等相關圖書與資料，做為南進政策的基礎。

　　南方資料館包含本館、書庫、燻蒸室、製本室與食堂，別館還有複印室與車庫。南方諸地方的人文與自然相關環境的圖書文獻，共計藏書 5 萬餘冊與洋文書逾 3 萬冊。第一書庫收藏南洋相關書籍，第二書庫為東洋與一般書籍，第三書庫收納中國、臺灣、雜誌與一間地圖室。圖書文獻主要以調查課（外事部的前身）時代的蒐集為主體，南方協會時代與南方資料館也陸續購入其他書籍。館內藏書之豐富，連東亞經濟調查員與東亞研究所員都曾為查資料而前來南方資料館，並

圖 3.2.3　明治橋左側即為陳朝駿別莊（大圓市藏（1935），《臺灣始政四十年史》，臺北：日本植民地批判社）

圖 3.2.4　臺北故事館（2015.07 林芬郁／攝）

圖 3.2.5　南方資料館本館（《南方資料館報》1943 年 2 月 1 日第 2 號，頁 2）

圖 3.2.6　南方資料館別館（《南方資料館報》1943 年 2 月第 2 號，頁 2）

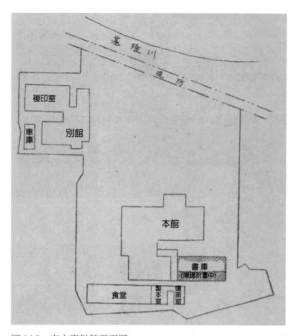

圖 3.2.7　南方資料館平面圖。
底圖來源：《南方資料館報》1943 年 1 月 1 日第 1 號，頁 48

停留數月之久。

二次大戰後，原南方資料館址一部分被中國旅行社接收，南方資料館本館改為臺北招待所。1955 年至 1979 年間，南方資料館轉做為美軍協防臺灣司令部總部的一部分使用，今成為中山計程車服務站與民族苗圃。

二次大戰後成為美軍顧問團的「美軍特區」

二次大戰後，為防止無計畫建築之破壞與彌補當時公園的不足，「臺北市都市計畫圖（分區使用）」中劃定的「圓山風景區」，亦包括了「公二」公園預定地。

韓戰爆發後，美國派第七艦隊協防臺灣。「美軍顧問團」（即美國軍事援助技術團，USMAAG-U.S.Military Assistance and Advisory Group/Republic of China on Taiwan）協助訓練臺灣的陸海空軍與聯勤部隊、戰術的運用，與協助臺灣從美國獲得保衛臺灣和維持內部安全所必需的軍事物資，並成立「美軍協防臺灣司令部（U.S.Taiwan Defence Command，簡稱 USTDC）」。

臺灣省政府將今民族東、西路以北到酒泉街一帶，原日軍醫院之地（今中山足球場一帶），劃設給美軍顧問團使用，稱為美軍總部勤管司令部（Headquarters Support Activity，簡稱 HSA）西營區（HSA West Compound）。營區內有行政大樓、出納處、衛生中心、教堂、康樂中心、美軍宿舍、美軍眷屬服務中心、汽車修理處與美軍軍官俱樂部（MAAG OfficersClub [1]），就如同一個美國社區。

位於西營區對面的「公二」公園預定地則供「美軍協防臺灣司令部」使用，稱為美軍總部勤管司令部東營區（HSA East Compound）。分別設置美軍協防臺灣司令部總部、美國戰略司令部臺灣信號支援局（USSTRATCOM）總部、美國海軍超市（Navy Commissary）、美國海軍販賣部（Navy Exchange）、通訊中心、辦公室、美軍福利 197 委員會、電影院、餐廳、銀行、郵局、運動場、停車場。基地內還有一處美國海軍供應處（Foreign Affairs Service Department，簡稱 FASD），專供美軍購買一切所需的民生日用品及食品，皆由美國空運來臺。1969 年，臺北市警察局與美國海軍供應處簽訂消防協定，1976 年雙方共同決

圖 3.2.8　二次大戰後的「公二」公園（右綠色框），與戰後的中山公園（左上淺藍框，原圓山公園）。底圖：1958 航測影像

圖 3.2.9 美軍總部勤管司令部東營區與西營區。底圖：1967 年臺北市舊航照影像

定在供應處營區興建一座可容納 10 輛消防車之分隊，成為臺北市北區另一有力的消防據點。

東營區裡的聯勤外事處，專門負責美軍在臺的一切後勤業務支援，如住宿、休閒、娛樂、民生用品、眷屬安頓等服務，甚至找傭人，生孩子，

買賣汽車、冰箱等都包辦，猶如一個小型的外交單位。中美斷交後，外事處重新編組隸屬總務處，後來改為軍務處。

---

1. 由外事處管轄，即後來中山北路和酒泉街口的聯勤中山俱樂部，於 1998 年 6 月結束營業。

圖 3.2.10 西營區入口處之一

圖 3.2.12 西營區內的教堂

圖 3.2.11 東營區入口處之一

圖 3.2.13 東營區一部分

美軍士兵招待所——彩虹賓館

東營區外有 1954 年興建的美軍士兵招待所（Foreign Affairs Service Department，FASD Hostel）所內有一百多個房間，提供來臺美軍住宿，還有為攜眷美軍設計的 20 間附廚房的家庭式套房。此處曾是美軍駐華時期的重要據點，當時為滿足外國人口腹之欲，特別開辦西餐人員訓練班指導臺灣師傅做道地的美式西餐，開啟了臺灣西餐與旅館風氣之先。越戰時，來臺度假的美軍都以此處為主要落腳處，當時還設「美軍度假服務中心」處理度假事宜。

1978 年中美斷交後，同年 4 月底駐臺美軍全部撤離臺灣。此處由聯勤總部接管後，改名為彩虹賓館，轉為服務國軍官兵為主，同時提供友邦外交人員住宿服務，而後彩虹賓館與臨近的相關行業衰落，面臨轉型問題。當時彩虹賓館旁的圓明園餐廳（原美僑舞廳）還配合「中華文化復興運動」，與對面的「臺北廣播電臺」改建成中國北方建築樣式，以強調中華民國政權的正統性。原東營區的美軍通信中心與停車場則改成憲兵司令部。彩虹賓館於 1994 年 6 月由臺北市政府收回。

臺北市政府於 1965 年公告「變更第二號公園部分預定地為建築用地」（中山北路三段、民族東路口交點東北隅）變更地目 2 時，改為供「中央各軍事學校同學會」興建會所，之後就地合法化；部分用地由私人購得後經營樂馬大飯店，後租給北區海霸王使用。坐落在民族公園北邊的圓山抽水站於 1965 年 6 月完工使用。

1983 年臺北市立美術館啟用後，「公二」公園預定地被軍事單位與美術館佔據，僅剩東南隅（新生北路三段與民族東路口）的一小處「民族公園」。在戒嚴時期軍事威權的氛圍下，要回公園預定地興建公園可說是天方夜譚。

「公二」公園開闢為中山美術公園

公二公園開闢時，預定地內除了憲兵司令部 3、中華戰略協會、中央軍事院校同學會會址、三民主義統一中國大同盟、隸屬聯勤總部外事處的彩虹賓館、圓明園餐廳、臺灣銀行 44 戶高級職員宿舍、消防大隊北區消防隊、圓山抽水站、中英文經協會、大眾周刊社、公園處倉庫等地上物，狀況之多，複雜度不下於公十四、公十五公園預定地，是另一個受眾人矚目的公園興建案。

臺北市政府原想利用 1989 年度第一期公共設施保育地取得預定地開闢公園，但軍方、有力人士不斷關說，加上北市府也未積極徵收，以「地上物實難執行拆除」為由聲請暫緩處理。1991 年首先拆除民族東路 3 至 13 號的輪胎行、機車行、花藝店、蒙古烤肉店等商家與彩虹賓館旁的違建戶，並進行簡易綠化工作。1994 年，再拆除公二公園預定地上的中華戰略協會、中央軍事院校同學會會址、中英文經協會、大眾周刊社、公園處倉庫與圓明園餐廳後，立即進行公園綠化，彩虹賓館因租約問題延後拆除。憲兵司令部，消防大隊北區消防隊、抽水站等地上物，也先後完成都市計畫變更為機關用地。

1994 年時任臺北市市長的黃大洲為選舉政績，由公園路燈管理處倉促委託游明國建築師事務所以「公共設施多目標使用方案」開始規劃「公二」公園預定地為「美術公園」。但設計案並未在黃大洲市長任內完成。繼任的陳水扁市長提出將圓山建設成為「文化休閒區」的構想，將 1983 年開館的北美館與美術公園（「公二」公園範圍）功能合一，視為北美館展覽的延伸，讓中山北路三段至圓山一帶成為文化休閒重點區，基隆河截彎取直後可做為市民親子水上公園休閒區（今大佳河濱公園）。北美館、美術公園、兒童育樂中心、圓山、劍潭、士林官邸花卉公園等連結成一景觀，朝多功能、多目標規劃設計，提供市民完善的文化休閒空間，邀請建築師、藝術家、居民、景觀與都市設計者提供建言，並進入都市計畫審查會議討論各方意見，不過最後仍以公部門、設計者與北美館的協商為主。1998 年，中山美術公園竣工啟用，兼具室內展覽空間延伸、休閒遊憩功能，讓殿堂的藝術走入人群中。

圖 3.2.15　北美館（2017.04 林芬郁／攝）

圖 3.2.14　圓山公園、美術公園與民族公園（右下角）。
底圖：「1991 年臺北市航測影像」

被建築物占據成為零碎的公園地景

綜觀「公二」公園地景演變，1932 年規劃的「公二」公園預定地，原本是一片完整的公園用地，日治時期主要為農地與少數住宅，1951 年至 1979 年為「美軍協防臺灣司令部」東營區使用，美軍撤臺後公園預定地內南側有大半面積被

憲兵司令部佔用，西南隅成為私人商業用地。在經歷重重波折後，北市府收回闢建為「中山美術公園」。但原計畫供市民休憩之用的公園，長期被軍事單位佔用，或變更用途與不斷增加建築物後，早已成為零碎的地景，真正做為「公園」的面積約僅剩下原預定地的三分之一。

2010 年，中山美術公園做為「臺北國際花卉博覽會」場地，目前公園內保留花博時的舞蝶館與風味館建築，並改名為「花博公園美術園區」，以天橋與花博公園圓山園區連接，成為臺北市北隅的綠地開放空間。2017 年 7 月 6 日由王大閎建築研究與保存學會募款籌劃，於北美館旁復刻重

2. 「變更第二號公園部分預定地為建築用地」，1965 年 3 月 5 日府工字第 5386 號。

3. 1979 年闢建國南北路高架橋而暫遷移至此地的拆遷戶。

圖 3.2.16　花博公園圓山園區（「公一」公園）與美術園區（「公二」公園）。底圖：Google Earth

建 1953 年建築大師王大閎的建國南路自宅，開放民眾參觀。

請將綠地還給公園

2018 年 3 月，臺北市政府宣布北美館二館擴建計畫，主要訴求是「打造出森林美術館」。未來在拆除敷地上的原民風味館與舞蝶館後，主要建築體將地下化，可留下大片綠地。同時將花博公園美術園區，改造為國家級的「臺北當代藝術園區」，成為兼具藝術、公共論壇與市民休憩的文化綠園。

但文化部認為，北美館二館位置鄰近圓山考古遺址，屬環境敏感區域，需依照《文化資產保存法》第 58 條第 2 項規定，應先調查工程地區有無考古遺址，如未在遺址範圍內，若日後施工發現疑似考古遺址時，應立即停止工程，並通知主管機關召開文化資產審議會審議。

除了不知北美館二館敷地下有無圓山遺址外，公園內是否應再增加建築物，是另一個應評估考量之處。雖然北市府宣稱建築體將地下化，並不影響綠地面積，但地下的大量建築，會使樹木無法生長。故北市府所言的「打造一座森林間的美術館」，根本是緣木求魚，況且會失去土地的保水性，對地下水文、生態系統影響甚大，值得三思。

北市府「臺北當代藝術園區─臺北市美術館擴建案先期規劃」報告中建議，因位於新生公園的「夢想館」敷地租約已到期、目前處於閒置狀態，可將原位於北美館二館敷地上的原民風味館遷移至此，改為「原民夢想館」。可做為教學體驗課程、原民風味餐廳、文創商品展售與行政空間，規劃的展廳可供為表演舞臺、原民意象展示等，並與戶外廣場打造為原住民園區。但若「夢想館」可以被任何建築物所取代，即表示它的存在是多餘的，何不將其拆除後多種植綠色植栽，還綠地於公園呢？

目前臺北市北投區的凱達格蘭文化館，常被譏諷為沒有凱達格蘭文化的文化館。反觀北投區被登錄為文化景觀的「凱達格蘭北投社」（包括保德宮、番仔厝、番仔溝、長老教會北投教堂），是臺北盆地凱達格蘭族人的歷史重要見證，也是臺北市極少數保有部落痕跡、集中居住、地名完整，文化與歷史脈絡清楚，且保有原住民傳說、宗教信仰與漢人、凱達格蘭族人間的互動關係之場域，反映出該地區漢人、凱達格蘭族人定居的地景特色。

建議北市府應將擬投入建設「原民夢想館」的經費，用於充實凱達格蘭文化館的館藏，並連結「凱達格蘭北投社」文化景觀，成為「貨真價實」的原住民文化園區，而不是砸大錢興建擬仿的「意象」原民區。

圖 3.2.17　凱達格蘭北投社文化景觀相關位置圖示。底圖：Google Earth

第三章 林安泰古厝落腳處：濱江公園（公三）

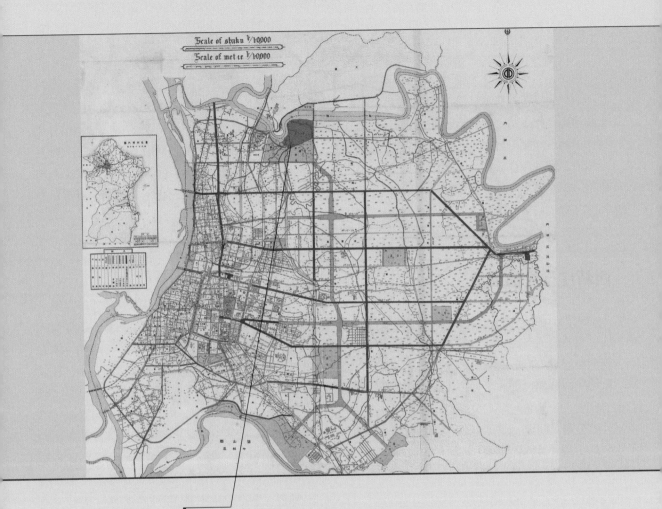

公園號次：三
開園時間：1977 年
公園名稱：濱江公園（堤外部分為「花博公園大佳河濱園區」一部分）
開闢面積：1.67 公頃
園內設施：林安泰古厝、閩南式庭園、花茶殿
地點：濱江街、新生北路與基隆河所圍之地

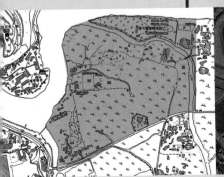

1932 年「大臺北市區計畫」中的「公三」公園預定地，坐落於臺北市核心北側的邊陲地區，東鄰建國高架道路，南邊以濱江街與原新生公園為界，西側與民族公園（「公二」公園預定地的一部分）隔著新生高架道路相望，北面中山高速公路外側至基隆河畔皆屬之，堤防外屬「公三」公園預定地的部分開闢為大佳河濱公園，與基隆河對岸的圓山河濱公園遙遙相望。

西新庄仔庄的農地

「公三」公園預定地在清治時期屬新庄仔庄，有基隆河支流流經，多為農地，僅有稀稀落落的住家散佈。日治時期，為方便文書處理，並依地勢與關係，1905 年後將新庄仔庄改稱「西新庄仔庄」，範圍內大多是農地、竹林，只有少數住家分布其間。公園預定地內西南角有「竹巷仔」聚落，因大片竹林而得名，居民以鄭姓為多；東北側靠基隆河畔之地則屬「下埤頭庄」。

二次大戰後「公三」公園預定地的發展

「公三」公園預定地亦屬於 1946 年公告的

「圓山風景區」，以彌補當時公園的不足。1958 年「臺北市航照影像」中，可看到與今大佳河濱公園相隔的基隆河支流上已興建中山抽水站，公園預定地西南邊也增加許多住宅。東北側靠近基隆河之地，早在 1955 年時已設置婦女職業輔導館，但因地勢較低，海潮倒流，曾發生輔導館被水所困之事。

婦女職業輔導館

1955 年，臺北市籌劃設立婦女職業輔導館，收容被迫害的酒家、茶室、娼寮的女子、養女，或 12 歲以下、45 歲以上無家可歸的婦女，援助其恢復自由，除供給膳宿外，並學習一技之長以自力更生。1956 年 3 月 7 日，通過臺北市市立婦女職業輔導館組織規程與職員編制。購買臺北市濱江街 103 巷 4 號館址，經修繕後，婦女職業輔導館於 1957 年 5 月 10 日開幕。約收容 200 名無家可歸的婦女，輔導就業或介紹結婚，使獲得終身歸宿，還附設手工藝講習班、裁縫、編結、抽紗訓練班，學習刺繡、縫紉等學習課程。但婦女職業輔導館自設立以來，因人力和設備不足，少女逃脫事件層出不窮，有被「搶」走的，或是被誘騙逃脫的佔了一大半。

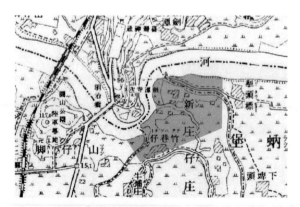

圖 3.3.1　綠色是「公三」公園預定地。
底圖：1898 日治二萬分之一臺灣堡圖

圖 3.3.2　綠框是「公三」公園預定地。
底圖：19450601 美軍航照影像

為安置孤老病殘市民，1959 年在婦女職業輔導館原址設立臺北市立救濟院，增設兒童教養所、婦女職業輔導所（原婦女職業輔導館）、安老所、殘疾教養所、習藝所等，1963 年完成院舍。

1967 年 8 月 20 日，婦女職業輔導所首見發生 12 名少女「大規模」集體逃離事件，為防止類似事件再次發生，輔導所暫時遷到廣州街 245 號之 5 的民防指揮部的舊址後，進行濱江街房舍整修。但遷移到廣州街後，因接近寶斗里風化區，人肉販子和私娼老闆利用探友機會混進輔導所，面授逃脫方法，少女逃跑事件不減反增，令輔導所內職員無力預防。

1967 年 11 月 17 日，社會局將婦女職業輔導所遷回原濱江街舊址，並變更策略，凡不願接受輔導者，一律不予收容，另外還加強技藝訓練、精神教育與康樂活動。之後為因應社政發展之需，臺北市立救濟院改制並遷出。1972 年 4 月 1 日於原社會局婦女職業輔導所所址，設立臺北市汽車駕駛訓練中心。

林安泰古厝遷移事件簿

1977 年開園的濱江公園內有林安泰古厝，隔著一條小巷旁是建國抽水站，小巷底是基隆河 10 號水門（又稱林安泰水門）可通往堤外，北側堤外則設有五處槌球場，假日常有人來玩槌球。

為何公園內會出現古厝呢？這可是與臺灣文化資產保存法有極大的關係。林志能是中國福建省泉州縣安溪遷臺第二代，因在艋舺經商有成，於 1783 年在下內埔段 585、586 號地（今四維路 141 號）購地，興建一座仿清代閩南、漳泉樣式的二進落四合院。林安泰古厝的名稱即是他經營的商號「榮泰號」，合併所在地名「大安」而得。林安泰古厝的建材，如石材、杉木多來自中國，並從福建聘請幾 10 位有名的師傅監工，加上本地 200 多名工匠，分數次建造完成，曾於 1862 年至 1874 年間與日治時期數度修建。

1970 年代，市府決定拓寬敦化南路，計畫拆除林安泰古厝，許多熱愛古蹟人士奔走搶救，倡議將古厝原址保留，甚至建議市政府更改敦化南

圖 3.3.3　　綠色是「公三」公園預定地，右上角圈起處為婦女職業輔導館。底圖：1958 年臺北市圖

路路型。北市府新建工程處也曾邀請有關專家討論拆遷問題，與會專家學者認為林安泰古厝是臺中以北最典型、建築與藝術價值成就最高、保存最好的清代傳統閩南式四合院住宅，是臺北市由農村蛻變成大都市與農業轉入商業的發展史，且拆遷後不可能再復舊，希望能原地保存。但工務局認為，林安泰古厝佔用道路寬度達三分之一，原地保存須徵收土地、增加負擔，古厝未列入「古蹟」名冊、保存於法無據，影響敦化南路高樓大廈市容觀瞻等理由主張拆遷。

1976 年 8 月 5 日臺北市長林洋港也前往林安泰古厝，並宣佈拆除時會將一瓦一礫細心保留，儘量維持原貌重建於將新闢的木柵頭廷里動物園內。後經北市府民政局、工務局等相關單位與幾位古厝代表協商拆遷補償金額，會中與會人士除頭廷里外，還提供青年公園、陽明山國家公園、通化公園、內湖風景開發區等四個可移築的地方；市府也考慮在「信義計畫區」的公園預定地內，規劃一個「民俗村」放置與民俗、古蹟有關事物，與重組林安泰古厝。

關於「中華民俗文物村」籌建的位置，1977 年 12 月北市府決定設在南港中央研究院西側，籌劃全國性的民俗村，展示中華民族發展史、社會習俗、經濟生活、宗教生活與藝術生活等。後因林安泰古厝產權所有人索取過高的補償費，臺

北市政府決定變更計畫。1978 年 3 月 27 日，臺北市政府致函林家，若不同意遷出，將逕行以每坪八千元的補償金提存法院後強行拆除。1978 年 6 月 26 日拆除敦化南路預定地上的古厝後側三分之二的建物。

林安泰古厝幸經李重耀建築師歷時 5 個月，鉅細靡遺的記錄下古厝形式與構造後，於 1978 年 8 月拆除完工。拆卸時依材料分類，並一一編號，予以保存準備他日異地重組。古厝拆除後並未馬上重組，建材存放在安和路旁的臨時倉庫。安和路拓建後，此時民俗文物村計畫因無法選定預定地而擱淺，規劃工作也停頓，「中華民俗文物村」籌建小組決定等和平西路陸橋橋孔下的臨時倉庫完成後，將林安泰古厝舊建材遷往該處暫時堆置。

1983 年 1 月民生報舉辦「搶救林安泰古厝座談會」，與會學者專家催促儘速將林安泰古厝舊建材，遷到濱江街濱江公園重建，不要等民俗文物村（後改由文化建設委員會籌建）建成後才施工，並赴和平西路陸橋下存放林安泰古厝建材的養工處倉庫察看，發現木質建材部分因橋樑接縫處漏水，有浸損與白蟻蛀蝕現象。2 月 18 日經楊金欉市長批示，將古厝遷建於濱江公園內，重建工程由李重耀建築師負責規劃設計，除需派員協助參與監造外，還要隨時提供專業技術知識與指導；負責工程的慶仁營造有限公司也聘請林柏年、李乾朗、孫全文三位建築師擔任重建顧問。古厝拆除時，李重耀建築師曾繪製七十多頁結構圖和磚頭、木塊配置圖和尺寸細目，出版《林安泰古

厝拆遷計畫》，由此可窺見李重耀建築師對這件全臺首宗移築案的重視程度。

1984 年 8 月 13 日，林安泰古厝於濱江公園內動工重建，1985 年 4 月 24 日舉行上樑儀式，9 月完工，並於 1987 年 6 月開放供民眾參觀。林安泰古厝是臺北發展史上重要的佐證，記錄著先人的生活遺跡，也是臺北市少數保存下的閩南式建築宅邸。之後，古厝內陸續充實民俗文物，2000 年 5 月 27 日民政局規劃再利用為臺北市第一個公立的「林安泰古厝民俗文物館」開放，試圖復原古厝年代的情境，與林安泰家族歷史，並配合傳統民俗趣味增加展示豐富性，讓市民能認識先民文化，也能成為學童戶外鄉土教學的場域。

散發濃濃思古幽情的林安泰古厝，也是當時熱門的婚紗照拍攝地點，2001 年臺北市政府民政局曾在此舉辦「緣定前世情繫今生」的市民聯合婚禮。此外，民政局還在古厝舉行中秋賞月、未婚聯誼活動等，濱江公園可說是展現了多元化的功能。濱江公園因林安泰古厝而生輝，北市府常藉古厝舉辦的民俗活動拉抬對面新生公園的遊客量。

2010 臺北國際花卉博覽會

「2010 臺北國際花卉博覽會」期間，林安泰古厝部分改裝成閩式文物展示與茶餐飲經營為主題的「花茶殿」，內有愛波亭、雨前樓、隨月閣、醉茶居、映月大池等設施，民眾在花香、茶香中，品茗與觀賞閩式庭園之美。此外，北市府還動用上億元經費，在林安泰古厝內設計水泥假山、瀑布，營造中國浙江「顧渚茗山」意象，被市議員批評不環保、欠缺文化意涵的園林造景，更破壞了古厝的幽雅景致。花卉博覽會結束後，「花茶殿」與假山園林造景仍留在公園內。

1978 年通車的中山高速公路，與 1997 年全線通車的汐止五股高架道路，都越過堤外的公園預定地。中山高將「公三」公園預定地分成堤防內的濱江公園與建國抽水站；堤防外曾建有婦女職業輔導館，現有中山抽水站與公路警察大隊濱江小隊辦公處。林安泰古厝於 1985 年重組濱江

圖 3.3.4　林安泰古厝，右邊樹下有人在拍婚紗照
（2017.03 林芬郁／攝）

圖 3.3.5 花博期間增建的閩南式庭園（2019.03 林芬郁／攝）

圖 3.3.6 「公三」公園堤外併入大佳河濱公園內
（2017.03 林芬郁／攝）

公園內，穿過中山高速公路孔道可抵達濱江街以北的堤外河濱公園，除原有的中山抽水站外，還增建河濱公園區於花卉博覽會時與大佳河濱公園合稱「花博公園大佳河濱園區」。

　　而原本已被中山高速公路與公共建築物分割成破碎的公園基地，於花卉博覽會時又增加閩南式庭園，使得原濱江公園的綠地大幅減少，而堤外的河濱公園部分因堤防的阻隔加上交通不便，除假日外很少市民使用，殊為可惜。

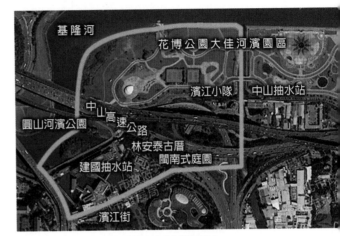

圖 3.3.7 「公三」公園堤外併入大佳河濱公園內
（2017.03 林芬郁／攝）

林安泰古厝事件促成「文化資產保存法」的制定

　　林安泰古厝的保存事件，在臺灣文化資產保存上掀起漣漪。專家學者們認為，應在「古物保存法」之外，另訂「古蹟保存法」，因而促成1982 年「文化資產保存法」的制定，開啟臺灣文資保存的重要里程碑。

　　回顧臺灣文資保存歷史，1981 年成立文建會掌管文資保存事務，初期文資登錄的都是公共建築，如總統府、監察院等，並無土地產權與都市開發的疑義。之後文資審議權在各縣市民政局，對特定空間賦予文資詮釋，主要在教化國家認同的文化價值。1990 年政權轉換，文化政策轉為「社區共同體建構、古蹟保存社區化」，待公民意識抬頭後，國民為保衛家鄉的文化資產，卻與地方官僚爭議不斷。

　　直至今日，保存古蹟已是普世價值，多數人認為政府遇到拓寬馬路、開闢新社區時，應該不會再魯莽地拆除老厝。但掀起臺灣文化資產保存運動的「林安泰古厝」保存事件已過了40 多年，令人失望的是，臺灣並未與時俱進保留下更多的文化資產。

　　回首近年來臺北、臺中、彰化等地文資慘案烽火連天，只見少數文資捍衛人士與官僚對峙，

看似「由下而上」的文資保存漸成氣候，但文資現勘時，僅 3 至 5 名審查委員在專業不足或意識型態作祟下就判定是否為文資，導致許多具文資價值的物件被「賜死」，令人痛心。

在臺北市，慘遭穿腸破肚的南港瓶蓋廠盡失歷史感；新北投車站[1]被位移；三井物產株式會社舊倉庫與歷史脈絡斷裂。文化部長所提「透過歷史現場的再造，讓歷史記憶回到人們生活空間」的「再造歷史現場計畫」蕩然無存。首善之區尚且如此，更遑論其他縣市，小市民只能卑微地要求文化局別再破壞歷史記憶了。

今日的忠孝西路是 1910 年左右拆除臺北城牆後改建的「北三線道」，是臺北走向現代都市的一個重要里程碑。三井物產株式會社舊倉庫位於北三線道路的「路頭」，也是目前三線道路上現存最早的建築，興建時就保留道路邊「亭仔腳」寬度。且倉庫與北門的相對位置，將清代城牆轉化為三線道路的城市街路歷史脈絡具體呈現，具有見證臺北城走向現代化的重要歷史意義。

1978 年為改善交通，在北門一帶興建北門高架道路，與三井舊倉庫僅二線道之隔，而北門則距離高架道路不到 10 公尺。2016 年 2 月，北門高架道路拆除後，重新「看見」了北門、三井舊倉庫、鐵道部、臺北郵便局等建築物所建構的歷史場域，與「臺北城」連結臺灣的政治、經濟、文化、社會的空間關係。

然而，在臺北市政府實施「西區門戶計畫—北門城地景廣場」計畫時，三井舊倉庫卻成了絆腳石。臺北市政府為了交通考量，完全無視專家學者的意見與各方的輿論壓力，執意將此文化資產往東移築 51 公尺。重組後的三井舊倉庫如同新屋，甚至還發生山牆無法組回原位的窘境。

除屢見與都市開發衝突外，在當前的文資保存中，最大的問題在於面對開發案時，相關局處沒有迴避文資審議，如南港瓶蓋廠、三井物產株式會社舊倉庫遷移案皆是。再者，如需重啟文資審議時，文化局往往要求民眾提出新事證。然而，研究調查並非提報人的義務，可謂是本末倒置。

2017 年出現更離譜的案例。臺陽礦業公司平溪招待所，是由政府出資五千萬修復的市定古蹟，屋主竟在房屋銷售網站賣屋；北投逸仙國小前具歷史價值的北投神社狛犬被惡意搗毀。國民文資概念的養成實在刻不容緩。

文化資產是公共議題，需要建立文化治理機制、透過公開論述，提出公眾共識，將生活風格、文化魅力與在地獨特性，轉化為「不可替代」的文化寶藏。欣見文化資產保存概念納入學校教育課程中，並冀望與民間的社會教育雙管齊下往下扎根，逐步喚起居民的熱情，讓保護文化資產的概念成為「文化的 DNA」，深植於生活中，成為在地居民「文化認同」的凝聚力。唯有國民的文化覺醒、鄉土的認同感，與「自發性」的保存，才是文化資產永續保存的真實動力來源。

---

1. 新北投車站：1916 年 4 月 1 日為發展北投溫泉產業而興建的新北投線鐵道開始營運，「新北投乘降場」（簡易站）設置後，車站附近逐漸集結成市，因而有「新北投」聚落地名（相對於舊北投聚落），1937 年乘降場擴建後稱「新北投驛」。二次大戰後，新北投線鐵道仍繼續營運，直到 1988 年為興建捷運淡水線而停駛。停駛後的新北投車站，臺鐵無意保存，經當時臺北市市長同意將車站免費交由金景山公司將它拆遷到彰化縣「臺灣民俗村」內，但之後民俗村因債務問題多次易主。之後，經臺北市與彰化縣政府文化局、北投與彰化熱心人士、債權人多方協商下，2013 年車站建物所有權人日榮公司去函臺北市政府文化局，表明願意無償還給北投，但是重組位置卻引發在地里長、溫泉業者與文資團體爭議不休。遺憾的是，2016 年 5 年 2 日第三次「新北投火車站重組位置議題公聽會」中，陳景峻副市長以行政裁量權為由蠻橫表決下，車站重組於離原址 50 公尺處，成為七星公園的「涼亭」景觀。

第四章　飛機航道下的花博公園新生園區（公四）

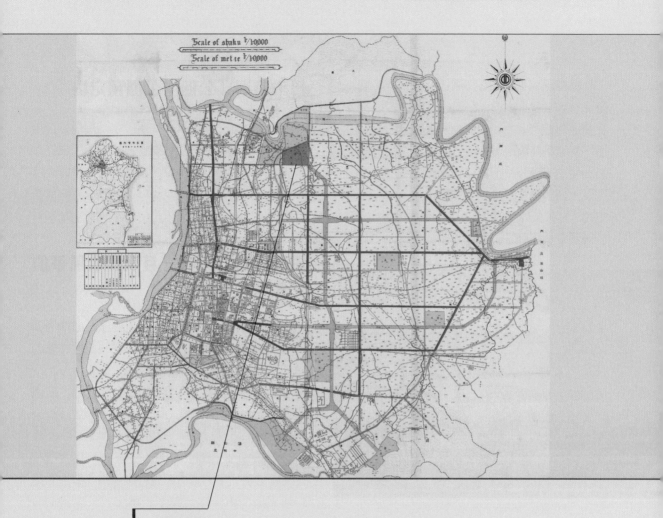

公園號次：四

開園時間：1984 年

公園名稱：花博公園新生園區

開闢面積：15.79 公頃

園內設施：怡情園、迷宮花園、新生棒球場、溫水游泳池、新生閱覽室、
　　　　　夢想館、健康體驗館、天使生活館

地點：民族東路、新生北路、濱江街、松江路所圍之地

花博公園新生園區

位於機場航道下的新生公園是 1932 年「大臺北市區計畫」中的「公四」公園預定地。坐落在臺北市舊市區北端，在今中山區濱江街、松江街、民族東路與中山北路三段範內。東側是松江路與中山高速公路下接建國高架道路，南邊是住宅區，西面隔著新生高架道路與「公二」公園預定地（今美術公園）遙遙相對，北面則是「公三」公園預定地（今濱江公園）。

圖 3.4.1　機場航道下的新生公園（2019.03 林芬郁／攝）

圖 3.4.2　綠色是日治時期「公四」公園預定地。
底圖：1939 年瑠公水利組合區域圖

日治時期「公四」公園預定地

清治時期此地屬新庄仔庄，多為農地。日治時期，隸屬西新庄仔庄，仍是農地為主，東側在水圳支流旁有少數的住家，屬臺北北端邊陲未開發地區。公園預定地的東南隅因地勢低窪略呈盆地狀，被稱為「頭湖」，居民以陳、簡姓為多。

戰後到臺北市唯一且禁止放風箏的「花卉公園」

二次大戰後，為防止無計畫建築之破壞與彌補當時公園的不足，「公四」公園預定地亦屬於 1946 年公告的「圓山風景區」中。

從 1958 年臺北市地圖來看，「公四」公園預定地上水圳支流旁的住家並未顯著增加；1966 年臺北市都市計畫圖中仍為公園預定地；由 1976 年「臺北市街道圖」中可看到右側房屋增加許多，也開闢道路，中間處有一駕駛訓練場，新生北路三段與濱江街交點也建了一排房子，直到 1984

圖 3.4.3　（綠色框）1945 年「公四」公園預定地。
底圖：19450617 美軍航照影像

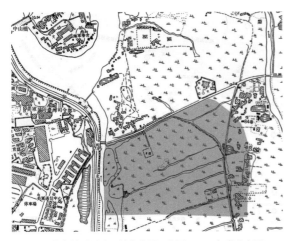

圖 3.4.4　綠色範圍是公四新生公園。底圖：1958 年臺北市圖

圖 3.4.5　新生公園與對街的濱江公園。底圖：1991 年航測影像

圖 3.4.6　松江路入口處與「花之手」雕塑（2019.02 林芬郁／攝）

年「公四」公園預定地才闢建為新生公園。

　　新生公園內有運動場所、網球場、棒球場和壘球場，與大型雕塑作品，是市民休憩的好去處。但相異於其他公園，新生公園的地下水水位太高，無法生長大樹，又因位於松山機場降落航道下方，北市府刻意將之闢建為臺北市唯一遍植花木、廣大草坪的雕塑與花卉公園，並隨四季更換花卉，讓公園終年花團錦簇，希望外國觀光客在降落機場時，可以俯視一片花海，對臺北市留下第一眼的好印象。公園內嚴禁放風箏，以免影響飛航安全。1985 年就曾發生一架中華航空公司的波音 737 班機，7 月 12 日 17：40 降落松山機場時，突然有一隻風箏撞擊左翼一號發動機，幸而機員緊急閃躲，風箏未被吸入發動機內，否則後果不堪設想。

公園被許多公共建築占據

　　臺北市政府工務局公園路燈工程管理處於 1981 年 3 月 5 日在公園內興建新生民眾閱覽室，由四個小圓圈建築物接連成一個大圓圈建築物。閱覽室內有 136 個座位，可供青年學生自修用，並設有空調設備，在當時的臺北市並不多見，圓山公園管理所辦公室也設在此建築物內。1982 年 3 月 28 日，臺北市西區國際獅子會為配合政府美化環境，捐贈以植物成長生態與空間作三角形開放造型的「花之手」雕塑；其他尚有「鶴群」、「祥

和遍大地」、「友愛和平」等雕塑作品矗立在公園內。此外，公園內還有民航局電力設備與自來水處大同加壓站等建築物，之後又在民族東路一側陸續增加臺北市消防局圓山分隊。

全臺第一座「迷宮花園」

　　雖然新生公園有閱覽室、運動設施與全市第一座溫水游泳池，但卻鮮少人知，因為附近公車路線極少，又沒有車站，北側的濱江街根本沒有公車通過。有學者曾提議新生公園面積大、遠離住宅區，市民使用率低，可利用新生公園的一角，興建地方戲劇中心，提供戲劇專家學者研討與傳授劇藝，無損公園功能外，還可增加公園的休閒活動設施與補足濱江公園內林安泰古厝的功能，

吸引更多市民參與文化休閒活動。但臺北市政府工務局礙於公園使用管理法令，未有適用條文規定，因而作罷。

為了提高新生公園的使用率，2001 年在國際扶輪社贊助下，於公園內設置全臺第一座迷宮花園，還特別舉辦「許我一個迷宮花園」創意徵圖活動。花園內植栽六萬多株樹苗，如梔子花、矮仙丹、垂葉榕等。由迷宮花園上空可看到迷宮全貌，主體形狀是五行八卦，內部分為金木水火土五區，各自鑲嵌得獎小朋友的馬賽克迷宮圖，迷宮中央則有「山水臺北」象徵臺北地圖的縮影，園中還有諾貝爾文學獎得主高行健手植的英國冬青樹。

公園內，不要再增加建築物了！

新生公園在 2010 年臺北國際花卉博覽會後改稱「花博公園新生園區」。花博結束後留下夢想館、健康體驗館與天使生活館，公園西北隅的景新宮不知何時興建。夢想館是一座與周遭環境融為一體的生態地景建築，是體驗、認識臺北生態歷史的教育場域。

綜觀「公四」公園預定地，從農地到住家、工廠與駕訓場外，其餘地區才開闢為新生公園。公園內雖有些公共建築設施，但佔地面積並不算大，倒是花博結束後留下三座展館，這些展館是否有留下之必要，或留下後所發揮的功能都有待商榷。總之，公園應該回歸到公園的用途與本質，不宜有太多的建築物佔用綠地空間。

圖 3.4.7　花博公園新生園區（「公四」公園預定地）。底圖：2015 年「南區航測影像」

第五章　東區唯一的大型公園：中山公園（公六）

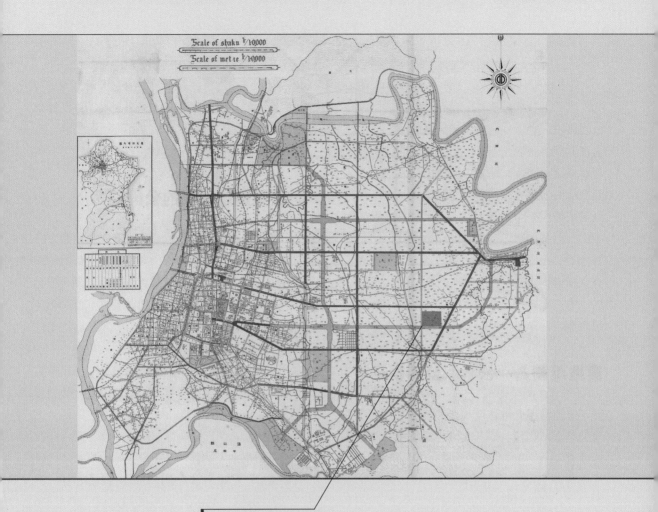

公園號次：六
開園時間：1972 年
公園名稱：中山公園
開闢面積：10.96 公頃
園內設施：中山公園、國父紀念館
地點：忠孝東路、逸仙路、仁愛路、光復南路所圍之地

中山公園

中山公園是 1932 年「大臺北市區計畫」中的「公六」公園預定地。在今信義區光復南路、仁愛路四段、逸仙路與忠孝東路四段，約位於東區商圈與信義商圈之間。東側隔逸仙路與臺北市議會相望，南側多為住宅區，西側為住商混合區，西北側有光復國民小學，北側則是爭議不斷的大巨蛋工地與松山文創園區。周圍蓋滿高級住宅，中山公園猶如水泥叢林裡的一方綠洲。國父紀念館位於「中山公園」內，雖然有「公園」之名，大家卻慣稱「國父紀念館」；就如同具公園功能的「中正紀念園區」，大家也習慣稱之為「中正紀念堂」。

農地規劃為「公六」公園預定地

清治時期此地位於車罾[1]庄旁，日治時期屬大加蚋堡興雅庄，多為農地，瑠公圳第一幹線支流流經其上。1932 年「大臺北市區計畫」中此地規劃為「公六」公園預定地，但因戰爭並未闢建公園。「公六」公園預定地的北邊是建於 1937 年的專賣局松山菸草工場，菸草工場的東北側則是 1935 年落成、專修火車的臺北鐵道工場（今臺北機廠）。

有支線鐵道通過的公園

1930 年代末期，日本政府在陸軍松山倉庫與縱貫鐵道之間（樺山—松山間）興建一條單線聯絡鐵道，支線自臺北機廠側線約在今市民大道與延吉街交點向南側分歧，行經「公六」公園預定地的南側（與今仁愛路四段平行），繼續往南行至陸軍松山倉庫，共計 2 公里長。

二次大戰後改稱三張犁支線鐵道，而原本的終點站松山倉庫，戰後轉做聯勤四四兵工廠與聯勤修車場所。後因信義計畫區的興建，四四兵工廠遷至三峽，修車場則遷往鶯歌。1986 年 7 月 21 日隨華山車站廢站後，三張犁支線也廢線了。目前舊鐵道已拆除，鐵道遺跡則鋪設柏油路面。

圖 3.5.1　綠框是「公六」公園預定地。
底圖：1939 年瑠公水利組合區域圖

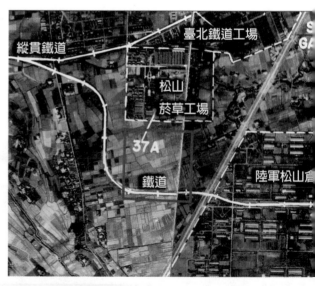

圖 3.5.2　綠框是「公六」公園預定地。
底圖：1944 年美軍航照影像

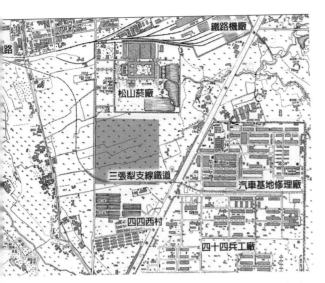

圖 3.5.3　綠色是「公六」公園預定地。底圖：1958 年臺北市圖

圖 3.5.4　三張犁線舊跡（2018.12 林芬郁／攝）

「中華文化復興運動」下的國父紀念館

　　1960 年代正值國共對抗時期，1964 年中國發起「文化大革命」，臺灣方面則以「中華文化復興運動」與之抗衡。1965 年 1 月，「紀念國父百年誕辰經費籌募委員會」決議興建國父紀念館，不僅藉此宣示國民黨政權的正統性，同時用以教化人民。同年 5 月，市政府宣布將在「第六號公園預定地」內興建國父紀念館。為配合紀念館興建，今敦化南路、忠孝東路、基隆路與仁愛路也進行土地重劃，並將光復國小與「第六號公園預定地」向北擴大至今忠孝東路。

　　國父紀念館在公開徵圖後，由王大閎建築師的設計獲得首獎，經蔣中正總統指示加強中國建築特色後做部分修正，採用再現中國傳統文化元素的新中國式建築風格，展現國民黨以建築形式詮釋文化霸權的心態。面向仁愛路的國父紀念館於 1968 年 11 月 12 日動工，定名為「中山公園」的原「第六號公園」也隨即興建，1972 年 5 月 6 日國父紀念館舉行落成典禮。

　　紀念館佔地約 11,600 平方公尺，四周迴廊環繞、屋頂飛簷、正門入口處屋簷翹起為其建築特色，是戰後臺灣現代建築史發展過程中的經典之作。入口大廳有國父銅像，後方是 2,518 席座位的大會堂，曾舉辦國內外大型文化活動，與金馬獎、金鐘獎、金曲獎的頒獎活動，是民眾休憩與藝文活動的重要場所。1975 年故總統蔣中正逝世後，國父紀念館曾作為靈堂，供民眾瞻仰遺容。此外，館內還陳列孫中山革命史蹟與典藏相關學術研究史料，為中國近代史的縮影；樓上有中山藝廊、孫逸仙博士圖書館等，為多功能的文化教育中心。國父紀念館大廳國父銅像前方，自上午九時至下午五時間，每到整點時有十分鐘的儀隊交接時間，往往吸引遊客駐足觀賞。

圖 3.5.5　新中國式建築風格的國父紀念館（2018.12 林芬郁／攝）

---

1. 車罾為一種捕魚網，需搭建棚架於岸邊或水中，並設有輪軸以利人力拉起魚網。

中山公園

國父紀念館外的中山公園，興建時將原「公六」公園預定地北側基地擴大至忠孝東路四段旁。紀念館前方有花壇與噴泉，緊鄰光復國民小學的西側有 1994 年 11 月 12 日國父誕辰紀念日落成的「中山碑林」，陳列刻有先烈先賢墨寶的花崗石碑，還有孫中山與蔣中正銅像，常見觀光客與銅像合影留念。靠仁愛路與光復南路口的西南側有翠湖，湖上有香山橋與翠亨亭。翠湖旁的林木間有一尊于右任雕像，原本矗立在仁愛路四段圓環中央，1997 年因道路更新，遷移到國父紀念館園區內。西北側是 1964 年成立的光復國民小學，成立之初借用興雅國小教室，1967 年第一期校舍完工後，師生遷回現址上課。

圖 3.5.7　中山碑林（2018.12 林芬郁／攝）

圖 3.5.8　「公六」公園預定地範圍（2014.11 林芬郁／攝）

指定為市定古蹟

臺北市政府文化局於 2018 年 12 月 28 日的「古蹟、歷史建築、紀念建築、聚落建築群、考古遺址史蹟及文化景觀審議會」中，經討論後認為國父紀念館是戰後具代表性的公共建築，建築外觀與戶外廣場已然成為臺北城市空間視覺意象，而通過文資審議指定為市定古蹟，也因此大巨蛋與國父紀念館疏散人潮用的連通道，其出口設計須先送文資審議通過方可。

另外有文資審查委員提議，國父紀念館古蹟範圍應擴大指定周邊街廓、光復國小等為文化景觀。不料，會議紀錄於 2019 年 1 月 11 日上網後卻變為「有關國父紀念館定著土地所在街廓倘有相關工程，為避免遮蔽古蹟本體，將透過都市設計管制方式規範。」遭文資團體指責文化局為方便施作大巨蛋疏散連通道，而竄改會議紀錄。

綜觀「公六」公園預定地，光復國民小學校地已佔去近四分之一，加上國父紀念館龐大的建築體與靠光復南路入口處的碩大停車場，公園面積又失去大半，剩餘的中山公園內更鋪設大量路磚與柏油道路，綠色面積少之又少，完全失去公園成為「都市之肺」的功能。再者，中山公園南側已拆除的舊鐵道，其實並不妨礙公園的使用功能，若當時保留下來，或許還能增添公園特色，殊為可惜。

光復國小　中山碑林

翠湖

國父紀念館

第六章 車水馬龍中可以歇息之地：大安森林公園（公七）

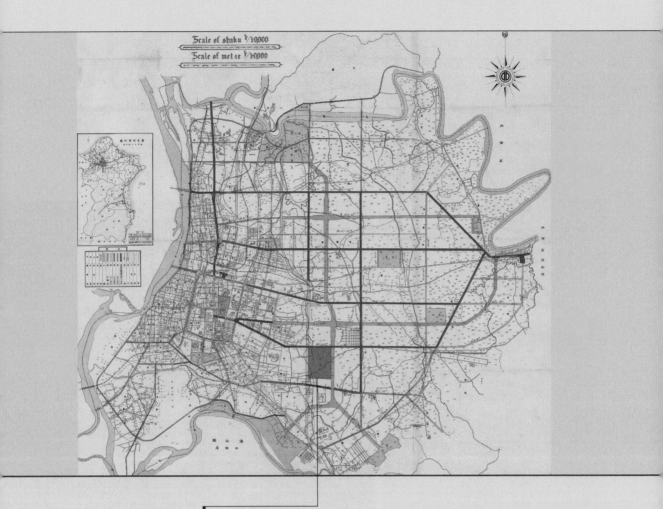

公園號次：七
開園時間：1994 年
公園名稱：大安森林公園
開闢面積：25.94 公頃
園內設施：生態池、音樂臺、水池、溜冰場、籃球場、
　　　　　運動設施等，指定為大安區「防災公園」
地點：新生南路、信義路、建國南路、和平東路所圍之地

大安森林公園

原是 1932 年都市計畫的「公七」公園預定地的大安森林公園，位於今大安區信義路二段、新生南路二段、和平東路二段與建國南路二段，大致在臺北市核心偏南之地。東側的建國南北高架道路下方平時是停車場，假日則轉為建國假日花市，南側可達溫羅汀商圈與臺灣師範大學、臺灣大學文教區，西側鄰近永康商圈，北側有捷運站出口與住宅區。現今大安森林公園周邊蓋滿了豪華住宅大廈。

圖 3.6.2　大安森林公園位置圖示。底圖：Google Earth

農地間僅見散村

清治時期，「公七」公園預定地的範圍多為農地，有第一霧裡薛支線的分流從東南往西北貫穿公園預定地，東北角落（今建國南路二段與信義路二段交點）則有林姓、蘇姓與周姓聚落，早年治安不好，為防盜，聚落外圍密植莿竹或樹林圍繞，故名「柴竹圍」；敷地東側中間的聚落稱「下塊黃」，是大安黃姓三大聚落之一。

日治時期，此地屬大安，1921 年「日治二萬五千分之一地形圖」西側才見到有少數農家居住其間，公園預定地下方（今和平東路二段）是炭礦用台車軌道。1932 年「大臺北市區計畫」中規

圖 3.6.1　綠色是大安森林公園位於日治時期興建的特第一號線排水溝旁。底圖：1939 年瑠公水利組合區域圖

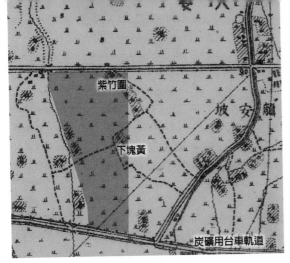

圖 3.6.3　綠色是七號公園預定地範圍。
底圖：1921 年日治二萬五千分之一地形圖

圖 3.6.4　信義路二段（直）、新生南路一段（橫）與七號公園預定地內的（右上三層樓建築）國際學舍。

劃為「公七」公園預定地，後因戰爭並未興建。

二次大戰後各方盤踞、軍民混居的大熔爐

戰後，「公七」公園預定地被來自中國的政治移民與軍方單位長期佔用。1958 年「一千二百分之一台北市地形圖」中顯示，此地有臺北市國民兵訓練部、兵工學校印刷所、體育館，美軍工兵駐地、國際學舍、萬善塔（日人納骨塔）、憲兵新南營區[1]、國防部軍中播音總隊漢聲電臺、國防部新南倉庫、聯勤將官宿舍、空軍通訓大隊與倉庫、空軍汽車修理廠、空軍印刷廠、陸軍岳廬新村、空軍建華新村、大安區民眾服務站、大安區衛生所、龍崗營區、再興小學（1967 年「臺北市街圖」）、師範學院宿舍、基督教堂、大小廟宇 10 多間、釣蝦場、炭烤店、大型汽車修理場、垃圾回收場，共 2,039 間房屋。

公園預定地內的房屋三分之二以上是違章建築，居民超過 12,000 人，是軍民混居的大熔爐、生活品質低劣、治安與公共安全堪憂。而且此地與國防軍事相關，屬於敏感地區，使興建公園的複雜度增加。

多功能性的國際學舍

1956 年的都市計畫，將此地劃設為「七號公園預定地」。然而，1955 年 11 月 3 日，政府卻在信義路與新生南路一段交點動工興建「國際學舍」，如此帶頭挪用公園預定地的做法令人不解。

臺北市國際學舍協會成立於 1952 年 11 月，由吳幼林（首任理事長）、蔣緯國、高玉樹等中外人士多人所組織，隸屬紐約國際學舍協會，是以學生為中心的國際性組織，目的是增進各種不同國籍學生間的友誼與了解，讓當地與外來學生在課餘時間從事有益的活動，並提供僑生與外國學生住處。三層樓建築的國際學生中心，內有辦公室、大廳、接待室、遊藝室、圖書館、餐廳、廚房、宿舍等，學生宿舍可住 100 名學生，餐廳可供 500 至 1,000 人的宴席。旁邊可容納 1,000 多人的體育館內，有籃球場、網球場、排球場、羽毛球場、機械操等設備，也可放映電影、演話劇與演講；屋外還有游泳池，籃球場，網球場等設施。

國際學舍是一個多功能性、多元化的場所。1956 年，世界大提琴泰斗帕特高爾斯基曾在國際學舍舉行演奏會；民航空運公司慶祝創立十周年紀念活動、名聲樂家鄭秀玲的個人演唱會與臺北扶輪社的慈善舞會都在此舉行。另外，還有僑委會舉行僑生新春聯會、全國圖書雜誌展覽等。

體育館與公園之爭

1974 年 5 月，行政院函告臺北市政府速規

---

1. 面積佔「公七」公園預定地的五分之一，有大型餐廳、辦公室、大操場、噴水池、障礙教練場、大型停車場等。

劃大安公園，市府卻因時代因素與財政困難而延宕。1982年建國高架道路通車後，從高處俯看，「七號公園預定地」內的違建群實有礙市景。1984年為順應都市發展需求，再度提起興建公園之議。在市中心開闢七號公園，基本上是因應社會需求壓力。1988年1月，市長許水德指示：**「因公園為市民休閒生活的重點，一定要優先處理，所以所有屆期的公園預定地將全部徵收，以便明年起逐年依計畫開闢公園。」**1932年「大臺北市區計畫」中的「公七」、「公十四」、「公十五」公園預定地皆包括在內。

從1988年7月至1990年6月，吳伯雄擔任臺北市長任內加速開闢公園的腳步。臺北市政府趕在1988年9月5日公共設施保留地最後保留期限前，將市區內被列為公共設施保留地的272個公園預定地全部徵收，是迫於時限不得不然的決議。市長吳伯雄曾編列預算提出興建體育館的構想，體育界人士支持在市區內興建體育館以振興體育。然而，環保人士、學者與多數的居民則表示反對，認為在都市中應該留下一處可以呼吸的地方，在多次體育館與生態公園間的辯證與公聽會的社會抗爭後，1989年3月21日臺北市政府第505次市政會議上，隨民意政策轉向同意以森林型態開闢、留下綠地空間供市民休憩之用。

難解的違建戶問題

據1958年5月2日《聯合報》「市違建屋分布詳情」所載：「七號公園預定地」內（原）信義路三段56巷468間、信義路三段78巷186間、新生南路二段空軍宿舍582間、新生南路二段單號34間、和平東路二段單號56間（含侵佔計畫道路），總共1,326間違建戶，其中空軍宿舍有582間佔43.89%，可說是預定地最大的佔用戶，這是時代背景，以及政府長期忽視都市景觀與市民的休閒權利之結果。

「七號公園預定地」內的違建拆遷戶可分為三類。1964年以前劃為舊違建，發給房屋處理費、人口搬遷費與拆遷獎勵金；1964年至1988年7月，歸為新違建，政府特別修法給予補償費、人口搬遷費與拆遷獎勵金；1988年7月後的新建物，仍發給其他項目的補償金。市府同時興建南港一號公園南側國宅，專案安置拆遷戶，同時將西側保護區內的土地納入公園用地，此即「擬變更南港一號公園及其附近地區都市計畫案」[2]，拆遷戶的補償費在當時已是破紀錄的高金額。

然而，南港一號公園南側國宅專案，乃是將公園用地變更為專案國宅用地，雖說南港一號公園位處郊區，居民對公園的需求遠不及市中心對公園的期盼，但這種挖東牆補西牆的做法其實是本末倒置，臺北市公園的總面積仍減少。

國防部出手，軍方安置問題迎刃而解

由國防部負責的軍眷戶安置則較為複雜。原空軍建華新村、陸軍岳廬新村共計529戶，國防部原本計畫遷至婦聯四、五、六村，但遲遲無法提出妥善計畫，軍眷戶甚至有集體遷村回廈門海滄定居的打算。而憲兵新南營區以維護總統安全勤務需要、覓地安置不易為由，要求工務局於總統府5公里範圍內找尋4.8公頃的土地加以安置，方同意搬遷。

1991年9月10日，市長黃大洲要求國防部協助解決，經行政院長郝柏村在會報中即刻要求國防部儘快找地方將軍營遷出，後經陸軍中將轉任文職的工務局長潘禮門邀集國防部眷管處、陸總、海總、空總、聯勤總部、憲兵司令部等單位進行協調，軍方始答應協助遷移。1992年，國防部和臺北市政府初步達成協議，設法在新建的婦聯四、五、六村國宅撥出529戶供安置岳廬、建華二新村的現住戶，平息了拆遷戶的請願抗爭。

「七號公園預定地」分屬私人用地、國有無償撥用土地、國有有償抵稅土地、國有有償撥用土地、省有無償撥用土地、未登錄土地、市有地等。市有地與私有地皆已於1988年徵收[3]。軍方土地方面，1992年5月行政院核示軍方列管土地由無償撥用改為有償撥用[4]，解決了土地問題，公園預定地內的地上物於1992年間全部拆除。

1992 年 4 月 1 日，公園處先行拆除國際學舍、餐廳等建築物，15 日拆除新生南路二段 69 巷至 77 巷所圍的 63 間民房，含新生南路二段 73 巷左側約一百坪的兩層喜美汽車保修廠、火鍋店、租車行，與二段 71 號已有一百多年歷史的曾姓「仁德堂」三合院紅磚造古厝。曾姓居民曾要求市政府在七號公園內保留古厝，未來可供人參觀，但未獲市政府同意。另外建國南路二段 236 巷 19 弄 15 號百年的黃姓三合院古厝（「下塊黃」）也被拆除，公園處以古厝已破舊不堪、無經費修繕、將來維護有困難為由，表示非拆不可。1992 年 6 月 1 日開始拆除新南營區的營房，空軍岳廬新村與建華新村也陸續拆除，11 月 8 日七號公園預定地的地上物全數拆除完畢。

觀音像陷入凡人的宗教戰爭

未料 1992 年動工興建期間，又發生觀音像遷移事件。預定地上由雕塑家楊英風先生塑造的一座「觀音像」的去留，引發新生南路上其他教派反對。最後臺北市政府工務局決議將觀音像視為不具宗教意義的藝術品加以保留，並在塑像前植草皮，周遭種植喬木，且禁止民眾膜拜等消弭宗教氣息，才結束了這場宗教戰爭，而留下來的「觀音像」，遂成為公園與過往歷史的唯一連結。

圖 3.6.6　許多人見到觀音佛像還是會合十默禱
（2017.03 林芬郁／攝）

趕在選舉前，泥濘中開幕的大安森林公園

解嚴後，市政府雖深知市民集體消費的公共設施嚴重不足，決意拆除違建闢建公園。然而在時代變遷中，七號公園預定地上的社會網絡已趨複雜化，公園設計與空間形塑過程更顯現解嚴後市民意識抬頭，在市民團體與市政府的不同意見拉扯間，大安森林公園終於在行政院指派的末任臺北市市長黃大洲任內完成，為競選連任之故，於 1994 年 3 月 29 日倉促的在一片泥濘中部分開幕。

圖 3.6.5　拆除前的「公七」公園預定地。底圖：1991 年航照影像

2. 1991 年 4 月 26 日內政部臺內營字第 914466 號函核定，臺北市政府府工二字第 80030940 號函公告實施。

3. 1988 年 4 月 29 日臺內地字第 593421 號函核准，同年 10 月 28 日北市第四字第 49400 號函公告執行。

4. 行政院院臺財產二字第 81009584 號函、8100870 號函核示。

大安森林公園以「森林化」為公園本質，全園以樹林、草地、灌木構成，自然型態的人工水池調節溼度，以接近森林生態。全園區劃為帶狀樹林區、密林區、榕樹林區、中國山水園林區、都市美化示範植物園區、兒童遊戲區、窗景區、露天音樂臺區、自行車、溜滑板道和活動廣場、地下停車場等設施。

螢火蟲復育地

2015 年起，財團法人大安森林公園之友會以文山區仙跡岩山腳下復育螢火蟲成功的經驗，與臺灣大學昆蟲系、臺北市公園路燈工程管理處合作，利用生態工法、栽種原生植物復育螢火蟲，讓消失匿跡 24 年的螢火蟲再次回到都市裡。億光電子工業公司特意製造偏紅長波 590nm 的 LED 路燈，以減少對螢火蟲的傷害。2016 年 1 月在音樂臺後方，經學者專家集以生態工法打造一生態池，冀望生態池能自我集水、循環、保水、維持水體穩定，成為螢火蟲復育地，並重現溼地的原生植物林相。在都市中心復育螢火蟲成功的經驗，讓臺北市取得 2017 年 4 月「螢火蟲國際年會」的主辦權。

* * *

「公七」公園預定地原是農地，1932 年規劃為「公七」公園預定地，戰後成為軍民混居的區域，1992 年開始拆除地上物。公園規劃期間，社會各界的參與打破以往「由上對下」的模式。1994 年「大安森林公園」開園，但是「綠色縉紳化」的問題隨之而起，這似乎是所有大城市都會面臨的社會經濟問題。我們樂見大安森林公園成為市民可親近的公園綠地，不僅供市中心居民享用，捷運淡水信義線的「大安森林公園站」提高了公園的易達性，使非居住在附近的市民也能前來休憩。而螢火蟲復育成功的經驗，除了讓臺灣在世界發光外，更證明了公園用地就該單純做為公園使用，不得增建其他公共建築物，以免破壞生態環境。

有待進化的文化資產思維

大安森林公園讓繁忙的都市人在車水馬龍中有一處可以稍微歇息之地。然而，位於原新生南路二段 71 號的「仁德堂」在興建公園時被拆，令人惋惜。這座曾姓家族已居住數代的百年古厝，其實可以現地保存在公園內，以增添公園的教育功能。儘管臺灣在 1984 年已制定文化資產保存法，但「仁德堂」的案例顯示，連政府官員都缺乏保存的觀念，更遑論民間。若當時有「文化恐怖份子」挺身護屋，可能連官員口中「破舊不堪」的黃厝都可保留下來，修復後供民眾參觀。

然而事過境遷近 30 年後，臺北市對於文化資產的意識是否已進入 21 世紀的思維呢？由三井物產株式會社舊倉庫與新北投車站的文資案看來，北市府仍以妨礙交通為由將之移築。在拆遷過程中，三井物產株式會社舊倉庫發生山牆無法組回的憾事，新北投車站則是遷移時技術不當，造成磚瓦、木料毀損，加上重組位置偏離原址，且施工不良，成為七星公園的新涼亭。「新」新北投車站僅使用約三成舊木料，剩下來珍貴的原木料，北市府竟說要做為文創商品販售，這等「文化創傷」思維，令人匪夷所思。

當今文化資產保存已成為國際的普世價值，期盼文化資產保存概念深入民心，讓文化做為一種價值、一種認知，能有更多的市民挺身而出，與文化資產保存團體一同捍衛城市文化，從社會運動過程中逐漸塑造「集體認同」，提升國民文化觀念。

---

5. 棕地：指廢棄的工廠遷移後，留存危險物質、汙染物、汙染源存在或可能存在的廢棄工廠，讓再開發或再利用變得複雜的土地，稱為「棕地」。
6. 「環境正義」與「社會正義」：國家經長年的發展，因不平等或不公平的社會架構、制度、關係下產生城鄉的「發展差距」、國民間的「收入差距」等，可能危及社會秩序或國家穩定性。因此應滿足不同人群的不同需求下，以公平的原則分配國家資源，對於因自然或社會環境導致財務困境的地區給予額外的資源，以達到社會正義。

新生南路的「瑠公圳」？？？

臺北市長馬英九、郝龍斌都曾想過要打開新生南路的「瑠公圳」，而繼任的柯文哲市長在 2015 年到南韓首爾清溪川考察後，也考慮將瑠公圳「挖出」重現。首先復育臺大校園內的舊水圳支流，沿著新生南路臺大校門、龍安國小到大安森林公園的生態池，打造一條瑠公圳水道。

但這三位市長其實都在「指鹿為馬」，因為

今日的新生南路並非瑠公圳，而是 1937 年興建自東門至富田町的特第一號路線道路，長 1,800 公尺、幅員 47 公尺。1938 年至 1942 年開鑿明溝式的特第一號路線排水溝，專排放雨水用。此排水溝又稱「堀川」，也就是今天的新生南、北路，寬 3 至 10 公尺不等兩旁種植垂柳，昔稱「堀川通」。（見圖 3.6.1）

圖 3.6.7　特第一號路線排水溝，道路中央是排水溝，有木橋供行人通行（臺北市土木課編輯（1943），《臺北市土木要覽 昭和十七年版》，- 臺北：臺北市役所）

圖 3.6.8　特第一號路線排水溝，遠方為劍潭山（臺北市役所（1940），《昭和十五年版臺北市概況》，臺北：臺北市役所）

都市公園的「綠色縉紳化（Green Gentrification）」

縉紳化（gentrification）係都市發展下可能產生的現象，是指一個原是低收入戶聚居的舊社區，經過重建或改造後，地價與租金提高，並吸引較高收入的中產階級遷入，導致原居住的低收入戶被迫遷移到較偏遠地區的現象，例如紐約市蘇活區（Soho）就是最典型的例子。而綠色縉紳化（green gentrification）或「生態學縉紳化（ecological gentrification）」意指公共空間的綠色環境規劃與自然治理，導致社會經濟弱勢者遭到排擠、階級替換的過程。

1960 年代興起的「環境正義運動（Environmental Justice Movement）」，呼籲保護自然環境、自然共處和諧生活與多面向關懷的社會生態運動。以美國為例，美國許多都市利用「棕

地」（brownfields）[5]、善用廢鐵道、後巷、街道、公共設施等，綠化後成為都市綠地基礎設施，供行人散步、騎自行車、運動、遊憩與社交等，這些設施提供居民微量運動場地，以增加體能活動。都市中大型都心公園，或經都市再生所產生的新型態綠空間，誠然都市公園為居民帶來優質的生活環境，卻導致房價提高、附近地價上漲，引發環境縉紳化（environmental gentrification）、生態學縉紳化或綠色縉紳化的「環境正義」與「社會正義」[6]的都市新議題。紐約市利用廢棄鐵道闢建的 The High Line，就是綠色縉紳化的案例。

The High Line 原是 1929 年為振興曼哈頓西南側經濟興建的高架鐵道，可直接通往工廠與倉

庫。隨公路運輸日漸興盛，鐵道運輸每況愈下，1980 年全線停駛，1999 年鐵道面臨拆除危機，當地居民 Joshua David 和 Robert Hammond 創立了「高線之友」（Friends of the High Line）的非營利性組織，說服政府留下鐵道，並將其再利用轉化成「空中綠道」（aerial greenway），現在 The High Line 成為全紐約市最受歡迎的景點，每年吸引百萬人來參觀，引來各種鳥類、昆蟲與小動物，也成為舉世聞名的觀光鐵道改造的經典範例。

The High Line 成功改變破舊窮困的工業區，成為都市中適宜居住且迷人的地區，是否已明顯產生生態學縉紳化、綠色縉紳化、環境縉紳化了呢？ 據 New York City Economic Development Corporation 發現，2003 年至 2011 年經濟不景氣期間，The High Line 旁邊的地產價值依然有上漲 103% 的實際案例。顯然 The High Line 的生態現代化（ecological modernization）造成房地產增值。過去很多重要的公園計畫，包括紐約市的中央公園（Central Park），都使得附近地價上漲與發展機會增加，卻迫使窮人搬到環境更差的地區，這種綠色縉紳化已然引發了「環境正義」與「社會正義（social justice）」問題。

目光拉回到臺北市大安森林公園，興建過程中欣見以公民討論、辯證的方式，達成「由下而上」公園設計的改造運動。市民雖從市政府的手中取得空間建構權，但「公七」公園預定地違建拆除後，即使在房地產不景氣下，附近的房價不跌反漲。大安森林公園開幕後，遂成為房地產預售屋的最熱門宣傳賣點，如同其他國家大城市中的大型都心公園情況，大安森林公園周邊的房地產價格也隨之飆漲，公園闢建以來，周遭房價走高，無可避免地走上典型的公園綠地高級住宅集結區之路，顯現產生「綠色縉紳化」的現象，只有高收入的市民買得起豪宅、享受得到這樣的優質生活環境。

反綠色縉紳化（Anti- Green Gentrification）策略

現今在新自由主義下，都市開發形成不平等的社會與居住環境空間。政府開闢道路、公園系統等公共設施，卻造成周邊土地增值、地主獲利、貧富差距擴大的惡性循環，現行制度只能要求不動產開發行為要回饋，並收取公共設施「受益費」。

1980 年代後許多城市開始將「自然」與都市地景連結，努力制定新制度創造新的綠地空間（green space），除改善居住環境外，還鼓勵都市農業、社區花園或綠化零散的小空地，可做為低收入戶的食物來源，增加工作機會與增進市民健康。這種從下而上的都市綠空間策略，在政府與社區合作下，當可促進市民健康、改善環境品質與社會正義。都市綠地空間計畫需要有更多環境保護迴路政策以保護社區，或許可成為「反縉紳化」的策略。

左·圖 3.6.9
The High line 旁有許多著名建築師設計的建築物（2013.03.林芬郁／攝）

右·圖 3.6.10
The High Line 上保留的鐵道遺跡（2013.03.林芬郁／攝）

第七章 新店溪浮覆地誕生了中正河濱公園（公十一）

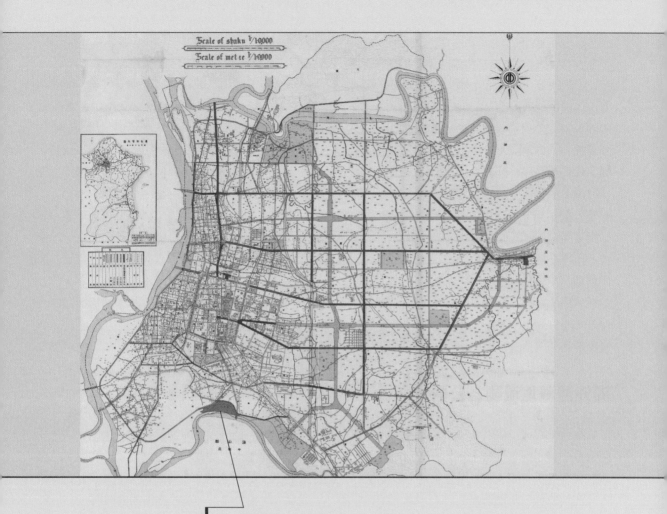

公園號次：十一
開園時間：1985 年
公園名稱：中正河濱公園
開闢面積：13.75 公頃
園內設施：河濱公園、網球場、壘球場等運動設施
地點：水源快速道路與新店溪所圍地區

中正河濱公園

位於新店溪畔，中正橋至馬場町河濱公園間的中正河濱公園，是1932年「大臺北市區計畫」中的「公十一」公園預定地。中正河濱公園坐落在臺北市的西南隅，今中正區水源快速道路下、堤防外側靠新店溪畔之地。東側以中正橋墩與古亭河濱公園相隔，南臨新店溪，西邊則與馬場町紀念公園相連，走出馬場疏散門外，青年路右側則是青年公園，北側為水源快速道路與住宅區。

此處遠離塵囂、景色秀麗，且交通便利，河岸邊環河步道沿途設有270個座椅，園內還有10座網球場、2座籃球場、8座羽球場、1座溜冰場，以及3,835公尺的園路，是青少年、親子運動、慢跑等最佳的運動場所。

堤外河灘地規劃為公園

臺北市有大漢溪、新店溪、基隆河，三河流匯合成為淡水河。「公十一」公園預定地因位於新店溪畔受新店溪水流、河道改變的影響極大。

清治時期，此地屬臺北府淡水縣加蚋仔莊與崁頂莊，為瀕臨新店河畔之地。河流提供居民用水、農業灌溉、水路交通，對於河流的洪患採「順水勢而為」的治理態度。

日治時期，此處1901年起隸屬臺北廳加蚋仔庄、崁頂庄。1900年日本政府將水患防治納入「市區改正」。1912年成立河川調查委員會，次年開始興建大稻埕堤防，以「線性式」方式（築堤防）整治河川，開啟高水位治導工程。新店溪方面，1911年至1913年興築「支川新店溪川端町馬場町護岸及堤防」，1918年興建川端堤防。據1919年「臺北市街全圖」因新店溪河域改變，有一半土地沒入溪中，靠陸地部分築有護岸，左側是臺北練兵場。

1920年此處改制為臺北州臺北市加蚋子、崁頂大字[1]。由1921年「日治二萬五千分之一地形圖」得知，新店溪河道侵奪陸地、由中貫穿，將此處分為小部分陸地與一浮覆地。1922年，「公十一」公園預定地東側屬川端町，西側屬馬場町。1927年興建馬場堤防。

1931年至1932年間，陸續增建堤防，但都只是局部防治洪水措施，缺乏整體治水概念。1932年「大臺北市區計畫」規劃為「公十一」公園預定地，後因戰爭，公園並未興建。1935年至1937年間，公園預定地東側興建川端橋（今中正橋）通往海山郡中和庄（今新北市永和區）。西側的臺北練兵場則於1944年改建為「臺北南飛行場」（南機場），為一座簡易軍機場。

戰後，陸化的浮覆地開闢為河濱公園

1952年「臺北市街道詳細圖」可見新店溪邊建有土堤，1956年「臺北市都市計畫道路系統圖」中此地仍為「公十一」公園預定地。由1958年「一千二百分之一台北市地形圖」中明顯可見「公十一」公園預定地內除有農地、螢橋游泳池、碎石廠、汽車教練場外，還增加許多違章建築，在今水源路與中華路二段交點的土堤外還有一河北新村。新店溪在此時曾貫穿而過，將公園預定地一分為二。

二戰後至1960年代間，中華民國政府忙於鞏固政權，除防空疏散的聯外道路，與延續日治時期的築堤與疏洪工程外，忽視基礎公共設施與

圖3.7.1　綠框是1958年「公十一」公園預定地。
底圖：1958年航測影像

國民需求。1960 年臺灣省水利局進行防洪規劃調查，1962 年成立「臺北地區河川防洪計畫審核小組」進行「淡水河治本計畫」。1960 年代後，臺北市採取高堤圍堵式治水方式，高大的堤防阻斷市民與河岸的關係，高堤外的河岸遂成為非法工廠、違建、廢棄物傾置處的城市邊陲，也是犯罪、自殺、治安堪慮的幽暗地景。

1961 年，開始有將水岸新生地轉化為「河濱公園」的構想。是年 5 月 20 日至 6 月 5 日，臺北市發動龍山、雙園（今萬華區）、延平、建成、大同（今大同區）、城中（今中正區）等國民義務勞動，整理淡水河堤岸。據《聯合報》報導，市長黃啟瑞認為淡水河環境優美，計畫於整理後將鋪裝道路、種植花木、設置座椅，建成一河濱公園。開闢後的淡水河第二水門外的河濱公園（今龍山河濱公園、延平河濱公園），是臺灣第一座河濱公園。這時期的河濱公園興建除防堵洪患外，兼消除違建戶與淨化（purification）、綠化都市邊緣的治安隱憂。

1963 年「臺北市舊航照影像」顯示，「公十一」公園預定地中靠陸地部分的河川地逐漸陸化，至 1967 年時已幾乎完全陸化了，並蓋滿違章建築。公園預定地的東北側（今水源路近重慶南路三段處）設有一汽車教練場（1972 年又擴建），而河北新村已拆除。

1980 年代以降急遽都市化，居民的休憩空間捉襟見肘，1983 年臺北市政府計畫逐步收回公有河川地，開闢為河濱公園提供民眾休憩。「公十一」公園預定地於 1985 年闢建為中正河濱公園。但高大的堤防阻隔了民眾親水的距離，又因屬行水區，公園內僅有運動設施與停車場，炎炎夏日缺少遮陽之處，艷陽下少有人使用。

河濱公園為「行水區」，無法取代「公園」

北市府沿河興建堤防與擋水牆後，臺北市四周都被高大的水泥堤防所包圍，破壞市容觀瞻。1991 年市長黃大洲要求公園處路燈工程管理處，對行人陸橋、人行地下道進出口、高架橋、堤防、防洪牆，與大橋引道、邊坡等作「立體化」綠化，並成立「綠化專案」，加強綠化、美化，另外，特別加強中正河濱公園等綠化，使河濱公園成為綠草如茵、景色宜人的休閒好去處。

然而，河濱公園無法取代堤防內的都市公園，因河濱公園旁的巨高堤防不僅隔絕居民的親水性，也降低了使用率。平日來此地的多是附近居民，只有例假日時才有較多的外地市民來此休憩。

河濱公園雖名為「公園」，但是法令上卻是「行水區」，意即堤防外的河濱公園平時供市民休憩，颱風季或暴雨期則是疏洪的河道用途，有臨時性、多功能的使用認定，又有可各自定義的模糊性。因此河濱公園定義上混亂，用途上隨時間（平日、假日、颱風日、暴雨日）、空間（休憩地、行水區）改變，可說是「定義不明」的公園。

2015 年 8 月 8 日蘇迪勒颱風侵臺後，據臺北市政府市政新聞稿「颱風重創河濱公園北市府加速清理」載：「**蘇迪勒颱風造成臺北市河水暴漲，29 個河濱公園全數遭洪水吞沒……因淤積嚴重，無法立即清理完畢，市政府提醒民眾請不要進入，以免發生危險。**」由此新聞說明了颱風來襲時河濱公園是行水區，颱風過後因泥沙淤積嚴重導致無法使用之實。

---

1. 1920 年行政區劃改制，將街庄社鄉改為大字，後來到了 1926 年又將臺北市的部分「大字」改為町名。

圖 3.7.2　綠框是 1974 年「公十一」公園預定地。
底圖：1974 年臺北市舊航照影像

圖 3.7.3　中正河濱公園。底圖：2015 年南區航測影像

經作者實地踏查，風和日麗的周末早晨（2017年3月至5月），許多租賃U-bike的市民到美堤、大佳、古亭與馬場町河濱公園或騎車，或與三五好友一起野餐；又經訪談居住在研究區內的友人，有開車、騎自行車、走路或搭捷運到河濱公園散步、親子同樂等，可見這些遊客都非在地居民，只有在假日才有時間到此從事休閒活動，又因距離居住地較遠，只能自行開車、搭捷運或公車、騎自行車或租U-bike騎過來，皆說明了河濱公園可及性不高的原因。

圖3.7.4　位於堤防外的中正河濱公園阻隔了民眾親水的距離（2017.05 林芬郁／攝）

專欄

川端橋登錄為臺北歷史建築

日治時期，臺北市有四大名橋，臺北橋、昭和橋（今光復橋），明治橋（今中山橋）與川端橋（今中正橋）。其中臺北橋、昭和橋改建，明治橋於2003年被拆除後，中正橋（川端橋）幸於2015年9月1日被登錄為臺北市歷史建築，留住日治遺痕。

明治橋（舊中山橋）於2003年初，在臺北市文化局局長龍應台任內被拆除。擁有85年歷史，承載著活生生、美好集體城市記憶的橋體被拆成435塊。2004年1月5日，文化局才將明治橋登錄為「歷史建築」，顯然完全違反文資法的指定程序。現在仍躺在再春游泳池舊址的中山橋「屍塊」，原擬重組於城市博物館聚落中，後因北市府認為以11億巨資建城市博物館聚落太過昂貴而作罷，而舊中山橋將遷移何處，目前仍未定論，重組之日遙遙無期。

跨越新店溪的川端橋，於1935年6月興建、1937年3月通車。橋體為鋼筋混凝土、橋墩為雙柱式拱型基腳與以鉚釘連接的鋼板橋面，橋樑長300餘公尺，寬520公尺，連絡臺北市川端町（今臺北市重慶南路三段）與海山郡中和庄（今新北市永和區）。壯麗的川端橋竣工後，與風景明媚的新店溪相互輝映，川端町河畔向來是納涼觀月的好場所，炎炎夏日有游泳池，還可在新店溪上泛舟，因此河邊青樓旗亭散佈。川端橋附近為臺北市的園藝作物種植中心，是四季繁花盛開的賞花遊樂之地。

1945年更名為中正橋。1960至1970年代，因車流量日益增加，中正橋的橋體曾擴建與加長橋面，形成「老背少」。2014年臺北市政府以中正橋耐震係數和防洪高度已不符現有標準為由擬拆除重建，此際有民眾提出文化資產鑑定，文資委員認為中正橋和川端橋已合而為一，保留了日治時期的建築技術，是臺北市土木橋樑史的重要見證，極具歷史價值，應將橋體保存不要拆除。

圖3.7.5　1961年6月中旬拓寬前中正橋（原川端橋）

第八章　西區邊陲的綠空間：玉泉公園（公十三）

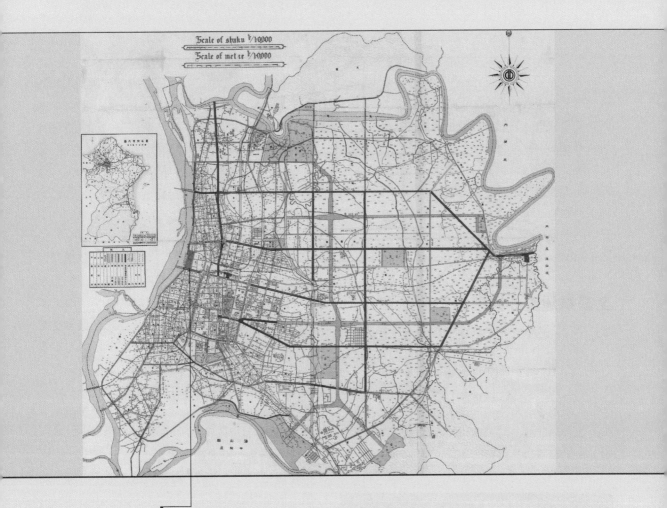

公園號次：十三

開園時間：1994 年

公園名稱：玉泉公園

開闢面積：1.93 公頃

園內設施：兒童遊具、溫水游泳池、停車場（指定為大同區防災公園）

地點：環河北路、長安西路、西寧北路、忠孝西路所圍之地

玉泉公園

今日玉泉公園的所在地，即是 1932 年「大臺北市區計畫」中「公十三」公園預定地，坐落在臺北市舊市區的西隅邊陲地，範圍大致在今大同區長安西路、環河北路、忠孝西路二段與西寧北路間。東側是臺鐵的宿舍群，南邊是洛陽停車場與住宅區，西邊隔著環河北路一段靠堤防邊有忠孝抽水站，堤防外是延平河濱公園，北面鄰長安西路。1937 年公告實施的「公十三」公園預定地，因已戰爭而未興建。

全臺鐵道重心與泉町官舍區

「公十三」公園預定地的地景、建物的變遷，一直以來都與鐵道、貨物運輸發展息息相關。清治時期，此地為臺北舊城北門附近溝渠流入淡水河的交界地帶，是淡水河進入臺北城內的水運終點，也是臺北城內溝渠的起點，因而稱為「河溝頭」，是當時臺北重要的港口。附近的聚落稱為

「河溝頭街」（今忠孝西路二段至鄭州路間的西寧北路東側之地）。1886 年，河溝頭街設置機器局（今忠孝西路二段與塔城街交點），負責槍砲維修、彈藥生產。1891 年於河溝頭街東側設有「臺北火車票房」（今中興醫院附近）。由 1895 年「臺北及大稻埕艋舺略圖」可知，「公十三」公園預定地上設有伐木局，貨物可直接運上火車。

1895 年，日本陸軍接收機器局作為砲兵工廠，改稱「臺北砲兵工廠」。又因清代時機器局也兼具工廠功能，可維修蒸氣機關車、車輛與鐵道鋪設工程之所需。1899 年 12 月 22 日，鐵道部請求陸軍將臺北砲兵工廠敷地、建物與機械轉讓給鐵道部使用[1]。後經臺灣總督府與日本陸軍省軍務局交涉，1900 年 10 月 22 日，將臺北砲兵工廠的土地與建物移交臺灣總督府民政部，10 月 25 日民政部領受臺北砲兵工廠所屬土地與機械設備[2]，復於翌年 6 月 28 日移交給總督府鐵道部[3]，之後改稱為「臺北鐵道工場」。1935 年 10 月 30 日遷移至松山，仍稱「臺北鐵道工場」，戰後改稱「臺北機廠」。

「臺北鐵道工場」北側有大稻埕停車場，加上鐵道迅速發展，因此北門外這區域逐漸成為全臺鐵道重心。1918 年興建鐵道部廳舍，北側與西側則興建鐵道部各職等職員與眷屬的宿舍區（位於今塔城街與忠孝西路二段交點處），又稱「泉町官舍區」，共計 166 間。

日治時期，河溝頭街東側的「臺北火車票房」改稱為「臺北停車場」，但 1901 年 8 月 25 日又遷移至新建的臺北驛（正對著館前路的舊臺北車站），辦理客貨運。原址則改設「淡水河岸貨物取扱所」[4]，1902 年 2 月 1 日改稱「大稻埕乘降場」[5]，同年 6 月 1 日再改稱「大稻埕停車場」[6]，辦理客貨業務。1915 年 8 月 17 日起，大稻埕停車場的客運業務移轉到北門乘降場[7]，而貨運業務則在 1937 年 12 月 1 日轉移至新設的樺山驛[8]。

圖 3.8.1　玉泉公園位置圖。底圖：Google Earth

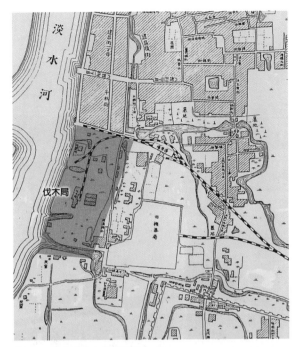

圖 3.8.2 綠色是公十三預定地。
底圖：1895 年臺北及大稻埕艋舺略圖

圖 3.8.3 綠色是公十三預定地。
底圖：1903 年最新實測臺北全圖

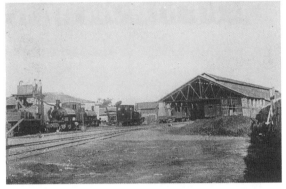

圖 3.8.4 日本領臺當時的臺北停車場（台湾総督府総督官房文書課（1908），《台湾写真帖》，台湾総督府総督官房文書課）

1. 「元臺北砲兵工廠敷地建物機械類鐵道部へ引繼一件書」，明治三十四年乙種永久保存第二十六卷，《臺灣總督府檔案》，國史館臺灣文獻館。

2. 「元臺北砲兵工廠敷地建物機械類鐵道部へ引繼一件書」，明治三十四年乙種永久保存第二十六卷，《臺灣總督府檔案》，國史館臺灣文獻館。

3. 「元臺北砲兵工廠敷地建物機械類鐵道部へ引繼一件書」，明治三十四年乙種永久保存第二十六卷，《臺灣總督府檔案》，國史館臺灣文獻館。

4. 臺灣總督府官報第 5450 號（明治 35 年 5 月 31 日），臺灣總督府告示第八十八號。

5. 臺灣總督府官報第 5579 號（明治 35 年 2 月 12 日），臺灣總督府告示第十六號。

6. 臺灣總督府官報第 5670 號（明治 35 年 8 月 31 日），臺灣總督府告示第六十二號。

7. 為便利至北投泡湯的旅客，淡水線除了已設置的圓山、士林、北投驛外，增設北門、大正街、雙連、宮ノ下、唭里岸乘降場。（資料來源：臺灣總督府官報第 909 號（大正 4 年 8 月 12 日），臺灣總督府告示第九十二號。）

8. 樺山驛：1937 年 12 月 1 日啟用，專辦貨運業務，同日起臺北驛改為運客專用車站，1949 年 5 月 1 日改稱「華山站」，1986 年 7 月 21 日因地鐵處施工而撤站，但是為建築材料運送等原由，仍保留部分卸車線與貨運場，稱為「華山車場」。

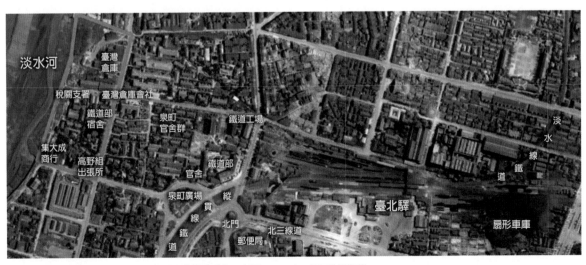

圖 3.8.5 綠框是公十三公園預定地位於全臺鐵道重心。底圖：19450617 美軍航照影像

稅關支署與臺灣倉庫株式會社

日治時期，大稻埕靠淡水河畔的「公十三」公園預定地主要做為鐵道部用地、倉庫、宿舍、伐木局，另外，還有外國領事館、三井物產會社支店等外國商館林立。德意志帝國先租用德籍商人馮巴特勒（Arthur von Butler）伯爵之地，後改租為買，於 1899 年設置第一個官方領事館「德意志帝國駐福爾摩沙淡水大稻埕領事館」（Deutsches Konsulat in Dadaocheng）。1908 年領事館關閉後，賣給日本政府，曾先後作為臺灣總督府醫學校校長官邸與海關辦公室。戰後建物拆除，於 1969 年興建忠孝國中。

而德國領事館旁的是淡水稅關大稻埕出張所，1907 年 8 月 28 日因興建新廳舍，暫借大稻埕建昌街一丁目 123 番戶民家辦公。翌年 4 月 23 日建築完工後，方遷回建昌街一丁目 3 番地的新廳舍繼續辦公。

1916 年淡水稅關大稻埕出張所升格為「稅關支署」，1927 年 6 月 21 日於泉町一丁目 7 番地動工興建總督府稅關廳舍，1928 年 2 月 20 日由總督官房營繕課設計、陳海沙施工，鋼筋混凝土、紅磚造、外貼北投產磁磚的二層樓廳舍竣工，是 1920 年代末期折衷主義設計風格之建築。二次大戰後由財政部關務署沿用其建築物，1991 年被拆除。

1916 年在臺灣銀行頭取柳生一義提倡、補助，與總督府民政官官下村宏推動下，以公辦民營方式成立「臺灣倉庫株式會社」，其臺北出張所則位於今鄭州路與西寧北路交點，倉庫株式會社成立的目的是為振興臺灣出口貿易，倉儲業務經營項目包括：一般倉庫業務、出租，私設保稅倉庫、暫置場、通關業務，受託物代販售、其他會社業務代理等，也因此倉庫株式會社設立在鐵道附近方便進出貨物。

至於今玉泉公園一旁的鄭州路 38 巷鐵道部宿舍群，以前曾是臺北市著名的牛肉麵店街，後因臺北市政府收購將進行車站周邊開發案，因此目前已拆除部分宿舍，其餘未拆除的部分因無人管理，顯得髒亂破舊，其中鐵道部長宿舍雖於

圖 3.8.6　總督府稅關廳舍（《臺灣建築會誌》（1929.09）第 1 輯第 4 號，無頁碼）

圖 3.8.7　臺灣倉庫株式會社臺北出張所會員（三卷俊夫（1936），《臺灣倉庫株式會社二十年史》，臺北：臺灣倉庫株式會社，無頁碼）

2007 年登錄為市定古蹟，但並沒有善加維護，任其破敗。

公園敷地一半變學校用地

由「公十三」公園預定地的歷史發展觀之，一半用地變更為學校，中間興建鄭州街、西邊開關環河南路後，僅剩下玉泉公園一小方綠地了。2000 年玉泉公園指定為大同區的「防災公園」。2004 年底北市府找出 11 個適合、安全的場地，貼上街舞標章，提供青少年前往盡情飆舞。11 個街舞場地為天母棒球場的棒球場售票處前廣場、士林官邸音樂台、田徑場大廳、臺北體育館大廳、中山區市民活動中心活動廣場、玉泉公園玉泉廣場、二二八和平公園音樂台、青年公園音樂台、大安森林公園兒童區小舞台、中山足球場靠中山北路二段迴廊，與大湖公園的水榭舞台。

德意志領事館

　　近年來，德國在臺協會向德國外交部調取資料，並與臺灣學者研究後，確定當年領事館的位置，即在臺北市忠孝國中西北角學校老師辦公室下面。之後德國在臺協會於此設置「德意志帝國駐臺灣大稻埕領事館」紀念牌，特別商請臺灣設計師重新繪製圖樣，2018 年 12 月 12 日舉行揭幕典禮。

　　然而，忠孝國中圍牆邊也矗立著由臺北市文獻委員會所設的「清大稻埕商埠」紀念碑，兩相比較，美感立見高低。

圖 3.8.8　德意志帝國駐福爾摩沙淡水大稻埕領事館（石川源一郎（1899），《台灣名所写真帖》，臺北：臺灣商報社。）

圖 3.8.9　淡水河畔外國領事館與外國商館林立，右一即是「德意志帝國駐臺灣大稻埕領事館」

1895-1908
德意志帝國駐臺灣大稻埕領事館
Kaiserlich-Deutsches Konsulat in Taiwan
Imperial German Consulate in Taiwan

圖 3.810　「德意志帝國駐臺灣大稻埕領事館」紀念牌（2019.03 林芬郁／攝）

圖 3.8.11　「清大稻埕商埠」紀念碑，後面圍牆上是「德意志帝國駐臺灣大稻埕領事館」紀念牌（2019.03 林芬郁／攝）

圖 3.8.12　綠框是「公十三」公園預定地。
底圖：1991 年臺北市航測影像

玉泉公園成為各方覬覦之地

2009 年，台電公司曾計畫在玉泉公園興建環河變電所，因附近居民揚言抗爭而作罷。2015年臺北市長柯文哲積極推動西區門戶計畫，其中「西區心願景・台北綠洲」中，欲將玉泉公園建為「跨堤公園」，即以名「人行藝廊」的空中步道，由洛陽停車場跨越忠孝橋引道、玉泉公園與河堤，讓市民可到堤外的淡水河與河濱公園。但2016 年 4 月柯市長曾以臺北市陸橋、地下道使用率低，且對殘障者屬非友善設施為由，批准通過拆除市內 18 座陸橋。而「台北綠洲」中卻計畫興建空中步道，這不是與柯市長力主拆天橋的政策不同調嗎？

再者，玉泉公園內立有一解說牌指出：因公園位處邊陲，使用率不高，在馬前市長推動「軸線翻轉、再造西區」政策下增建四季皆可使用的溫水游泳池，以吸引市民前來。公園使用率不高既成事實，是否有必要建「人行藝廊」就不言自明了。在此建議市府應鼓勵市民搭乘大眾運輸工具，再步行到玉泉公園，或過水門至淡水河邊運

動，而不是開車停在洛陽停車場，再走「人行藝廊」到達公園或河濱。

「台北綠洲」也計畫在公園內西南隅興建一座 102 公尺高的景觀塔，供市民眺望西區門戶整體格局。經現地調查後，在忠孝西路二段與環河北路交點處，即有一旋轉樓梯可直上忠孝橋人行道，可欣賞北門周邊景觀。再往前約 50 公尺處即可飽覽淡水河兩岸風光。

玉泉公園內綠地僅剩七成，實不宜再增加建築物，市政府既無興建「人行藝廊」與景觀塔之必要，也不應再破壞稀有可貴的綠地，否則就完全與「台北綠洲」的精神背道而馳，宜慎思而行。

詎料，2017 年佔地 2.75 公頃、容積 560％、位於忠孝西路、塔城街交叉口處的「台北車站特定專區 E1、E2」開發案，因臺北市都市計畫委員會認為開發量體過大，建議建物移至旁邊的玉泉公園。此舉引發市議員反彈，玉泉公園是大同區少數的大型公園，計畫在綠地上蓋大樓是荒謬至極之舉。工務局則說公園內有抽水站，底下又有捷運隧道，開發有難度，因而未通過審查案。

玉泉公園就如同一塊肥肉，各方虎視眈眈，覬覦算計如何將建築移入，但對極度缺乏綠地的大同區居民而言，它實實在在是當地珍貴的綠寶石啊！

圖3.8.13　「公十三」公園預定地範圍鳥瞰圖（2016.08 林芬郁／攝）

第九章　推土機下產生的林森公園與康樂公園
（公十四、公十五）

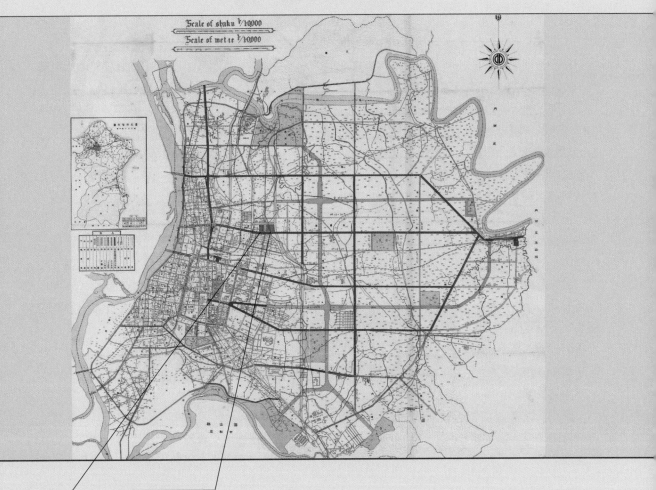

公園號次：十四

開園時間：1997 年

公園名稱：林森公園

開闢面積：2.93 公頃

園內設施：公園、兒童遊具、臺灣總督明石元二郎塋域鳥居、
　　　　　鐮田正威墓園鳥居、抽水站、停車場

地點：新生北路、南京東路一段、新生北路二段 28 巷、林森北路所圍之地

公園號次：十五

開園時間：1997 年

公園名稱：康樂公園

開闢面積：1.34 公頃

園內設施 ：公園

地點：南京東路一段、南京東路一段 31 巷、中山北路二段 39 巷、林森北路所圍之地

林森公園與康樂公園

日治時期位於三橋町二丁目和洋折衷式建築的「紅葉園」，是1933年大稻埕中藥商「乾元行」經營者陳茂通所興建的宅邸。「紅葉園」所在地，2017年5月4日都市更新案公告核定實施，7月13日關心文化資產保存人士申請「陳茂通宅」文資審議，經二次會勘後，同年10月18日文資審查會決議：建物不具文資身份。10月18日所有權人正大尼龍工業股份有限公司同意將「三板橋宅」（協商後命名）建物遷移到康樂公園「異地保存」，並捐贈給臺北市政府。

之後，臺北市政府都市更新處與文資團體、元大公司協調，取得合法建物部分採拆解、重建於康樂公園東側的共識。2018年5月「三板橋宅」拆解，但卻遭康樂里的里民反對，拆除下的建物暫時存放在正大尼龍廠房基地內，至今異地重組之事卻無消無息。

而「三板橋宅」原計畫移築至康樂公園，就是日治時期已公告但是未興建的「公十五」公園預定地。

林森公園（「公十四」公園）與康樂公園（「公十五」公園）

1932年「大臺北市區計畫」的「公十四」與「公十五」公園預定地，隔著20公尺的「40號」計畫道路相鄰，日治時期並未開闢；1995年市政府同時拆除違建戶闢建「公十四」公園（今林森公園）與「公十五」公園（今康樂公園），因此將一併討論這二座公園的發展始末。

林森公園（「公十四」公園）

面積2.93公頃的「公十四」公園預定地，位於今中山區新生北路二段28巷、新生北路二段、南京東路一段與林森北路所圍之範圍，隔著林森北路與康樂公園相望，約位於臺北市核心區的西北方。

1. 從農地到共同墓地

清治時期，此地屬三板橋庄[1]，多為農地，有第二霧裡薛支線流經。日治時期隸屬大加蚋堡三板橋，為日本人的共同墓地，但因疏於管理，於1897年12月募集資金後興建葬儀堂管理共同墓地。葬儀堂的完工日期不可考，根據《臺灣日日新報》的報導，1898年8月6日葬儀堂在颱風侵襲下毀壞，之後重建的新館於1907年6月8日舉行落成典禮。後遷移至今中山老人暨服務中

圖 3.9.1　林森公園、康樂公園與「三板橋宅」位置圖。底圖：Google Earth

圖 3.9.2　日人墓地（村崎長昶（1913），《台北写真帖》，臺北：新高堂書店，頁 36）

圖 3.9.3　葬儀堂（臺北寫真帖（村崎長昶（1913），《台北写真帖》，臺北：新高堂書店，頁 37）

圖 3.9.4　乃木將軍來臺赴任前與家人合影。左至右：乃木弟集作、乃木大將、乃木母堂、弟勝典、弟保典、乃木夫人靜子（渡部求（1940），《臺灣と乃木大將》，臺北：臺灣實業界社）

圖 3.9.5　乃木母堂之墓（臺北市役所（1942），《昭和十七年版臺北市概況》，臺北：臺北市役所，無頁碼）

圖 3.9.6　乃木大將建碑式（「乃木大將建碑式　哀雲低く立迷ひて　寂し三板橋の新碑」，《臺灣日日新報》1914 年 3 月 14 日第 4941 號）

心附近（新生北路二段與民生東路二段交點處）。

　　1922 年改正町名後此地屬三橋町。據 1932 年「臺北市區計畫街道及公園圖」研判，在規劃「公十四」公園預定地與「公十五」公園預定地時，此處應該仍位於都市發展核心邊緣，相較於繁華市區，日人公共墓地應算是較易取得之地。

　　1936 年於公園預定地東側闢建「特第一號路線排水溝」。1937 年臺北市都市計畫中仍定為「公十四」與「公十五」公園預定地。上方則規劃寬幅 60 公尺的「公園道第五號」（自三橋町到中庄子）。

(1) 乃木將軍母堂墓與將軍夫婦遺髮紀念碑

　　1896 年 10 月，總督乃木希典將軍到臺灣赴任時，其母壽子刀自亦跟隨渡海來臺，然因年事已高，於是年 12 月病逝，安葬在三板橋。1912 年明治天皇大葬當日，乃木將軍與夫人為天皇與日俄戰爭陣亡將士殉節，1913 年 10 月 5 日乃木大將遺髮送抵臺灣後，安置在陸軍司令部內，翌

---

1. 三板橋：因其地有三塊木板供行人越過水溝，故名。約今南京東路口偏北的灌溉水圳上鋪上三塊木板供人行走，為稱呼便利，遂稱「三板橋」。

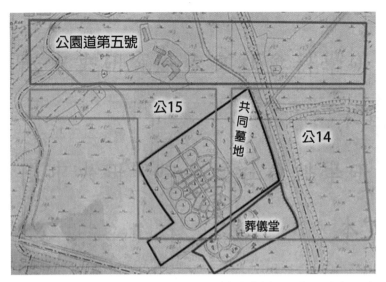

圖 3.9.7 綠色框為「公十四」公園預定地，淺藍色框為「公十五」公園預定地，黑色框為日人共同墓地，深藍色框為葬儀堂，紅色框為公園道第五號。底圖：1940 年測量原圖

圖 3.9.9 鎌田正威（佐々波外七編輯（1936），《鎌田正威先生追想録第一輯》，臺灣維新社，無頁碼）

年 3 月 13 日於三板橋葬儀堂舉行乃木大將與夫人遺髮埋葬式，隨後乃木將軍夫婦的遺髮葬在其母堂墓之側並立碑紀念。

(2) 臺灣總督明石元二郎塋域與鎌田正威墓園的鳥居

「公十四」公園預定地內有大小兩座鳥居，前者屬於第七任臺灣總督明石元二郎塋域，後者則為鎌田正威墓園的鳥居，皆與三板橋的日人墓地有很大的關係。

‧臺灣總督明石元二郎塋域

明石元二郎（1864~1919）是日本福岡人，曾任陸軍大將。1918 年來臺任職第七任總督，任職期間，改革司法、實施三審制度、確立保障判官，制定教育令、勃興教育、設立總督府高等商業學校、工業學校與農林專門學校等，日月潭水力電氣、縱貫鐵道海線、開鑿原住民地區道路。明石總督每日勤勉工作，一天約睡眠僅 2 至 3 小時，終因過勞損及健康。1919 年明石總督因公務返回日本時生病，回故鄉福岡靜養，是年 10 月死於

圖 3.9.8 明石總督塋域（臺北市役所（1926），《臺北市案內》，臺北：臺北市役所，頁 13）

圖 3.9.10 第七任臺灣總督明石元二郎將軍（林進發（1935）：《臺灣統治史》，臺北：民眾公論社，頁 239）

任內，家屬遵照其遺言，11 月明石元二郎將軍回葬於臺北三板橋日人公墓，是唯一安葬在臺灣的總督。

·鎌田正威墓園

鎌田正威（1885~1935），日本香川縣人，1910 年來臺先後擔任臺灣總督府土木部書記、工事部事務官、明石總督的祕書官兼參事官、總督府專賣局事務官、腦務課長、參事等職，1926 年退職後任日本赤十字會臺灣支部主事等職務，曾創設「臺灣維新社」推廣神道，1935 年病逝後安葬於三板橋日人墓地。

2. 戰後成為人鬼共居的特殊場域

二次大戰後，中國山東、江蘇的三十三軍團士兵撤退來臺暫居「公十四」公園預定地。另外，還有來臺北奮鬥的勞動階層，在此處搭違建居住。占據公園預定地與計畫道路的違建戶達 1,250 間，皆蓋在日本時代的「共同墓地」上，形成人鬼共居的特殊場域，曾被視為「都市之瘤」。

1950 年，臺北市長游彌堅請錢宗範在原公園預定地南側、原葬儀堂位置開設「極樂殯儀館」。1956 年，臺北市政府進行「都市計畫通盤檢討」，康樂里的公十四、公十五仍列為公園預定地。1958 年的「一千二百分之一台北市地形圖」上，「特第一號路線排水溝」已闢建為新生北路二段，「公十四」公園預定地上興建中山北路巷弄，1967 年林森北路開通後，將康樂里一分為二。1969 年「一千二百分之一地形圖」上標示，公十四公園預定地上闢建聯合汽車駕駛練習場，1987 年時練習場改建為臨時停車場。

1974 年「極樂殯儀館」結束營業後，由臺北市政府收回。同年 1 月 9 日拆除地上建物後，於

圖 3.9.11　居民利用鳥居兩側建屋居住，「公十四」公園預定地上人鬼共居的景象

原極樂殯儀館（靠南京東路一段與林森北路的交接處）開闢占地 0.35 公頃的林森公園與地下停車場。1979 年 6 月 28 日，中區國際獅子會捐獻的民族英雄岳飛銅像在林森公園內（原葬儀堂）揭幕。

1985 年時，除林森公園外，「公十四」公園內的康樂市場內還有列管攤位 172 個、無案攤位 201 個；違建 618 間，簡陋木磚造平房、閣樓參差；另有花園餐廳、花圃、永興宮、公廁、墳墓、防空洞一座、垃圾堆積場所等，土地又分屬市有地、國有地與私地。1993 年 4 月，康樂市場內列管攤位 174 攤，工商營業戶 120 間，合法房屋 5 間，違建 1,021 間，違建戶增加許多。

據 1993 年 12 月 16 日《聯合報》報導，前市長黃大洲曾感慨，當地環境惡劣、恍如人鬼雜居，如同走入活的博物館，看到臺灣早期落後的情形，簡直是「市政之恥」；主導拆遷計畫的工務局也說希望讓臺北市「最後一塊窳陋地區」早日開發。

康樂公園（「公十五」公園）

「公十五」公園預定地位於今中山北路二段 39 巷、南京東路一段 31 巷、南京東路一段與林森北路所圍之範圍。隔著林森北路與林森公園（「公十四」公園預定地）相望，約位於臺北市核心區的西北方。

清治時期，此地屬三板橋庄，日治時期隸屬大加蚋堡三橋町，是日本人共同墓地的一部分。1920 年改正町名後稱三橋町，1937 年臺北市都市

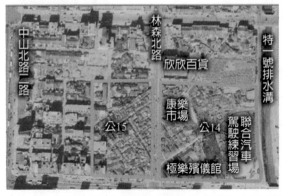

圖 3.9.12　「公十四」公園預定地（大綠框）與「公十五」公園預定地（小綠框）。底圖：1972 年臺北市舊航照影像

計畫中規劃為「公十五」公園預定地。

戰爭結束後，此地的違建戶組成與「公十四」公園預定地相似。1958 年時含侵佔計畫道路的違建有 400 間，1992 年時已有違建戶 491 間，多數是清潔工、清道夫、廢棄物回收維生者。1985 年，十五號公園預定地內有合法房屋 29 間，違建 913 間。

「公十四」、「公十五」公園的開發過程

1956 年臺北市政府進行「都市計畫通盤檢討」，依 1937 年都市計畫中位於三板橋的「公十四」、「公十五」列為公園預定地。1975 年臺北市政府即計畫開闢公園，市政府曾多次與違建戶、住戶協商拆遷事宜，因補償問題一直懸而未決。

1978 年至 1981 年間，臺北市長李登輝、執行祕書黃大洲、中山區市議員與公園預定地上的違建戶居民再度協調，並表示將以「先建後拆」方式處理。但是歷經邵恩新、楊金欉、許水德、吳伯雄四任市長，公園開發之事不知何故擱置十餘年。

搶在公共設施保留地保留期限前徵收

與「公七」公園相同，「公十四」、「公十五」公園的興建基本上同樣是因應市民需要在市中心開闢公園的需求。1986 年臺北市政府已完成土地徵收，並編列預算，但 1987 年卻因公園無法闢建而繳回國庫。1988 年，臺北市政府迫於時限，趕在 9 月 5 日公共設施保留地最後保留期限前，將被列為公共設施保留地的「公十四」、「公十五」公園預定地全部徵收。

1992 年李總統登輝巡視臺北市政建設時，指示黃大洲市長儘快闢建十四、十五號公園，增進綠化美化空間，提高市民生活品質，促進該地區繁榮，因此市政府決定提前辦理這兩處公園的闢建事宜，並於同年 7 月推動「臺北市十四、十五號公園作多目標興建規劃構想」、研商「地上拆

圖 3.9.13　拆除前的「公十四」與「公十五」號公園預定地。
底圖：1991 年臺北市航測影像

遷安置計畫」。但黃市長在卸任前仍未關建公園，直到陳水扁市長上任後才進行。

推土機下的公園建設

據湯熙勇、周玉慧所編著《臺北市十四、十五號公園口述歷史專輯》（1999）所載，拆遷前公十四、公十五公園預定地上住戶共 1207 戶，其中「公十四」公園預定地有違建戶 388 間、營業戶 194 戶、廟宇 6 間，「公十五」公園預定地有違建戶 570 間、營業戶 50 戶、攤販 174 攤、合法房屋 5 所。

1995 年 1 月，臺北市長陳水扁在市議會表示十四、十五號公園關建問題，以「先建後拆」原則，同年 6 月市政府都市發展局委託國立中興大學教授楊重信專案研究拆遷計畫。翌年 6 月卻推翻「先建後拆」原則，改採新的安置計畫、救濟金發放方式處理，9 月決定 1997 年元宵節過後強力執行地上物拆遷。

1997 年 1 月 22 日，拆遷範圍內住戶至臺北市議會陳情，抗議「先建後拆」政策轉彎。是年 2 月 1 日學界發起「反對市府推土機」連署聲明，國立臺灣大學建築與城鄉研究所師生們發起「反對市府推土機運動聯盟」，翌日學界在公園預定地上舉行「反對市府推土機」公共論壇，呼籲臺北市政府安置拆遷戶與暫緩拆除，展開臺灣第一場「反對市府推土機—14、15 號公園反拆遷運動」的反都市更新運動。2 月 4 日，拆遷範圍內住戶收到拆遷通知，2 月 26 日上午發生拆遷住戶

翟所祥上吊自殺的憾事。臺北市政府決定 3 月 4 日零時起「全面封鎖」，凌晨 3 點以「淨空管制」方式執行拆除。

日人墓地的後續處理

至於「公十四」、「公十五」公園預定地內墓地的部分，1970 年代日本政府曾透過外交管道要求遷移日人墓地，但當時反日情緒高昂，不同意為了日本古人來拆中國人的房子（違建戶）。充滿反日情緒的老兵們就將臺灣總督明石元二郎塋域外的鳥居做為曬衣場。

1993 年 6 月由臺北市政府社會局殯葬處、工務局公園路燈工程管理處、工程處與日本交流協會、日僑協會共同協商、處理遷移事宜。十四號公園內 2,000 多座日人無主墳，由公園處、日本交流協會與社會局協調，通知日方家屬至臺灣領取骨灰，其他的無主墳將收容在福德公墓的靈骨塔。

1997 年 7 月 17 日，明石總督之孫明石元紹在日本交流協會人員陪同下到在墓前獻花、上香、鞠躬後，公園處僱用的怪手才開挖，翌日遷移暫厝在第一殯儀館，1999 年將其墓園遷至新北市三芝鄉福音山基督教墓地。而二座鳥居則暫時放置在二二八和平公園臺灣博物館前，2010 年遷回原所在地安置。2011 年登錄為「明石元二郎及鎌田正威鳥居」歷史建築。

大、小鳥居是北市唯一僅存的二座鳥居，其中小鳥居石柱上還刻有昭和十年等字，有許多日本觀光客，按圖索驥到該地參觀。但也許是對臺灣史的認識不足，或鳥居擺設位置不當等因素，有人將大、小鳥居戲稱為「高低槓」，也只能一笑置之了。

好野人的愉悅地景

今夾雜於高級住宅與商業地區、地處都市中心綠地的康樂公園與林森公園，原是日治時期的公共墓地，戰後政府無暇顧及與經濟發展優先政策下，放任來臺的政治移民與島內移民佔用，導致違建林立。解嚴後，首任民選市長陳水扁，面

對競選支票與開發壓力，在未妥善安置與違背「先建後拆」政策下，強行拆除違建地上物。

據《租售雜誌》報導，十四、十五號公園預定地之地上物違建拆除前，附近房價已上漲5%左右。臺北市政府拆除公園預定地違建的同時，中山北路二段的臺北市第一個獎勵民間都市更新案「美麗國賓」開工，並帶動周邊房價上揚。住商不動產企研室副理胡佩蘭直言：「**14、15號公園闢建會促使林森北路商圈發展出現契機，預估公園闢建，將帶動周遭住宅行情上漲一成五以上。**」關於「公十四」與「公十五」公園的闢建，一言以蔽之是市政府以推土機解決了都市的醜陋面貌，卻圖利少數建商與富人的愉悅地景。

圖 3.9.14　現今林森公園內的鳥居（2019.03 林芬郁／攝）

公園中的戶外歷史建築博物館

在都市不斷地開發中，肯定還會有許許多多「三板橋宅」案例出現，為了防止這類憾事再發生，文史團體曾建議官方劃定一地，傚法日本愛知縣「博物館明治村[2]」，成立「臺灣歷史建物收容所」。

在臺灣建「明治村」的提議，「三板橋宅」其實並非首例，早在濱江公園內的林安泰古厝擬遷移之際，臺北市政府就曾構思傚法日本的做法，在南港中央研究院西側，籌劃興建一座全國性的「中華民俗文物村」，但最後終究沒有下文。

反倒是施金山先生成立的金景山實業股份有限公司，曾在彰化縣花壇鄉設立「臺灣民俗村」。內有新北投車站、臺中武德殿、鹿港施家古厝、北斗奠安宮、斗六一條龍、嘉義蔡家古厝與廖氏診所、麻豆林家四合院、柳營劉氏洋樓等歷史建築。令人惋惜的是，金景山公司因經營不善，幾度易手後「臺灣民俗村」仍走向歇業的命運。

臺灣地狹人稠，要在都市中找到廣大的土地興建如「明治村」的戶外博物館，著實困難。

2018 年暑假，作者於關西大學參加學術研討會後，順道參觀了大阪府豐中市服部綠地公園內的「日本民家集落博物館」（Open- Air Museum of Old Japanese Farm Houses）。

1956 年開館的「日本民家集落博物館」，面積約 36,000 平方公尺。這座日本最早的戶外博物館，將江戶時代（17~19 世紀）日本各地的代表民家移築並復原展示。匯集的民家建築，北達岩手縣的「南部の曲家」，南至鹿兒島縣奄美大島的「高倉」，還包括岐阜縣飛驒白川村的合掌造舊大井家住宅、香川縣小豆島的農村歌舞伎舞臺等。

---

2. 博物館明治村（はくぶつかんめいじむら）：1965 年開館，由谷口吉郎博士（博物館明治村首任館長）與土川元夫（元名古屋鐵道株式会社會長）共同創設，保存與展示戰後日本經濟急速成長，各地因土地開發難以保存的明治時代建築物與歷史資料，面積約 1,000,000 平方公尺，移築展示的建造物共 67 件（重要文化財 11 件、愛知縣指定文化財 1 件）。

圖 3.9.15　「日本民家集落博物館」入口處解說牌（2018.09 林芬郁／攝）

12 棟民家在綠意盎然的樹林與如茵綠草間錯落有致，呈現各地方固有的風土，因生活習慣衍生出具有濃烈特色的建築樣式，營造生活與土地、自然的調和，時間的流逝與跨越，靜靜地傳達歷史知識與彼時的生活訊息。「日本民家集落博物館」的案例，或許可以做為臺灣未來有機會設立民家博物館的參考。

圖 3.9.16　「日本民家集落博物館」以大阪府河內布施的長屋門（國家登錄的有形文化財）為入口（2018.09 林芬郁／攝）

圖 3.9.17　飛驒白川村的合掌造民家是國家指定的重要文化財（2018.09 林芬郁／攝）

圖 3.9.18　小豆島的農村歌舞伎舞臺是大阪府指定的有形民俗文化財（2018.09 林芬郁／攝）

圖 3.9.19　岩手縣南部的曲家是大阪府指定的有形民俗文化財（2018.09 林芬郁／攝）

圖 3.9.20　奈良縣大和十津川民家是大阪府指定的有形民俗文化財（2018.09 林芬郁／攝）

第十章　「永遠消失」的「公五」、「公九」公園

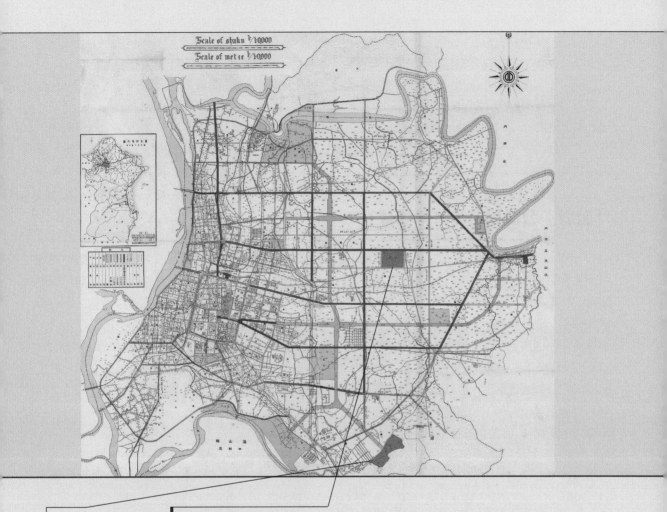

公園號次：五
公園興建：未闢建
原計畫面積：15.52 公頃
地點：敦化北路、南京東路、北寧路、八德路所圍之地，臺北市體育
　　　園區、松山運動中心與暖身場、臺北體育館、臺北市政府體育
　　　局、臺北市藝文推廣處、城市舞台、臺北市政府警察局松山分
　　　局、中崙派出所、敦化國小
日治時期敷地使用情況：農地

公園號次：九
公園興建：未闢建
原計畫面積：16.80 公頃
地點：辛亥隧道南側、長興街末端，臺北自來水事業處、自來水廠池、臺大園藝系實驗
　　　農場、臺大環境保護暨職業、安全衛生中心、永齡生醫、芳蘭大厝、義芳居、飛
　　　行服務總台、欣欣客運停車場
日治時期敷地使用情況：農事試驗場、農地、玉芳居、義芳居、芳蘭大厝

1932 年規劃的「大臺北市區計畫」，與 1937 年施行的「臺灣都市計畫令」中，有些公園因廢止或挪作他用，直到二次大戰後都未興建，如「公五」、「公九」、「公十六」與「公十七」等公園預定地，可說是從都市計畫中「永遠消失」。

「公五」公園預定地（未興建）

「公五」公園預定地在今松山區南京東路四段、北寧路、八德路三段與八德路二段 451 巷的範圍，位於臺北市中心的東北隅，穿越公園預定地的敦化北路林蔭大道北可往松山機場，南通敦南商圈。公園預定地北邊隔著南京東路四段，早年有臺北學苑與中華體育活動中心，現都已拆除。對街的西北隅是商業區，西側隔敦化北路與商業辦公大樓、敦化國民小學對望，南面八德路三段對面則是臺灣最早成立的臺灣電視公司。

清治與日治時期皆為農地

清治時期，「公五」公園預定地屬興雅庄，多為農地。日治時期劃歸中崙庄，仍是農地，有瑠公圳小支流流經其間，屬臺北的郊外未開發區域。1932 年「大臺北市區計畫」中規劃為「公五」公園預定地，但因戰爭並未興建公園。

由 1944 年「美軍航照影像」觀之，「公五」公園預定地左側已開闢道路（今敦化北路）通達松山飛行場，通往松山的八德路業已興建，而由 1945 年 6 日 17 日「美軍航照影像」得知，至終戰前此地仍為農地。

1950 年開闢敦化北路，1957 年拓寬工程竣工，是松山機場經仁愛路通往總統府前的寬闊林蔭大道，也是邁入現代化的臺北市給予外賓的第一印象。

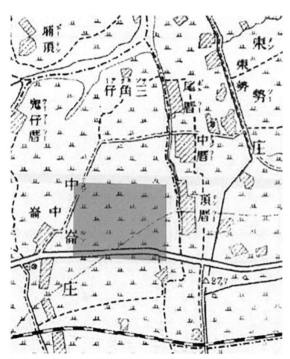

圖 3.10.1　清治時期使用情形（綠色是「公五」公園預定地）。底圖：1898 年日治二萬分之一臺灣堡圖。

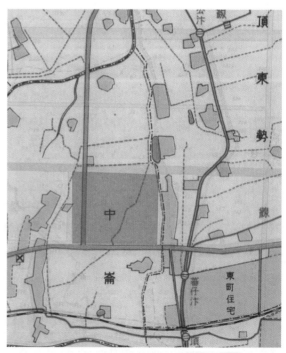

圖 3.10.2　「公五」公園預定地（綠色）在戰前仍是農地。底圖：1939 年瑠公水利組合區域圖

二次大戰後闢建為綜合運動場

戰後，臺北一直為缺少一座綜合運動場所苦。1952 年臺灣省滑翔分會向臺北市政府建議，將南機場改建為綜合運動場，但未獲空軍司令部批准。1953 年臺北市長吳三連召集運動場建設小組委員共同研商，經市議會決議通過將於七號公園預定地興建綜合運動場建設事宜，但這項決議遭該地居民與立委反對。

除了對綜合運動場的殷切期盼外，臺北市又為迎接即將舉行的第 16 屆世運會足球初賽，亟需興建一座現代化足球場。因攸關國家尊嚴與國際觀瞻，臺北市議會決議選定地勢平坦、交通便利，且鄰近已拓寬後的敦化北路旁的「公五」公園預定地，積極興建綜合運動場。

1956 年 4 月 13 日，綜合運動場動工興建，由建築師關頌聲設計、工信營造廠承包工程。部分工程還經國防部特許，調派工兵一個營與機械運輸車輛等協助施工，是年 9 月 2 日舉行落成典禮。同年，可容納 15,000 至 18,000 名觀眾的臺北市立田徑足球場落成，次年又闢建棒球場、排球場、籃球場、網球場。1958 年 5 月 20 日羽毛球館動工，翌年 10 月 31 日落成啟用。

隨著臺北市整體向東區逐漸發展，1961 年 1 月動工興建臺北市體育館（今八德路與敦化北路交點），1963 年，羽球館對面的中華體育活動中心動土興建（1988 年火災後拆除），至此原「公五」公園預定地已奠定下做為綜合體育場用地的趨勢。

敦化北路的開通，將原「公五」公園預定地劃分為二。敦化北路右側為綜合體育場，左側的北半部則是私人用地、商業建築物，南半部在 1958 年時已興建敦化國小。原「公五」公園預定地的東北隅在 1957 年已興建松山派出所外，1968 年設置臺北市立體育專科學校，更強化做為運動場的意象，1983 年於東南側興建臺北市立社會教育館，後更名為臺北市藝文推廣處。

臺北市立棒球場於 2000 年拆除，興建一座可容納 15,000 名觀眾的綜合體育館，即大家熟知的小巨蛋。2009 年臺北市在綜合體育場舉辦聽障奧運，田徑場經整建後做為主場館，原羽球館址改建為臺北體育館。臺北體專在升格、合併、改名後，於 2006 年遷校至天母。而位於「公五」公園預定地西南隅的原校地則興建松山運動中心，除增建新硬體設施，並在整修周遭環境後稱「臺北市體育園區」，2017 年此地又做為「世界大學運動會」的舉辦場地之一。

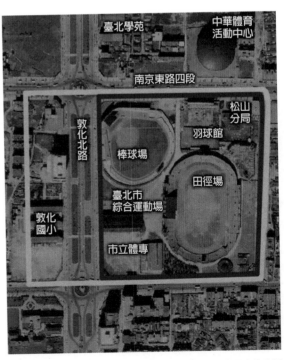

圖 3.10.4　淺綠框是「公五」公園預定地，深綠框是臺北市綜合運動場範圍。底圖：1972 年臺北市舊航照影像

圖 3.10.3　臺北市立綜合運動場

圖 3.10.5　臺北市體育園區。底圖：2015 年南區航測影像

約三分之一成為林蔭大道與學校、商業用地

　　綜觀「公五」公園預定地的地景，至今東側三分之二挪做「臺北市體育園區」，西側有二分之一闢建敦化北路林蔭道路，剩下的二分之一為敦化國小，其餘則為私有地，完全未做為原始計畫的「公園」使用，對極度缺乏綠色空間的臺北市而言，實是暴殄天物。

「公九」公園預定地（未興建）

　　1932 年「大臺北市區計畫」中規劃為「公九」公園預定地，在今大安區臥龍街 188 巷、芳蘭路、基隆路三段 155 巷至芳蘭山腳邊所圍之地。「公九」公園預定地位居臺北都會區的東南邊陲地區，預定地東側為今大安區臺北自來水公司事業處、自來水廠水池，隔著辛亥路三段另一側是臺北市立圖書館大安分館、臥龍公園與青峰公園。

　　芳蘭山腳下有芳蘭大厝、義芳居、空軍芳蘭山退休宿舍與其他住戶，靠芳蘭路一側有臺灣大學生物資源暨農學院附設農業試驗場園藝分場與環境保護暨職業安全衛生中心。

芳蘭三塊厝

　　清治時期此地屬下內埔[1]，是平地地勢較低處，多為農地或空地。1806 年，來自福建省泉州府安溪縣陳氏家族開臺祖陳振師興建「芳蘭大厝」，以紀念其在艋舺發跡致富的船頭行「芳蘭記」，1876 年其養子陳朝來又興建「義芳居[2]」，之後陳朝來的四個兒子在義芳居對面建「玉芳居」。芳蘭大厝、義芳居與玉芳居合稱為「芳蘭三塊厝」，該地因而以「芳蘭」命名，背後的山也稱「芳蘭山」。

圖 3.10.6　1958 年「公九」公園預定地範圍（綠框）。
底圖：1958 年臺北市航照影像

圖 3.10.7　2015 年「公九」公園預定地範圍（綠框）。
底圖：2015 年南區航測影像

日治時期此地屬下內埔，公園預定地左側的農事試驗場，有瑠公圳第一幹線流經提供灌溉用水，奠定農業發展基礎。1932 年「大臺北市區計畫」規劃為「公九」公園預定地。

　　日治時期，陳家土地幅員廣闊，從芳蘭山下至今捷運古亭站的土地皆是陳家所有。二次大戰後，此地仍多為農地，1956 年「臺北市都市計畫道路系統圖」上仍規劃為「公九」公園用地，但是舊航照圖顯示公園預定地下半部已改成農業試驗場。1958 年「一千二百分之一台北市地圖」可見農業試驗場靠今芳蘭路邊興建了臺大第七宿舍，靠山邊一側則興建了臺大第八宿舍，芳蘭山上建有空軍營區與高砲陣地。

　　1963 年「臺北市舊航照影像」中，可看到自來水事業處已建有自來水池，辦事處已於 1967 年興建。1972 年舊航照影像，可見已闢建辛亥路三段，農業試驗場後方建有民航局管制中心。

　　但鄰近臺灣大學附近的土地，自 1980 年代起陸續被臺大徵收。1985 年玉芳居被臺大徵收為校地，拆除後興建學生宿舍；之後在陳家後裔奔走下，1989 年義芳居（基隆路三段 155 巷 128 號）登錄為市定古蹟，義芳居目前為私產屬都市保護區。1994 年「一萬分之一臺北市街圖」中農業試驗場改名為臺灣大學園藝系實驗農場，一旁有欣欣客運停車場。

圖 3.10.9　芳蘭大厝（2012.04 林芬郁／攝）

圖 3.10.10　空軍芳蘭山退休宿舍（2017.04 林芬郁／攝）

圖 3.10.11　臺灣大學環境保護暨職業安全衛生中心（2017.04 林芬郁／攝）

圖 3.10.8　義芳居（2017.04 林芬郁／攝）

---

1. 下內埔：與頂內埔對稱，故名；頂內埔與下內埔合稱內埔庄。
2. 義芳居：意即「義種禮耕穎川舊德，芳蘭馥桂淡地祈榮」。

1999 年登錄為市定古蹟的陳氏家族祖厝「芳蘭大厝」（基隆路三段 155 巷 174 號）也於 2003 年底被臺大徵收，現為文教區屬臺灣大學管理。

今已破敗不堪的臺大男生第八宿舍[3]，因附近芳蘭山上有空軍基地屬軍事禁建區不能隨意改建，現已改建為「飛航服務總台」。

戰後變成臺大校地與公家機關用地

綜觀「公九」公園預定地，清治時期為農地，日治時期闢建農事試驗場，二次大戰後空軍在此

興建軍事設施與宿舍，臺灣大學也陸續設置教學大樓與興建宿舍，還有自來水事業處設有水池、辦公室。公園預定地可說是完全被變更用途，「公園」二字從未再出現。如何在擁擠的都市空間中，創造出綠地或公園，似乎是所有國家面臨的新課題。

3. 臺大後來在長興街與基隆路交叉口設了新的男生第八宿舍。

圖 3.10.12　臺大農場園藝分場內部（2017.04 林芬郁／攝）

第十一章 「大臺北市區計畫」中都市公園興建總檢討

　　1932 年的「大臺北市區計畫」中規劃的「公一」至「公十七」公園預定地，大多分佈在未來計畫開發的區域，顯然配置不均，以及忽略舊城區居民的生活需求。又因進入戰爭時期，實際上興闢的公園只有「公一」圓山公園、「公八」川端公園、「公十」植物園與「公十二」龍山寺公園。

　　二次大戰期間與戰後，這些公園預定地歷經各種用途，甚或變更了原有「公園」的功能。表 3.11.1「1932 年『大臺北市區計畫』都市公園地景變遷（1932~2018 年）」，羅列了「公一」至「公十七」公園預定地的過往歷史。

表 3.11.1　1932 年「大臺北市區計畫」都市公園地景變遷（1932~2018 年）

公園編號	地點	日治時期使用情況	戰後使用情況（是否被公共建築佔用）	現今樣貌
一號公園	今中山北路三段、酒泉街、玉門街與基隆河所圍之地	圓山公園 1897 年開園，臨濟寺、陸軍墓地、忠魂堂、節孝祠、動物園、遊樂地、圓山運動場（二次大戰期間改為軍醫院）	1946 年改名「中山公園」，1952 年劃為「圓山風景區」。園區內有動物園、中央兒童樂園、臺北廣播電臺（1961 年），同德新村（忠魂堂原址）、空軍大鵬戲劇職業補習學校、北區憲兵隊、美軍顧問團西營區（原圓山運動場）。	1986 年臺北市動物園搬遷至木柵動物園，原址興建昨日世界、明日世界。2010.11.16~2011.04.02 臺北國際花卉博覽會舉辦場地，更名「花博公園圓山園區」，園區內有：昨日世界、綜合大樓、圓山派出所、臨濟護國禪寺、中山足球場、流行館（花博留下的建築物）。2014 年臺北市兒童育樂中心閉園（移至士林區）。
二號公園	新生北路、民族東路、中山北路三段與基隆河所圍之地	圓山町，住宅、農地，1913 年興建陳朝駿別莊，1940 年建南方資料館	1952 年劃為「圓山風景區」。U.S. Taiwan Defense Command 東營區、FASD Hostel（1979 年聯勤總部接管後改為彩虹賓館）。日本大使官邸。陳朝駿別莊曾做為有臺灣省公產管理處、黃國書宅邸、財政部國有財產局、公園路燈工程管理處北區隊駐所、臺北市立美術館管理等單位使用。中山苗圃、兒童樂園、軍品展示館、聯勤外事部、樂馬大飯店、憲兵司令部。	中山美術公園內有：臺北市立美術館（1983 年開館）、臺北故事館（2003~）、（1981 年）憲兵司令部（原美國海軍供應處東營區一部分）、中山計程車服務站（原 1940 年設立的南方資料館址一部分）、民族苗圃、圓山抽水站、北區海霸王餐廳。臺北國際花卉博覽會舉辦場地，更名「花博公園美術園區」，保留「舞蝶館」、「風味館」（現為國際原生活美學館）。王大閎自宅（2017 年原貌重建）
三號公園	濱江街、新生北路與基隆河所圍之地	圓山町，農地	1952 劃為「圓山風景區」。婦女職業輔導所（後改為臺北市救濟院）、林安泰古厝、建國抽水站	濱江公園，臺北國際花卉博覽會時做為「花茶殿」，林安泰古厝外另增建閩南式庭園。堤外河濱公園部分與大佳河濱公園合稱「花博公園大佳河濱園區」。
四號公園	民族東路、新生北路、濱江街、松江路所圍之地	西新庄子，農地、零星房舍	1952 年劃為「圓山風景區」。新生公園、新生棒球場	新生公園，臺北國際花卉博覽會舉辦場地，後改稱「花博公園新生園區」，保留夢想館，「未來館」。園內有臺北市消防局圓山分隊、新生閱覽室與臺北市工務局公園路燈工程管理處圓山公園管理所等單位使用，另有新生棒球場、籃球場、新生公園溫水游泳池。

五號公園	敦化北路、南京東路、北寧路、八德路所圍之地	中崙，農地	敦化北路、臺北市立綜合體育場、臺北市立棒球場、臺北市立田徑場、羽球館、松山派出所（1957年）、敦化國小（1958年）、臺北學苑、中華體育館、臺北市立體育學院（1968~2006年）、臺北市立社會教育館（1983年）。	「臺北市體育園區」（2005年建臺北小巨蛋），臺北田徑場，2009年臺北聽障奧運主場館，另有松山運動中心與暖身場、臺北體育館、臺北市政府體育局、臺北市藝文推廣處（原社教館）與城市舞台。 臺北市政府警察局松山分局（1994年）、中崙派出所、敦化國小。
六號公園	忠孝東路、逸仙路、仁愛路、光復南路所圍之地	興雅，多為農地軍用鐵道通過	中山公園、國父紀念館（1972年竣工）、光復國小（1967年竣工，約占公園預定地五分之一）三張犁支線鐵道通過	中山公園、國父紀念館、光復國小
七號公園	新生南路、信義路、建國南路、和平東路所圍之地	龍安坡，多為農田、空地、零星房舍	國際學舍、建華新村、岳廬新村、700多戶列管違建、大安民眾活動地、原美軍工兵駐地、信義市場、憲兵新南營區、空軍通訊大隊與倉庫、空軍汽車修理廠、空軍印刷廠、龍崗營區、漢聲電臺、仁德堂、下塊黃古厝、萬善塔、再興小學、觀音雕像	大安森林公園（1994年啟用）、觀音雕像、生態池、音樂臺、水池、溜冰場、籃球場（大安區防災公園）
八號公園	師大路、汀州路、思源路、新店溪所圍之地	川端公園競馬場、農園設施、相撲場、兒童遊樂場、綜合體育場等、草坪、步道、亭榭、國防訓練場、釣魚場。（歷經二次大戰戰火，幾近全毀）	國防醫學院、臺北第一苗圃、三軍總醫院汀州院區、學人新村、嘉禾新村、臺灣大學水源校區、螢橋國中、聖靈寺、兒童交通博物館（1991~2008）。	臺北市替代役中心、中華民國國防部軍備局（原汀州院區）、臺灣大學水源校區、螢橋國中、聖靈寺。2011年興建客家文化主題公園（兒童交通博物館原址）、古亭河濱公園，未來規劃為防災公園。
九號公園	辛亥隧道南側、長興街末端	下內埔多為農田、空地	臺大第七、第八宿舍、臺北自來水事業處、臺灣大學農業試驗場、芳蘭大厝、義芳居、玉芳居	臺北自來水事業處、自來水廠池、臺大園藝系實驗農場、臺大環境保護暨職業安全衛生中心、永齡生醫、芳蘭大厝、義芳居、飛行服務總台、欣欣客運停車場
十號公園	重慶南路、南海路與和平西路間，北邊為博愛路路底。	龍口町，臺北苗圃、1911年改稱「林業試驗地」、苗圃動物園（1913~1915年）、1921年改稱臺北植物園。林業試驗所、建功神社、欽差行臺、商品陳列館、腊葉館、武德會臺灣地方部	臺北植物園，1960年代建置「南海學園」：國立歷史博物館、中央圖書館（原建功神社改建）、教育資料館、臺灣科學教育館、教育廣播電臺、臺灣藝術教育館、欽差行臺、腊葉館、農復會、獻堂館、電影製片場、基督徒聚會處	臺北植物園、行政院農業委員會林業試驗所、國立歷史博物館、國立教育廣播電臺、獻堂館、國立臺灣藝術教育館（南海書院、南海劇場）、臺北當代工藝設計分館（原科學教育館）、腊葉標本館、南門町三二三、欽差行臺、行政院農業委員會、中正第二分局等單位使用。基督徒聚會處
十一號公園	水源快速道路與新店溪所圍地區	川端町，堤外地	河北新村、螢橋游泳池、碎石場、汽車教練場	中正河濱公園、網球場、壘球場等運動設施
十二號公園	和平西路、和平西路三段109巷、廣州街、西園路所圍之地	龍山寺町，龍山寺公園（龍山寺捐地）	龍山公園、攤販、違章建築、龍山商場、西三水街市場、萬華戲院	艋舺公園（2005年開園）、地下停車場與商場
十三號公園	環河北路、長安西路、西寧北路、忠孝西路所圍之地	泉町，稅關支署、交通局道路港灣課、臺灣倉庫會社、臺灣倉庫、鐵道部宿舍、高野組出張所、大成木材	臺灣鐵路局宿舍、鐵路醫院。（鄭州路另一側），忠孝國中。	玉泉公園、溫水游泳池、兒童遊具、地下停車場（指定為大同區防災公園）忠孝國中

十四號公園	新生北路、南京東路一段、新生北路二段28巷、林森北路所圍之地	三板橋町，日人共同墓地、葬儀堂、火葬場	違章建築（非列管眷村）、極樂殯儀館（1974年拆除），林森公園	林森公園、抽水站、地下停車場
十五號公園	南京東路一段、南京東路一段31巷、中山北路二段39巷、林森北路所圍之地	三板橋町，日人共同墓地	康樂市場、違章建築（非列管眷村）	康樂公園
十六號公園	塔悠路、健康路、塔悠路188巷與健康路325巷24弄偏北、健康路325巷6弄偏左的範圍	舊里族，1941年11月8日廢止。1945年日軍簡易飛行場與軍用電氣軌道用地	婦聯四村、區民活動中心	鵬程公園、住宅區
十七號公園	北安路、國民革命忠烈祠、臺北市美僑協會與海軍總部部分範圍	大宮町，1938年12月14日廢止。護國神社	1952年劃為「圓山風景區」。臺灣省忠烈祠、海軍總部（部分）、致誠營區、碧海山莊、臺北市美僑協會俱樂部	國民革命忠烈祠、海軍總部（部分）致誠營區、碧海山莊、臺北市美僑協會俱樂部

表 3.11.2　臺北新公園（非 1932 年「大臺北市區計畫」中之都市公園）

地點	日治時期興建情形	戰後使用情況（是否佔用）	現今樣貌
襄陽路、公園路、懷寧街與凱達格蘭大道所圍之地	1900年臺北城內市區計畫規劃為公園預定地，1905年擴大規劃，1908年開園。日式水池、運動場、黃氏節孝坊、急公好義坊、天滿宮、臺北俱樂部（1935年原址興建迎賓館）、兒玉總督後藤民政官記念館（天后宮原址）、音樂臺、網球場、ライオン喫茶店、放送局（1931年）。「始政四十周年記念臺灣博覽會」第二會場（會後留下音樂臺、迎賓館）、兒童遊樂園（1936年）、多種植熱帶植物	1946年改名「臺北公園」。臺灣博物館、省立臺北圖書館（博物館樓下）、音樂臺、中國廣播公司（原放送局，後為公園路燈工程管理處使用）、中國式亭閣水景（原運動場）、中國之友社（原迎賓館，後為行政院人事行政局、僑務委員會使用）	臺灣博物館，音樂臺、中國式亭閣水景、公園路燈工程管理處（原迎賓館）。1995年設置二二八紀念碑。1996年改名「二二八和平公園」，設置「二二八紀念館」（原放送局）。黃氏節孝坊、急公好義坊、二二八公園福德宮、派出所、捷運臺大醫院站出口（中正區防災公園）

日治時期臺北已興建的都市公園

　　日治時期，最早開闢的「公一」公園預定地位於臺北市最北端的圓山公園，是臺北縣知事認為淡水河畔圓山風景優美，適合興建公園為由提出申請，然其原因推論應是此地為陸軍共同墓地與臨淡水河畔河灘地較易取得用地之故。圓山公園不僅是臺灣第一座公園，也是「公園」一詞首次在臺灣出現，臺北新公園則是臺北第一座都市計畫下的公園。坐落於臺北市最南端的「公八」公園預定地，1938年闢建為川端公園，也因緊鄰新店溪畔多為農地與河川地，較易取得用地。

　　位於城南地區的「公十」公園預定地，1900年時已闢建臺北苗圃，之後慢慢擴張成林業試驗所，1921年改為具「公園」性質的植物園，公園預定地的土地使用上相對於商業區或住宅區都單純許多。坐落於臺灣人聚落的「公十二」公園預定地，屬於龍山寺的廟埕，原是雜草叢生的廣場，經當地人士協議與捐款、龍山寺捐獻土地後興建龍山寺公園，可謂得來全不費功夫。

　　綜觀日治時期興建的圓山公園、川端公園，都位於城市邊陲地帶，土地較易取得；植物園則有苗圃與林業試驗所的大片土地為基底；另一座龍山寺公園是由龍山寺獻地；新公園規劃時臺北

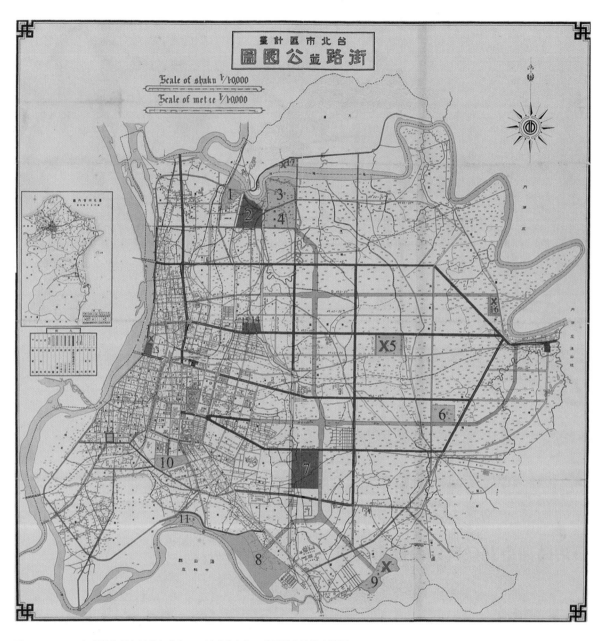

圖 3.11.1　1937 年臺北市都市計畫中「公一」至「公十七」公園預定地興建情況。
底圖：1932 年「臺北市區計畫街路並公園圖」。

粉紅色：公一、公八、公十、公十二為日治時期興建；
綠色：公三、公四、公六、公十一為二次大戰後所建；
紫色：公二、公七、公十二（「短暫消失」後重建）、公十三（只剩一半面積）、公十四、公十五為 1994 年後所興建；
未興建（打紅 X）：公五、公九、公十六、公十七

尚未繁榮發展，這 5 座公園的用地取得可說是輕而易舉，在不費吹灰之力下政府很快的就闢建了公園。而這 5 座公園皆坐落於臺北市的西區，1937年因已進入戰爭時期，故臺北市的東區仍未開發。（見圖 3.11.1）

二次大戰後「短暫消失」的都市公園

戰後，根據 1937 年臺北市都市計畫公告的公園預定地而開闢的公園共有 9 座。「公六」中山公園，是 1972 年為紀念國父百年誕辰與復興中華文化而興建。「公三」濱江公園、「公四」新生公園二處則是位於都市的北端邊緣地區，土地較易取得。位於新店河畔的「公十一」中正河濱公園與「公八」堤防外的古亭河濱公園則是禁建任何建築物的行水區，闢建過程相對容易。

1994 年興建的「公十三」玉泉公園位於都市西側邊緣，但已有一半的面積變更為學校用地。臺北市北邊的「公二」中山美術公園區則建於

1998 年。位於萬華舊社區中的「公十二」艋舺公園（原龍山寺公園）戰後被挪用，幾經波折後重建。而坐落在都市核心地區的「公七」大安森林公園、「公十四」林森公園與「公十五」康樂公園，皆為 1994 年後所興建，主要原因皆是為趕在「公共設施保留地保留期限」將屆之前徵收公園預定地，在處理佔用機構或違建戶問題後興建公園。據報載，1988 年 1 月臺北市政府已經決定，市區被列為公共設施保留地的 272 個公園預定地，趕在 1988 年 9 月 5 日公共設施保留地最後保留期限前全部徵收，當時的市長許水德指示公園是市民休閒生活的重點要優先處理，將屆期的公園預定地全部徵收，逐年依計畫開闢公園，公七、公十四、公十五公園預定地皆是。

「永遠消失」的都市公園

而永遠消失的公園則有 4 座。1937 年臺北市都市計畫中，「公十六」與「公十七」公園預定

圖 3.11.2　中山公園應是都市水泥叢林裡的綠洲，卻被建築物、水泥地佔去大半（2014.11 林芬郁／攝）

地於日治時期已廢止。戰後，堤防內的「公八」公園預定地變更為醫院、學校用地與軍方使用地等。「公五」預定地有三分之二面積建設為「臺北市體育園區」，餘下的三分之一面積變更為道路、學校用地與商業區。「公九」預定地則變更為自來水廠、學校與軍事用地等，可說是都市中「永遠消失」的公園。

綜觀這十七座公園興建的情況，已闢建的公園皆位於今建國南北路的西側，即臺北都會核心的西半側，而都會核心的東半側僅有「公六」中山公園，呈現大型公園極度缺乏的狀態。

迄今公園的實際開闢面積，較原計畫面積少了 118.89 公頃，佔原計畫面積的 46.47%，簡言之，大型公園預定地的面積足足少了近二分之一，可見公園預定地變更、挪做他用的情況非常嚴重。（見表 3.11.3）再加上公園內不斷增加公共建築物，使臺北市都市水泥叢林裡難能可貴的綠洲，卻又被建築物與水泥地佔去大半。

表 3.11.3　1932 年「大臺北市區計畫」都市公園迄今開闢情況

公園號次	1932年規劃面積 ha	日治時期興建年代	現今開闢面積公頃*	開園時間	現今公園名稱
一	19.81	圓山公園 1897 年	15.57	1897 年	花博公園圓山園區
二	22.28	—	10.22	1998 年	花博公園美術園區
三	24.90	—	1.67	1977 年	濱江公園（堤外河濱公園**與大佳河濱公園合稱「花博公園大佳河濱園區」）
四	22.30	—	15.79	1984 年	花博公園新生園區
五	15.52	—	—	—	—
六	12.09	—	10.96	1972 年	中山公園（部分變更為學校用地）
七	28.77	—	25.94	1994 年	大安森林公園
八	59.95 ***	川端公園 1938 年	—	—	古亭河濱公園（堤內部分被挪用）
九	16.80	—	—	—	—
十	12.00	植物園 1921 年	12.15	1921 年	植物園
十一	11.30	—	13.75	1985 年	中正河濱公園
十二	1.22	龍山寺公園 1927 年	1.34	1999 年	艋舺公園（被侵占後重建）
十三	4.44	—	1.93	1994 年	玉泉公園（一半變更為學校用地）
十四	2.95	—	2.93	1997 年	林森公園（1974 年時面積較小）
十五	1.50	—	1.34	1997 年	康樂公園
十六	—	廢止	—	—	—
十七	—	廢止	—	—	—
總計	255.83		136.94		

＊依據臺北市政府工務局公園處園藝科「各行政區已開闢用地一覽表」（20180103）。
＊＊堤外河濱公園部分因屬「行水區」，故不列入公園面積計算。
＊＊＊ 1944 年變更為 49.92 ha（資料來源：1944 年 3 月 17 日《府報》588 號，告示第 304 號「臺北都市計畫一部變更」。）

SEVENTEEN

THREE

ONE

FOUR

TWO

SIXTEEN

FOURTEEN

FIFTEEN

THIRTEEN

FIVE

都市的文化地景是由過去地景連續變化而來,且空間的形成必須放在社會歷史脈絡下才能理解。德國地理學家徐律特(Schlüter,1872~1959)認為,一地的獨特表徵是由該區域內許多特徵相互關連所形成的景觀構成,主張追溯其歷史脈絡,並詮釋、彰顯文化如何將自然景觀轉變為人文景觀與獨特性。

SIX

VELVE

TEN

SEVEN

ELEVEN

臺北都市公園的文化地景,正反映出歷史發展、社會群體與環境互動所呈現出的人文地景,公園地景也在不同的歷史時刻被賦予了特殊任務。

EIGHT

NINE

TAIPEI / PARK

一、太陽旗下的「殖民」公園地景

西方國家的都市公園源起於民眾的發起，是因應工業化發展而設置的公共設施。但是臺灣的公園卻是日本政府基於公共衛生、炎熱氣候的考量而興建的。換言之，臺北都市公園地景，是殖民母國透過都市計畫在適當的地區，以行政力量打造產生國家認同的社會公共休閒空間，以達成殖民政權的統治目的。且多設在日本人居住或較接近的地區，臺灣人居住區僅有龍山寺公園，公園的分布極不平均。

日治初期，日本政府為改善環境衛生、實施市區改正，在都市中興建都市公園。在殖民統治下，因挾帶行政管理優勢，日本文化成為強勢文化。日本殖民政府引進西方公園的概念，直接規劃臺北的都市公園，以政治權力、文化霸權、意識型態，配合市區改正、改善公共衛生環境，「由上而下」具體左右空間營造「殖民地景」。可說是殖民主義權力關係、支配性文化霸權下、有特定目的的殖民化休閒空間產物，以強化殖民者在社會結構的文化象徵地景。

原是休閒功能的圓山公園自成立到 1945 年止，日本政府除了於公園內外規劃動物園、遊園地、運動場等西方休閒空間外，更因政治權力將臺灣神社、陸軍墓地、忠魂堂、鎮南山臨濟護國禪寺等日本宗教與日式建築文化融合於公園。再加上強化統治、或歌頌文化意涵的忠魂碑、水野遵雕像、船越倉吉像等日本文化元素以教化國民，成為其政治意識型態的「殖民地景」，意圖將公園地景形塑出國家儀典性與信仰場域的空間氛圍，與國家政治意識型態的遊覽勝地。臺灣神社境內地與圓山公園的結合，顯現了殖民地神社

圖 4.1.1　鳥瞰二二八和平公園，公園呈現日本、臺灣與中國文化。風格並存的場域（2005.10 林芬郁／攝）

的特質，也使得公園的「殖民地景」成為直接灌輸政治概念（市民感、愛國的國民等）的日常生活場域，培養臺灣人成為順從的日本公民。

位於臺北城中心的臺北新公園（今二二八和平公園）就是殖民主義、空間權力再現的最好例證。新公園內保留了臺灣文化元素，如黃氏節孝坊與急公好義石坊。日本殖民政府直接在公園內規劃音樂亭、噴泉等歐美公園造景，興建西方文明的博物館、放送局、運動場、俱樂部、咖啡店等文明設施與舉辦博覽會。此外，日式宗教建築天滿宮也出現在公園內。在殖民者塑造的「殖民地景」公園中，讓市民接受文明的洗禮，體會前所未有的新鮮經驗。

臺北新公園中，雕像的設立是偶像崇拜與宣揚意識型態的具體表現。因新公園鄰近政治權力中心，整體公園規劃是以「博物館－後藤雕像－兒玉雕像」為中心軸線的儀典式政治空間，欲藉由空間中雖不可見，卻有股強力主導、朝聖式儀典的視覺中軸線設置，體現其政治符碼。藉此視覺中軸線的規劃設置，殖民者將自己的道德、政治、文化價值觀，形塑成唯一合理、有意義的思維加諸於被殖民者，將之改造為歸順的國民，遊客在殖民者所建立的特定文化詮釋之「殖民地景」休閒散步，受政治人物崇高精神與品德薰陶，在潛移默化中達到教化功能。

在殖民者操作下，國家意識型態具體化與政治權力空間，鑲嵌於社會生活空間脈絡中，使微觀權力網絡隱微地滲入庶民的日常生活裡，以達到規訓與控制社會秩序之目的。而圓山公園對岸興建臺灣神社與植物園內設置建功神社，則是直接將日本的神道信仰以政治力量傳入臺灣的佐證，與「殖民地景」的顯現。

綜觀臺灣的殖民現代性是日本殖民者二手移植進入臺灣的，日治時期藉這種隱而不顯的政治權力宰制，各種休閒文化設施的提供，殖民者精心支配、操作下的權力空間，有效的落實於「生活途徑（life path）」，穿透於普羅階級的日常生活經驗，形成庶民習以為常的「日常生活」休閒慣習。空間中無所不在的權力，讓人失去了能動性，權力關係的運作在日常行為、活動以無足輕

圖 4.1.2　臺北新公園中「博物館－後藤雕像－兒玉雕像」連結成南北軸線的儀典式政治空間。底圖：1945 年 6 月 17 日美軍航照影像

重之姿，滲透到社會生活各個領域。也因此權力不能只看制度性的權力或階級權力，卻忽略了日常生活中細微而緊密的「規訓權力」網絡。由是可知，公園在都市中形成新的休閒公共空間，帶給市民現代化的生活感，但殖民者藉公園地景將權力、階級與殖民主義之社會關係，羅織成綿密的「微觀權力」網絡，在市民毫無意識下影響著社會生活。

昔日，臺灣庶民的休閒場所只有廟埕、合院廣場的公共空間，日本殖民時期「由上而下」的政治權力主導下的「公園」產物，形塑了嶄新的「公共」空間，日常生活的休閒空間在執政者掌控下，重新編碼使市民習以為常、並視為理所當然。此際，都市公園的功能既是名勝遊覽地（觀賞優美景觀）、規訓空間（雕像、紀念碑）、教育場域（音樂亭、博物館、博覽會、放送局）、日本宗教文化場所（宗教寺廟）、國家神道推廣（神社）、國民身心健康（運動場）、休閒娛樂（動物園、遊樂地、賣店、咖啡店），也是舉辦活動的動態、靜態皆宜之新公共空間與新社交場所。

二、戒嚴時期「中國中心觀」的「再殖民」公園地景
(1949.05.20～1987.07.15)

二次大戰後由中國迫遷來臺的大量「政治移民」聚居在臺北市,1960年代因初期工業化的經濟發展、都市化因素,「城鄉移民」亦增多,臺北市可說是「移民」的城市。戰後,臺灣的都市發展係承襲日本政府引入歐美近代都市計畫體制後所公布的都市計畫繼續發展,臺北市也是如此。

1947年2月臺北市劃分為10行政區,廢日式町名,改採中國通行的路線式街路名,以今忠孝東西路與中山北路為經緯兩軸線分劃下,路街分別以「國家」、「元勳」、「元首」、「主義」、「國訓」、「省分」、「大都市」、「名山大川」定名,明顯是透過此「反共復國」的政治象徵,使日常生活與中國的地理知識相互連接,以不忘中國政治移民的故國家園與安慰其懷鄉之思。

1949年後,大量的政治移民在短期內湧入臺灣,臺北市因人口暴增,公共設施捉襟見肘,加上市政府財政困難,民眾因現實生活迫切所需,在公共設施的預定地上搭建臨時性的簡陋住所或營利空間,如三板橋、古亭等地,過去乾淨整齊的市容已被破壞殆盡。

1945年日本的舊殖民勢力剛結束對臺灣的統治後,「新殖民(neo-colonial)」政權——中華民國立刻接管臺灣。1949年5月20日起實施戒嚴,1974年2月25日內政部公告臺內民字第573901號函《清除臺灣日據時代表現日本帝國主義優越感之殖民統治紀念遺跡要點》,以行政命令拆除日治時期的建築物或殖民空間,進行「去殖民化(decolonization)」的行為。去殖民化不代表殖民期間「不對等關係」的殖民主義結束,是指舊殖民勢力(日本)衰落,而新的殖民力量(國民黨)卻崛起。臺灣在去殖民化干預都市建設與文化的發展下,成為「再殖民(re-colonial)」的社會空間。

1966年中國發生文化大革命,大肆摧毀中華傳統文化,同年中華民國政府定11月12日國父誕辰紀念日為中華文化復興節,1967年7月28

圖4.1.3 景福門(東門)今貌(2017.03 林芬郁/攝)

日更成立中華文化復興運動推行委員會[1]，以挽救此文化浩劫。

為將臺灣建構為具有延續中國歷史血統的正當性與代表性，中華民國政權陸續興建大量「復古式宮殿建築」形式的公共建築。例如 1966 年將臺北城的東門、南門、小南門，由閩南式建築樣式改築為北方宮殿式建築等[2]。（見圖 4.1.3）在公園裡也強加「中國意識」的政治圖騰，如植物園內的國立中央圖書館[3]、國立科學館等。又如 1963 年在新公園內興建中國式的亭閣水景，皆是將懷念故土之情反映在建築形式上，藉空間營造意識形態，讓代表中國的法統象徵深入國民的日常生活經驗中，以鞏固國家信念。

而 1965 年決議興建、1968 年動工、位於「公六」公園預定地內的國父紀念館，則是經蔣中正總統指示加強中國建築特色後，部分修正再現中國傳統文化元素的新中國式建築風格。此建築形式不但塑造出「東方的古中國」印象，以吸引觀光客，更是來臺的中國人對故土懷念隱藏的情緒，藉符號顯現形而上之意涵，因此「宮殿建築」[4]在臺灣一時蔚為風潮。之後，1980 年落成的中正紀念公園內的中正紀念堂、國家戲劇院、音樂廳也採用中國傳統建築型式，加強宣示國民黨政權在臺灣的意象。

此等將政治圖騰或符號強加在公共空間，是極度政治化的過程，目的是將政治思想傳達給民眾與建立統治權威。北方宮殿式建築或亭榭的擬造（cyber）文化，壓縮中國與臺灣之間的空間距離，複製過往符號的懷舊標誌，暫時滿足思鄉的渴望，讓人置身在難以確定的真實生活中，也忘卻了「戒嚴」政治控制的本質。

然而作為政治符碼的建築形式，蘊含殖民者的政治意義、權力運作，是其政治意圖的刻意顯現。符徵（signifier，約定俗成的可見形式）與符旨（signified，符號的意義概念）所構成的「符號（或符碼）」，代表被建構的特殊意義與聯想。當「符號」與政治連結並被集體認同時，其政治理念就與該符號劃上等號，因此「符號」常被用在空間中塑造政治權力，例如臺北新公園內以中華民族先烈命名的中國式亭榭，以民族主義觀的

空間改造做法，再度確認承繼正統的中華文化，以空間產物宣示、體現民族國家的空間建構，作為支配性的空間表徵，藉由視覺與身體，教化為國族想像的「國民」。

中華民國政府及其來自中國的軍民，利用地景觀念合理化自身的存在，並宣稱與地景間具有意義的關聯性，藉此找到國族情感、中國文化的聯繫、認同、鞏固支配與從屬關係的意義，地景的實質結構可明顯且直接的控制，甚至「馴化」了被統治者。且經二二八事件後，日治時期多位曾受高等教育的菁英被處決，臺灣與日本的關係幾已斷絕。因此臺灣從日本統治的殖民時代直接進入被國民黨殖民的「再殖民」時期（或「二次殖民」時期）。換言之，臺灣遭受殖民者優越威權改造的「雙重殖民」化。

中華民國政府執政的「再殖民」時期，將日本加之在臺灣的文化與遺留痕跡大力剷除後，隨即將大中國思維的建設重新編碼，透過設計整合到支配、規訓、教化與文化重構，形塑出再殖民政權的「再殖民」公園地景，如神社改成忠烈祠、日人雕像改換成孫中山或蔣中正，或將涼亭改成中國式亭榭、北方宮殿式建築等政治符碼，是執政者宣示其主體性功能的捷徑，政治符碼經民眾感知，並認知、詮釋其意義，概念化內容後，揭示了符號意義。

此際，臺北市的都市公園（臺北新公園、中山公園、植物園、中正紀念園區）在中華民國政府刻意干預建設下，呈現以「中國中心觀」為主的「再殖民」地景，成為新執政者傳達政令的場所。而公園由「殖民地景」轉變為「再殖民地景」的過程，則代表著權力轉換後的空間治理結果。

---

1. 1991 年更名為「中華文化復興運動總會」。
2. 當時主持臺北城門改建的黃寶瑜事後說：「臺北市拆除城樓之擬議……觀光方面的要求，想把城樓做成一個中國的象徵，讓觀光客身歷其境，就能覺察到身在中國……」
3. 位於南海學園內，日治時期原是建功神社，1954 年改為國立中央圖書館，之後將神社的主殿與拜殿改建為中國宮殿式建築，1986 年 9 月遷移至中山南路 20 號新址，1996 年易名為國家圖書館。
4. 宮殿建築：鋼筋混凝土建材的中國式建築型式，是來自中國的建築風格，有著民族主義抵抗「西潮」的意義。

三、公園新氣象「心靈解殖」公園地景

1948 年 5 月 9 日，國民黨政權在南京公佈「動員戡亂時期臨時條款」，擴大總統的權力。臺灣省主席兼警備總司令陳誠在無戰事與動亂的臺灣，宣布自 1949 年 5 月 20 日起全省戒嚴，實施軍事統治。許多的嚴刑峻法，如集會、結社、言論、出版、黨禁、報禁、出國旅行等，都成為箝制人民自由的權力。

而 1986 年至 1987 年間是臺灣政治與社會的轉振點。1986 年 5 月 19 日，鄭南榕等人發起要求解嚴的「519 綠色行動」後，掀開一連串的抗議、示威，還有勞工、學生、環保、婦女、消費者與老兵要求返鄉等請願的社會街頭運動，讓國民黨疲於應付。當權的蔣經國已知「時代在變、環境在變、潮流也在變」的時勢之趨，因此採取「執政黨必須以新觀念、新作法，推動革新」，逐步解除學生的舞禁與髮禁、一貫道禁令、外匯管制放鬆、政治犯假釋出獄等。1987 年 7 月 15 日，蔣經國宣布 7 月 19 日零時起解除戒嚴，才結束這長達 38 年、世界上實施最長的戒嚴。

臺灣的政治與社會情況極為特殊，二次大戰後雖脫離了日本的殖民統治，還來不及進入後殖民主義（postcolonialism）[5] 時期，立即被中華民國政府接管，馬上進入另一個「新殖民」的階段。解嚴前，臺灣的歷史以「中華民族主義」、「大一統論」與「正統論」的中國情結為中心，完全無臺灣主體的論述，致使國民的國家認同、文化認同錯亂。

解嚴後，「眾聲喧譁」的言論與示威抗議運動如雨後春筍，就在過去與現在、差異與認同、包容與排斥的種種複雜形態變遷中，釐清了自身被殖民宰制、建構的經驗，也發現了自己。隨著民主運動熾熱發展，宣示身分認同、文化自覺（self-determination）與傳承本土文化，「臺灣意識」逐漸覺醒，臺灣人積極看待自己的文化定位，建構出臺灣文化的主體性與認同感，以抗衡被遺

忘的歷史，企圖逃離被宰制的歷史宿命。

後殖民主義批判先驅法農（Frantz Fanon，1925~1961）曾說：被殖民的民族首要之務在於袪除心靈上的殖民印記，而非只是爭取表面的獨立，應喚起被殖民者的文化自覺。而臺灣在文化遭到斷裂、震盪、激烈轉型過程下，國民一直處於「國族認同（national identity）」的矛盾狀態中，唯有轉型正義、走向本土化，解除「心靈」上的殖民印記，方能喚起臺灣的文化自覺。

首先，在臺北新公園內豎立二二八紀念碑、改名為二二八紀念公園，接著設置馬場町紀念公園、蔣渭水紀念公園與「自由廣場」的更名，即是重新肯定遭受迫害的文化意義，公園地景對不同文化的新認同，這些具歷史紀念意涵名稱命名或更名的公園，代表著空間解嚴與心靈解殖。

二二八和平公園

1991 年行政院二二八專案小組建議豎立二二八紀念碑，並立即著手尋覓地點、選定建築方式和成立籌建委員會等建碑相關事宜。原選定新生公園立碑，但二二八建碑委員會林宗義委員經勘察後，認為新生公園擾人的噪音問題與建築高度的限制無法達到「安魂」作用，而且設計上也會受到限制，因此希望改到新公園正中央的鐘塔位置。1993 年 2 月 28 日二二八紀念碑象徵性動土後，紀念碑公開徵圖，以期讓受難家屬能有一懷傷憑弔的象徵物，以撫平傷者傷口。

1993 年 9 月 11 日宣布王俊雄、鄭自財、張安清、陳振豐共同設計的作品得獎。王俊雄解釋，當初整個設計，非常強調「水」所隱含的意義，水孕育萬物，是生命的泉源；水流直瀉甕底，所激起的水氣揉合藍色光影，又呈現出昇華的意象。⋯⋯依照四位設計者的構想，悼念者進入碑體，初始深刻感受二二八事件發生當時，沉鬱的

社會氛圍，繼而被追懷遇難者濃烈的悲傷氣氛所籠罩，心緒也隨之洶湧澎湃，最後，歷經情感轉折的熬煉，心境遂能破雲而出，脫離歷史的陰影，紀念碑療傷止痛的意義，於焉完成。……「碑是一種無聲的言語」，王俊雄以堅定的語氣說，「我們由衷期待以這個紀念碑，重塑本土生命與歷史的象徵，作為建立台灣新精神的起點。」[6]

二二八紀念碑的建立，象徵臺灣近代歷史一頁傷痛記憶的終結，不僅重新塑造本土生命的象徵，對本土空間文化更具劃時代意義。但 1995 年 2 月 28 日的揭幕儀式，卻因受難家屬對官方版的碑文內容有爭議，形成「有碑無文」的憾事。顯示族群問題仍舊存在，歷史悲劇的傷痕尚未被撫平。同年，臺北市長陳水扁宣布訂二二八為和平紀念日，1996 年 2 月 28 日將新公園易名為「二二八和平公園」，並舉行碑文揭幕。

1930 年總督府遞信部設置的臺北放送局，戰後由國民政府接收，1947 年二二八事件發生時，廣播電臺成為黨政軍各界人士宣傳政令，與民眾代表報告事件處理近況的重要舞臺。1972 年，中國廣播公司遷移至新建廳舍後，成為臺北市政府公園路燈工程管理處辦公室。1997 年二二八紀念日，這棟在二二八事件中具重要地位與歷史意義的建築物，改名為「二二八紀念館」，並舉辦二二八事件相關展覽，讓國人充分了解事件的來龍去脈，在參觀後能夠了解事件的真相與心靈昇華，進而促進族群和諧。

文化地景是社會產物，也是政治因素、社會文化等不平等的力量關係，在特定空間中的文化投射與反映。當地景不再只是一種物質，而是一種形式的再現時，這個地景就會傳遞社會的感情與價值；承載著情感的地景，在某情境下才會凸顯出來，如二二八紀念碑的地景呈現，賦予了意識形態，成為精神寄託的象徵。縫合歷史傷痕的二二八紀念碑，肩負以臺灣為中心的國族重構之意義，藉外顯、可見的空間形式，伸張被隱微的悲情，是國家正常化的具體展現。

臺北新公園於 1995 年設置二二八紀念碑，1996 年更名，1997 年二二八紀念館開館。換言之，在解嚴後 8 年，臺北市的都市公園才慢慢空

圖 4.1.4　二二八和平公園平日是休憩型公園（2017.03 林芬郁／攝）

圖 4.1.5　二二八紀念日當日成為紀念二二八受難者與社會情感凝聚的哀思空間（2017.03 林芬郁／攝）

間解嚴。二二八和平公園平日是人來人往的休憩型公園，在二二八紀念日這天則成為紀念二二八受難者與社會情感凝聚的哀思空間，透過緬懷情境的地景釋放哀傷的情感。

---

5. 後殖民主義：指曾經被殖民的國家獨立後，政治、經濟、社會、文化等延續殖民時期有形與無形的帝國主義文化滲透，物質與精神上無法完全擺脫殖民者的遺緒，且沒有與殖民母國斷裂關係。

6. 王惠民「設計二二八紀念碑塑造本土生命與歷史的象徵王俊雄、鄭自財、張安清、陳振豐建立玉石盟」，《經濟日報》，1995 年 2 月 26 日 17 版焦點人物。

馬場町紀念公園

日治時期的馬場町約在今青年公園附近與堤防外河濱公園，此地 1910 年曾設有練兵場（今青年公園），1944 年二次大戰末期改作為「南飛行場」（簡易飛行場），1948 年遭撤廢。1963 年堤防外設置馬場町河濱公園，白色恐怖時期為政治犯刑場，1972 年至 1977 年間公園西側增設跑馬場，至今公園內仍清晰可見跑馬場痕跡。

臺北市政府為紀念戒嚴時期白色恐怖的受難者，1998 年在當年保安司令部槍決數千位政治犯的馬場町刑場原址，設置白色恐怖紀念公園。坐落於青年公園南側、環河快速道路的堤外高灘地的公園內，設有紀念廣場、紀念土丘、紀念光塔、親水階梯、陽光草坪區等。

2000 年 8 月 21 日啟用的馬場町紀念公園，地景設計凸顯其歷史意義。例如，公園中土丘位置原是 1960 年代槍決政治犯的場所。槍決後，劊子手以土掩蓋血跡，使原來的平地成為一土丘。特地保留原貌，就是要紀念這段刻意被遺忘的歷史悲劇。白色恐怖平反促進會會長林至潔說：**「我們希望早年的政治受難者，都可以藉著馬場町紀念公園，走出歷史陰影，不要繼續活在過去的悲傷中」**[7]。

馬場町紀念公園可說是臺北市第一座由歷史事件發生地轉換、並以歷史紀念意涵名稱命名的

圖 4.1.6　馬場町紀念公園內仍可見跑馬場遺跡（圖中矮樹籬圍起之地）（2017.04 林芬郁／攝）

圖 4.1.7　馬場町紀念公園（2017.04 林芬郁／攝）

圖 4.1.8　馬場町紀念公園內的紀念廣場與紀念土丘（2017.04 林芬郁／攝）

圖 4.1.9　蔣渭水紀念公園（2017.10.10 林芬郁／攝）

公園。又因其為佐證重要歷史事件的災難場域，臺北市文化局已於 2020 年 1 月通過文資審議，將其登錄為臺北市首處「史蹟」。

「蔣渭水紀念公園」

1920 年代前後，蔣渭水先在今大同區的延平北路開設「大安醫院」、文化書局，於靜修女中成立「臺灣文化協會」，後又成立「臺灣民眾黨」，可說是民主運動的先驅。2006 年 4 月臺北市政府為紀念蔣渭水，將具地緣關係的大同區「錦西公園」改名為「蔣渭水紀念公園」，並在公園裡設置一座「蔣渭水先生紀念牌樓」。2006 年 8 月 5 日，蔣渭水逝世 75 周年紀念日舉辦啟用典禮，以緬懷他對臺灣民主化的貢獻。蔣渭水的後代蔣朝根希望「蔣渭水紀念公園」的設立是歷史人文指標重建的開始[8]。

自由廣場

1980 年 4 月 4 日，為紀念蔣中正總統而興建

的中正紀念堂落成啟用，坐東朝西遙望中國，以藍、白為主色的紀念堂象徵「青天白日」，方形格局則象徵「中正」，仿北京天壇的八角黃色琉璃瓦頂代表八德，三段階梯象徵三民主義，「89 階」代表蔣中正去世的年齡。進入正堂後，天花板是中華民國國徽，後方中央是蔣中正銅像、語錄。

中正紀念堂因鄰近總統府，又有大型的廣場，1987 年解嚴後時常成為社會與政治運動的集會場所，其中最著名的是 1990 年 3 月的「野百合學運」，此外廣場也成為市民生活與藝文展演等場域，顛覆了紀念堂原本的空間意義。

政權轉換後，為實踐民主精神，落實「思想、空間、精神解嚴」，2007 年 5 月 20 日，前總統陳水扁將原本象徵官方歷史與充滿政治意識型態的中正紀念園區的主牌匾「中正紀念堂」更改為

7. 陳家傑「馬場町紀念公園明啟用」，《聯合晚報》，2000 年 8 月 21 日 12 版台北都會，2017.05.26 存取。
8. 李光儀「錦西公園改名蔣渭水公園」，《聯合報》，2006 年 4 月 29 日 /C2 版北市要聞，2017.05.26 存取。

「國立臺灣民主紀念館」；同年 12 月 7 日，廣
場入口的「大中至正」門匾，也由教育部改換為
「自由廣場」。但直至解嚴 20 年後，這樣的空
間解嚴才得以實踐，換言之，臺灣人的心靈至此
才真正解殖。

關於文化資產的部分，國民黨執政的臺北市
文化局先將中正紀念堂列為「暫定古蹟」，文建
會復於 2007 年 11 月將「臺灣民主紀念園區」登

圖 4.1.10　中正紀念園區的「自由廣場」牌（2019.03 林芬郁／攝）

圖 4.1.11　國徽藻井（2019.03 林芬郁／攝）

圖 4.1.12　位於臺北市中心位置的中正紀念堂（2005.10 林芬郁／攝）

圖 4.1.13　民主大道（2019.03 林芬郁／攝）

錄為國定古蹟。範圍包括中正紀念堂、民主大道、民主廣場、「大中至正」牌樓，目的是為防止扁政府推動「轉型正義」拆除圍牆與牌樓；此舉當時受到社會非難，認為將只有 37 年的建築指定為古蹟，完全是政治因素。

2008 年 3 月，「中正紀念堂」全區被登錄為文化景觀，範圍包括臺北府城門──東門（古蹟），與中山南路、信義路、杭州南路、愛國東路所圍的中正紀念園區及其圍牆。是年國民黨馬英九總統就任後，旋即恢復「中正紀念堂」舊稱。中正紀念堂成為兩個政黨的權力角逐場，短短兩年內不斷更名。

2016 年民進黨再次執政後，「轉型正義」的民意高漲，這座充斥著政治語彙、國民黨意識型態符碼、威權象徵的中正紀念堂，就成為「轉型正義」的主要目標。許多民眾認為，蔣中正銅像與圍牆皆是威權崇拜的象徵物，應該予以拆除並再造去蔣化的空間景觀。

誠然，移除銅像或拆除紀念館並不等同「轉型正義」，留存下象徵物件反而能成為「不義遺址」的「負面」文化資產教材，不妨透過景觀改變與調整後，藉社會互動來反轉威權體制對人民的精神改造。但多數人似乎對空間景觀毫無概念也毫不在意，轉型正義唯有從面對歷史真相著手，藉由教科書的正確歷史書寫，或社會的教育展演、推廣等，不斷地在歷史事件的省思中建構真正的民主精神。唯有思想解嚴，空間解構才有意義。

最後，茲將臺北都市公園文化地景的變遷分為日治時期的「殖民地景」、戰後戒嚴時期的「再殖民地景」與解嚴後的「心靈解殖地景」，並將影響公園地景的因素、非空間表徵、公園文化地景特性，與對都市生活樣態演變、休閒空間之變化結果，列成「臺北都市公園文化地景變遷歷程表」。

表 4.1.1 臺北都市公園文化地景變遷歷程表

公園地景變遷分期	政治分期	公園地景變遷的作用力（權力政治關係）	非空間表徵	公園文化地景特性	都市生活樣態演變	都市的休閒空間
殖民地景	日治時期 1895~1945	公共衛生、都市計畫、國家權力、意識型態、政治、經濟、文化霸權、執政者的價值觀	殖民性、差別待遇、日人宗教信仰、控制社會秩序、教化、文化與精神改造	「和洋折衷式」設計、政治儀典性空間（雕像）、神社	星期制→「休閒」成為日常生活慣習、運動風氣興起、精神教化、知識教養	「公共的」公園（無階級性，屬於普羅大眾）、「知性」公共休閒空間、國民精神教化、二元城鎮空間（公園多設在日本人居住區）
			移植西方文明、追求現代化思維、公共休閒設施	西洋公園元素（音樂亭、博物館、噴水池、運動場）、放送局、博覽會		
（混亂殘破）	戰後~1949	違章建築充斥	混亂	殘破	臺灣人與政治移民易衝突的階段	公園預定地被佔用
再殖民地景	戒嚴時期 1949~1987	政權宰制、意識型態、規訓、文化霸權、執政者的價值觀	去殖民→再殖民，威權時期、剷除日治遺痕、復興中華文化、文化認同混淆	空間戒嚴、大中國中心觀地景（雕像、中國式建築）、政治符碼、權力地景	以反攻復國優先、經濟發展為要、忽視民生基礎建設	戰時首都、教化空間、政治集會場所→公園極度缺乏
心靈解殖地景	1987 年解嚴後	去殖民化、本土文化認同、精神解嚴，去除心靈殖民印記、市民運動	臺灣意識抬頭、本土化、本土文化認同、尊重多元文化、環境意識抬頭、轉型正義	空間解嚴、新的公園地景圖像、自我文化認同→正名運動	自由經濟發展、空間階級化、周休二日制、休憩空間需求日熾	市民參與、建構自我主體性、市民社會的公園、尊重多元文化與環境

結語

本書乃經文獻梳理與田野踏查後，依歷史時序，詳細探究擘劃臺北市都市發展藍圖的「大臺北市區計畫」中「公一」至「公十七」號公園預定地，二次大戰前與戰後開闢、使用的情況與地景變化，同時探究臺北都市公園歷經日本政府引進西方公園思維，在殖民政權下形塑為宣揚意識型態的「殖民地景」，二次大戰後為鞏固中華民國政權，以政治權力塑造「再殖民地景」，直到解嚴後，臺灣意識抬頭與本土文化認同下產生「心靈解殖地景」的公園地景變遷過程。

日本從歐美的近代都市公園中獲得靈感，在自身文化的脈絡中創造獨特的「和洋折衷」日式公園。1895 年日本殖民臺灣後將此風格移植，顯示歐、美與日式等都市公園風格形式概念，經過人群跨越地理與文化邊界而連結，並經由文化移流路徑（culture diaspora routes）分枝擴散，重塑、融合與綜合的文化形式深刻地影響臺灣都市公園的發展。

日本政府為改善公共衛生、都市治理等因素而引進西方思維的公園，無階級性，屬於普羅大眾，是公共的休閒空間，之後具備西方文明、公共衛生與新社交空間的公園，逐漸影響臺灣人的生活日常。此際，都市公園內漸次加上日本庭園形式、神社宗教信仰、宣揚國家意識型態的政治符碼，成為動靜皆宜的新公共空間與社交場域，可在此觀賞美景遊覽名勝；有雕像、紀念碑、音樂亭、博物館、博覽會教化民眾；有寺廟與神社可宣揚日本宗教；有運動場促進國民身心健康；有動物園、遊樂地、賣店等休閒娛樂，更可舉辦各式活動。

臺北縣知事橋口文藏申請興建圓山公園，是「公園」一詞首次在臺灣出現與設置公共休閒空間的重要里程碑。圓山公園的興建，與 1870 年

日本橫濱地區的山手公園之要求如出一轍，都是為殖民者複製熟悉的地景，以建立對新殖民地的歸屬感，並使殖民者的存在顯得自然與合法。不同的是，山手公園專屬於英國人使用，而臺北的圓山公園是可自由使用的公共空間（open space）。而臺灣神社境內與圓山公園結合、臺北植物園內興建建功神社，與廢止的「公十七」公園預定地興建護國神社，都展現殖民地神社的特質，也是殖民國家介入地方發展後對空間再結構的深遠影響。

至於東京第一座以西洋公園概念興建的日比谷公園[1]與臺北新公園都是多元文化的會遇之地，國民接受西方文明的物質生活後，從此打開了國際視野。但不同的是，臺北新公園以「博物館—後藤雕像—兒玉雕像」為軸線的儀典式空間規劃，是殖民者權力展示所呈現的公園地景，將用以教化被殖民者的意識型態具體化。之後，新公園內的天后宮被拆除，並在原址上興建博物館，前者是為了消除空間與地方的緊密鑲嵌，而後者則是向被殖民者展現日本文明的空間支配。

1935年的「始政四十周年記念臺灣博覽會」，臺北新公園成為日本宣揚殖民地建設成果的展示場，公園內博物館、音樂堂、放送局、迎賓館等公共設施林立，與東京的上野公園同樣屬於設施集約型公園[2]，不同的是臺北新公園是日本殖民者統治下生產的社會教化空間。

分布不均的公園

當時的大型都市公園，如圓山公園、植物園、川端公園，多坐落在城市的邊緣地帶，或日本人居住區的邊緣。對於臺灣的市井小民而言難以到達，他們只能在日新町或大正町內等的小公園休憩，之後在萬華地區仕紳們請願下，方在臺灣人

居住區興建小型的龍山寺公園。

臺北自拆除城牆改建具線型公園性質的三線道（公園道）並種植街道樹，除美化道路外，是炎炎夏日可避暑的林蔭大道，同時開闢的綠地則是臺灣綠地設施的濫觴。1932 年「大臺北市區計畫」最大的特徵就是規劃 17 處公園，並以 5 條公園道聯繫使之形成公園系統。公園道除行車、休憩外，更具防火線、防災與防空等功能，可惜因戰爭因素大多未興建，且二次大戰後多挪做其他用途使用，僅有公園道第四號（今仁愛路一段至四段）付諸實行。

1937 年公告的臺北都市計畫中規劃了「公一」至「公十七」號公園，因已進入戰爭僅興建了「公一」、「公八」、「公十」、「公十二」4 座。「公十六」公園預定地因興建日軍簡易飛行場於 1941 年廢止，「公十七」公園預定地則因興建護國神社於 1938 年廢止。但擘劃了臺北市區（都市核心區、松山）藍圖的「大臺北市區計畫」，自戰後一直沿用到 1964 年止，影響臺北市發展與建設甚巨。

二次大戰後百廢待舉，加上 1949 年後大量中國政治移民來臺，許多公共設施地、公園預定地遭非法使用或佔用，1937 年公告的公園系統計畫全然崩解。且戰後國民政府以軍事與經濟發展為優先考量，完全忽略民生建設。此時開闢的大型都市公園有「公二」至「公四」、「公六」、「公七」、「公十一」、「公十三」至「公十五」與「公八」堤防外的古亭河濱公園。但許多公園因「都市計畫公共設施多目標使用案」條例下被公共設施佔據，或變更地目、挪作他用等因素，使得公園地景零碎不堪。而堤防內的「公八」、「公五」與「公九」公園預定地則被變更為醫院、公家機關、學校、軍事用地等，在都市計畫中「永遠消失」。

綜觀這十七座公園興建的情況，除「公六」中山公園外，其餘已闢建的公園皆位於建國南北路的西側，也就是臺北都會核心的西半側；又因萬華區、大同區人口稠密無法劃設公園，使得公園分布不均，呈現都會核心東半側極度缺乏大型公園的狀態。

殖民、去殖民、再殖民

臺灣政治發展的特殊歷史顯示，隨著政權的轉換，公園內的設施經拆除、借用、轉用、添加等方式，不僅改變前一個政權的遺痕，也改變了公園的地景。二次大戰後，臺灣雖脫離日本的殖民統治，尚未進入後殖民主義（post-colonialism）時期，立即進入中華民國政府接管的「新殖民（neo-colonial）」階段。

戒嚴時期，中華民國政權為執行「去殖民化」（decolonization），以行政命令次第將日治時期遺留的文化痕跡剷除，如改築臺灣神社、建功神社。同時，為建構臺灣為具有延續中國歷史血統之正當性與代表性，陸續興建大量「復古式宮殿建築」形式的公共建築，如國立科學館、國父紀念館。此等中國式的建築政治符碼，成為執政者宣示其主體性功能的捷徑。

臺灣在去殖民化政策下干預都市建設與文化的發展，使臺灣成為「再殖民（re-colonial）」（或「二次殖民」）的社會空間。都市公園裡強加「中國意識」的政治圖騰，如新公園內的亭閣水景，或將原日人雕像更換為國父或蔣中正雕像等政治符碼。公園中「大中國中心觀」為主的「再殖民」（re-colonial）地景，成為了傳達政令的場域，藉外顯的建築型式或空間營造地景，合理化自身存在，以鞏固國家信念，並宣示其在臺灣的政權合法性。

臺灣在解嚴之前是威權國家體制，以統合主義與侍從威權主義來控制市民社會。1987 年解嚴後，「臺灣意識」抬頭，臺灣人企圖去殖民化，積極轉型正義、本土化，並尋找文化定位與本土認同，以袪除心靈上的殖民印記，重新建構臺灣本土文化的主體性，以喚起臺灣的文化自覺。

臺北新公園內豎立的二二八紀念碑、改名為二二八和平公園，馬場町紀念公園、蔣渭水紀念公園的設置，與「自由廣場」的更名，是對不同文化的新認同。此等以歷史意涵命名、或更名的公園，詮釋了臺灣的空間解嚴與心靈解殖的公園地景。

公園地景的歷史演變

公園地景是社會文化發展的呈現，臺北的都市公園雖源自西方的公園思維，然而在不同歷史時期的特殊文化元素與多元文化的會遇下，融合西洋公園文化理念、日本「和洋折衷」風格與神社宗教信仰，之後加上中華民國政權的政治符碼（中國式亭榭、北方宮殿式建築）與臺灣本土元素（土地公廟）的文化混種，透過政權轉換、都市計畫、文化擾動、交流、會遇與融合差異後，轉化成獨特的綜合形式，成為歐、美、日、中、臺文化元素的混搭集合體。

綜觀臺北的都市公園，呈現獨特的形式與多元化的功能，屬於設施集約型公園。承續日治時期「殖民地景」的遺緒殘留，中國國民黨政府恣意添加、混合、拼貼下，大中華思想威權象徵的「再殖民地景」，與解嚴後新公共空間思維的「心靈解殖地景」，就在這種異文化接觸、流動與轉化下，呈現一種超越國族主義、文化霸權的混種、差異、合成的多元文化拼貼後，轉移成熔爐的獨特形式。

而綜觀臺北的都市公園中，較不具政治意涵符碼的物件，在政治轉換的過程中比較容易被保留下來，如博物館、放送局、動物園、兒童遊樂場等，成為公園歷史變遷過程的見證與痕跡。而具臺灣傳統信仰（天后宮）、意識型態（日本偉人雕像）、日式神社（臺灣神社、建功神社）等，在政權轉換時則慘遭毀壞。

然而現今都市公園不再只是傳統的市民休閒、遊憩、運動、社交等場域，與作為防災、避難用途，隨社會發展、生活變遷，都市綠空間的小公園可提供都市人短暫喘息的空間，都市公園還多了「Pokemon Go」（精靈寶可夢 Go）抓寶的新用途，完全顛覆了我們對公園傳統的使用方式與習慣。可見公園的功能與用途是隨時代、政權、使用者而轉變，有著多元的地景面貌，而非一成不變。

防災公園

關於防災公園，臺灣因與日本在地理環境上極為相似，都是多地震與多颱風之國。臺北市雖在 1937 年都市計畫中，已有規劃具防災功能的公園道與大型都市公園的思維，卻因戰爭或戰後遭挪用而未興建，遲至 1999 年 921 大地震之後，經參考日本防災公園的設置原則，於 2001 年制定各行政區指定一座公園為防災公園的政令。目前臺北市雖已在 12 個行政區各指定一公園為防災公園，但收容人數、災害防救設備器材明顯不足，有些甚至根本沒備齊。且缺少維生系統設施如水、食物等，若災難來臨，恐無法達到預期效果。因此，當務之急是應增加各防災公園的災害防救設備與器材。

其他各大型都市公園與鄰里公園雖可暫時供附近居民避難，但各區公園分配不均，如大同、萬華、大安、信義、松山等區每位市民享有公園面積小於中正與中山區。再者，還應廣置災害避難標示牌，與國民平時應受防災教育與訓練，並熟知避難路徑，當災害來臨時才不致於兵荒馬亂。此外，防災系統也未考慮到橫向聯繫的問題，現階段避難場所以「行政區」為單位規劃，建議應跨行政區整合與考量橫向聯繫。

公園的未來展望

都市公園應回歸到公園的本質，不要佔用或挪用，才能發揮「都市之肺」的功能。既有的公園也不要興建非必要的建築物或停車場，應可建地下停車場因應，還給市民寬廣的綠地空間。此外，都市中廢棄或閒置的空間都可闢建為公園或綠地，也可綠化街角、隙地做為口袋公園[3]、街角公園，以填補都市綠空間的需求與改善因氣候變遷、都市熱島效應所衍生的都市環境惡化的問題。

面對氣候變遷與都市熱島效應，建議除興建防熱建築物外，應採取低密度開發，也可利用都市「去工業化」（deindustrialization），工業設施遷移至郊區後，遺留下的工業遺址、棕地、廢棄

港口、倉庫群與廢棄鐵道等閒置空間，經過都市更新、再生後，產生新型態的水岸公園[4]、後工業地景公園[5]等。再者，街道綠化與通風廊道的設置，都有助於減緩熱島現象與改善公共衛生。

也建議鼓勵公家機關、企業帶頭做「壁面綠化」，或設置綠化屋頂，並逐步實施於私人住宅的頂樓，也可學習東京提出義務「屋上綠化」的規定[6]與制定「立體都市公園」制度[7]，並可利用高架橋下的開放空間綠化後提供市民休憩，綠色植栽還可減少空氣污染。

都市公園是公共的使用空間，公園的規劃應廣納在地民意，讓受計畫影響的人享有決策權，且讓決策能照顧最大多數人的利益。因此都市公園的規劃可藉社區居民參與的「由下而上」的規劃體制，結合在地環境與美學，使之更貼近居民生活經驗，才能夠使居民認同於新的環境，讓開放空間融入市民生活中，以達成符合居民需求的公園。

再者，除都市公園的空間配置問題外，還須重視與關懷弱勢族群的需求，極力避免因公園建設下引發的綠色縉紳化問題。新自由主義發展下造成環境縉紳化問題，似乎是各國大都市皆然的發展趨勢。此現象同樣發生於臺北市都市公園周邊，優質環境價值的創造（房地產成交價）成為「地位」的認證標章，但高房價卻讓多數老百姓身受其害。公園、綠地等社會福利設施、地價上昇、土地增值，應是全民共享的利益，因此應對受益者徵收特別賦稅、土地增值稅、公共工程受益稅，公園鄰接地受益者則應負擔公園整備費，以示公平，才能真正實踐居住正義，符合公平公正的普世價值，所以公園設計除宏觀的空間配置問題外，還須微觀的重視局部與關懷弱勢族群。

都市公園是都市空間治理的一環，受社會經濟發展、政權轉換、氣候變遷等變數，衍生因應時代的新型態公園，然更需結合都市環境因素與時俱進，而都市公園隨公眾不同的使用方式則構成不同的文化地景，因之都市公園可說是人、都市空間、生活環境與文化地景，緊密扣聯之總合。

1. 日比谷公園：1903 年開園，是在都市計畫下從「零」開始，並以西方概念的公園設計思維出發，可說是東京最早設立的近代都市公園，因之被視為具劃時代意義的都市公園典範。而其「和洋折衷」的分區方式呈現多元素的特色，對日本都市公園的設計影響頗巨。

2. 設施集約型公園：大型的都市公園除休閒，還可舉辦音樂會、演講、展覽會，或興建博物館、美術館等，兼具文化、教育功能，因而發展成為設施集約型公園，上野恩賜公園內興建博物館、博覽會會場、美術館等成為設施集約型公園即是一例。

3. 口袋公園（vest-pocket park）：利用小空地、中高樓層間的一街角，作為休憩的場所，面積大小並沒有明確界定，且選址靈活，隱藏於辦公大樓間的迷你小公園，符合都市中日常親切使用尺度，提供附近居民或都市人暫時逃離喧囂、減緩壓力、恢復精神的都市綠洲，例如紐約市的 Paley Park、Greenacre Park。

4. 例如西雅圖（Seattle）的 Gas Works Park。

5. 例如橫濱「みなとみらい21（港未來21）」的公園群與赤レンガ（紅磚）倉庫、東京渋谷区サッポロビール（SAPPORO Bear）工廠原址改造為惠比寿ガーデンプレイス（惠比壽花園廣場）。

6. 2001 年東京對一定規模以上的建築基地，民間建築基地面積 1,000m² 以上，公共建築基地面積 250m² 以上，提出「屋上綠化的義務化」，朝向「空中綠化都市」前進。例如東京伊勢丹新宿本店「アイガーデン」、新宿マルイ本館「屋上庭園 Q-Court」、東京車站旁的「KITTI ガーデン」等，都是利用頂樓興闢美麗怡人的花園，不僅可以降溫，還可供大眾休憩之用。

7. 「立體都市公園」制度是為確保都市中公園用地取得困難，與民間或公共設施合而為一，讓立體式的綠色公共空間有效率並確保效果的呈現為目的。例如 2012 年開園的橫濱市アメリカ山公園（美國山公園，神奈川県横浜市中区山手町 97-1），是依據「立體都市公園」制度所興建的全日本第一座立體都市公園。

附錄

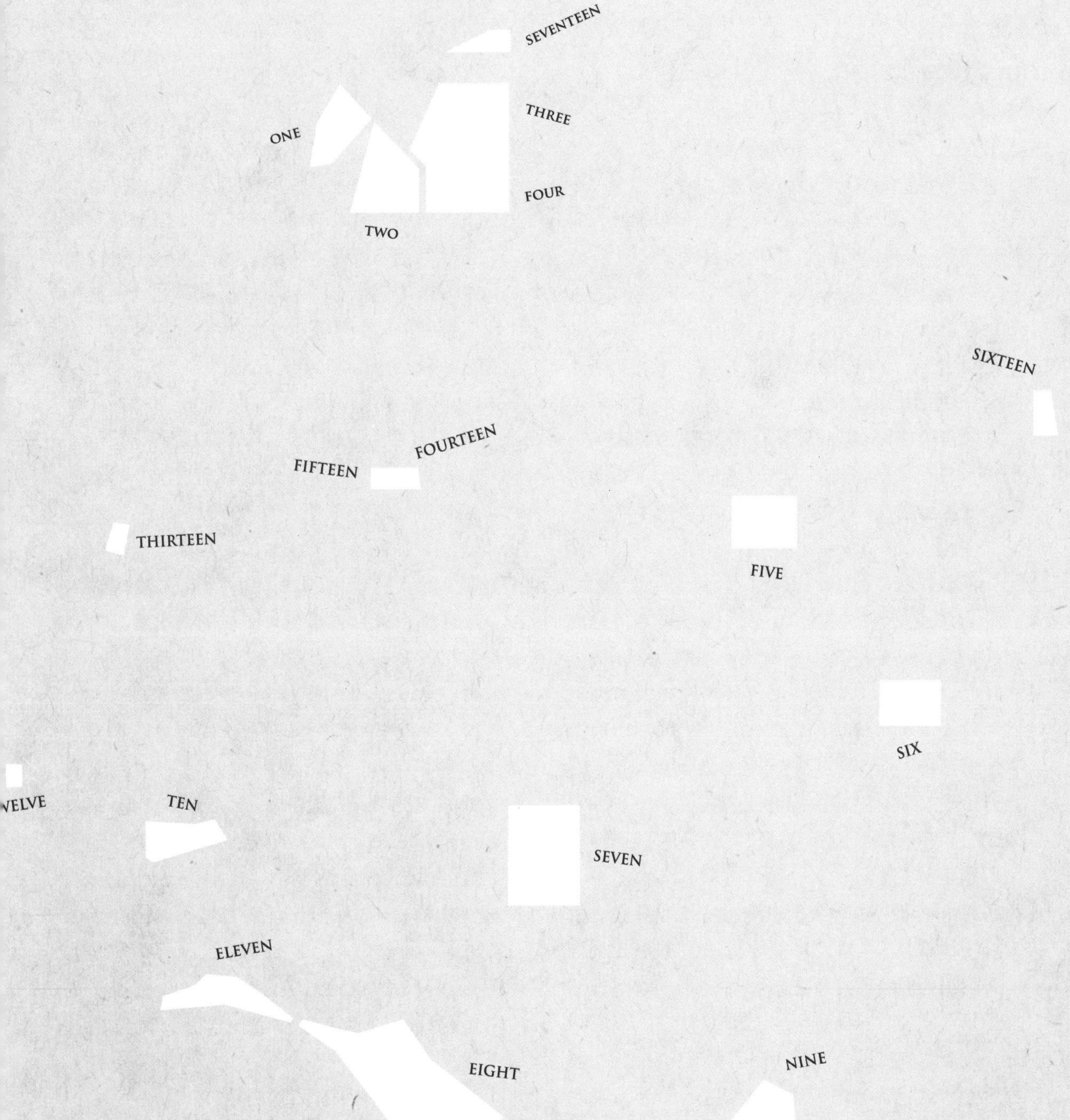

ONE

SEVENTEEN

THREE

FOUR

TWO

SIXTEEN

FOURTEEN

FIFTEEN

THIRTEEN

FIVE

SIX

TWELVE

TEN

SEVEN

ELEVEN

EIGHT

NINE

TAIPEI / PARK

參考書目

中文書目

王必昌（1752 /1958），《重修臺灣縣志》，臺北：臺灣銀行經濟研究室。

王志弘、徐苔玲譯（2006），《地方：記憶、想像與認同》，臺北：群學出版有限公司。

王志弘、李延輝、余佳玲等譯，（2007），《人文地理概論》，臺北：巨流圖書股份有限公司。

中華民國都市計畫學會（1995），《台北市都市計畫事典》，臺北：臺北市政府都市發展局。

田中一二編‧李朝熙譯（1931/1998），《臺北市史》，臺北：臺北市文獻會。

向誠主編（1982），《僑務五十年》，臺北：僑務委員會。

台北市政府工務局（1971），《臺北市都市發展紀要》，臺北：台北市政府工務局。

早川透（1937），〈伍、都市計畫理論與實務〉收入黃世孟編譯（1987），《臺灣都市計畫講習錄》，臺北：胡氏圖書出版社，頁133-157。

朱萬里（1954），《臺北市都市建設史稿》，臺北：臺北市工務局。

行政院經濟發展委員會都市建設及住宅計畫小組（1968），《臺北市綱要計畫》，臺北：行政院經濟發展委員會。

李永展、周加宗（2001），《塑造城市：環境與人類的向度》，臺北：田園城市。

李乾朗，〈臺北城內天后宮建築之考證〉，收入高賢治主編（2006）《找尋臺北城的故事—金面媽祖回城特刊》，臺北：台北市文化局。

李重耀（1985）《林安泰古厝拆遷計畫》，臺北：作者自印。

李筱峰（1999），《台灣史100件大事（上、下）》，臺北：玉山社。

呂紹理（2011），《展示臺灣：權力、空間與殖民統治的形象表述》，臺北：麥田出版社。

吳光庭〈戰後臺北都市發展歷程研究計畫〉，收入林秀澧、高名孝執行主編（2015），《計畫城市：戰後臺北都市發展歷程》，臺北：田園城市文化事業有限公司。

林芬郁、沈佳姍、蔡蕙頻（2012），《沒有電視的年代：阿公阿嬤的生活娛樂史》，臺北：貓頭鷹出版社。

林芬郁（2015a），《臺灣文化藏寶圖》，臺北：五南出版社。

青島勝三（1937），〈捌、都市計畫概況一般調查〉收入黃世孟編譯（1987），《臺灣都市計畫講習錄》，臺北：胡氏圖書出版社，頁247-271。

施雅軒（2012），《地理思想‧思想地理》，高雄：麗文文化事業股份有限公司。

胡清正、陳存良、林彩紋譯（1998）：《台北廳誌（1919）》，臺北縣：台北縣立文化中心

高賢治主編（2006）《找尋臺北城的故事—金面媽祖回城特刊》，臺北：台北市文化局。

高麗鳳總編輯（2002），《新世紀‧台北‧思想起（上冊）》，臺北：臺北市政府新聞處。

徐明松編著（2007），《王大閎：永恆的建築詩人》，臺北縣：木馬文化事業股份有限公司。

徐苔玲、王志弘譯（2012），《城市與自然》，臺北：群學出版有限公司。

張安惠（1991），《八十年度台北市都市計畫發佈實施案彙編》，臺北：台北市政府工務局都市計畫處。

張省卿（2008），《德式都市規劃經日本殖民政

府對台北城官廳集中區之影響》，臺北縣：輔大出版社。

國立臺灣師範大學地理系研究（2018），《臺灣地名辭書 卷二二臺北市》，南投市：國史館臺灣文獻館。

國立臺灣大學土木工程學研究所都市計畫研究室（1987），《日據時期臺灣都市計畫範型之研究》，臺北：國立臺灣大學土木工程學研究所。

康旻杰〈臺北市戰後都市及公共住宅發展的未竟之業〉，收入林秀澧、高名孝執行主編（2015），《計畫城市：戰後臺北都市發展歷程》，臺北：田園城市文化事業有限公司。

陳東升（1995），《金權城市：地方派系、財團與臺北都會發展的社會分析》，臺北：巨流圖書公司。

陳鸞鳳（2007），《日治時期臺灣地區神社的空間特性》，臺北：學富文化事業有限公司。

黃大洲（2001），《蛻變：大安森林公園的誕生》，臺北：正中書局股份有限公司。

黃世孟計畫主持（1990）的《都市地區公園綠地規劃與法制之基礎研究》，國立臺灣大學土木工程學研究所。

黃世孟編譯（1992），《臺灣都市計畫講習錄》，臺北：胡氏圖書出版社。

黃秀政、張勝彥、吳文星合著（2005），《臺灣史》，臺北：五南圖書出版事業股份有限公司。

黃武達（1997），《日治時代（1895~1945）臺北市之近代都市計畫》，臺北縣：臺灣都市史研究室。

黃武達（2003），《日治時代（1895-1945）臺灣都市計畫歷程之建構》，臺北縣：臺灣都市史研究。

黃武達（2006），〈日治時代臺北市之都市計畫〉，收入高賢治主編，《找尋臺北城的故事—金面媽祖回城特刊》，臺北：台北市文化局。

溫國良，〈日據初期日本佛教建請臺北府七官廟下賜始末〉，收入高賢治主編（2006），《找

尋臺北城的故事—金面媽祖回城特刊》，臺北：台北市文化局。

湯熙勇、周玉慧編著（1999），《臺北市十四、十五號公園口述歷史專輯》，臺北：臺北市文獻委員會。

湯熙勇主編（2002），《臺北市地名與路街沿革史》，臺北：臺北市文獻委員會。

楊鵬飛（1999），《台灣區鐵道古今站名詞典：台灣區鐵路史》，作者自印。

莊展鵬、王明雪主編（2002），《台北古城深度旅遊》，臺北：遠流出版事業股份有限公司。

曾迺碩、方兆麟編纂（1988），《臺北市志 卷三政制志公共建設篇》，臺北：臺北市文獻委員會。

塚本一郎、小川廣吉、白水博愛（1937），〈肆台灣都市計畫令講義〉，收入黃世孟編譯（1992），《臺灣都市計畫講習錄》，臺北：胡氏圖書出版社。

潘朝陽（2005），《心靈・空間・環境－人文主義的地理思想》，臺北：五南圖書出版股份有限公司。

臺北市政府編印（1988），《台北市改制二十年》，臺北：台北市政府新聞處。

臺北市都市計畫委員會（1971），《都市計畫手冊》，臺北：臺北市都市計畫委員會。

劉益昌計畫主持（2004），《臺閩地區考古遺址普查研究計畫第七期》，臺北市：內政部。

聯宜國際工程顧問有限公司（2002），《眷村保存與調查第一期》總結報告書，臺北：台北市政府文化局。

檔案管理局編、黃俊銘撰文（2009），《鐵道探源—鐵道歷史之旅：臺灣總督府交通局鐵道部暨交通部臺灣鐵路管理局檔案導引》，臺北：檔案管理局。

蔣中正（1953）「三民主義附錄：民生主義育樂兩篇補述」，收入孫文（1989），《三民主義》。

《臺灣省行政長官公署檔案》。

學位論文

王慧瑜（2000），《日治時期臺北地區日本人的物質生活（1895-1937）》，臺北：國立臺灣師範大學臺灣史研究所碩士論文。

何佩穎（1998），《都市更新與高級化迷思與真實面貌—以台北市大安森林公園為例》，臺北：淡江大學建築研究所碩士論文。

呂紹理（1995），《水螺響起：日治時期台灣社會的收活作息》，臺北：國立政治大學歷史研究所博士論文。

宋曉雯（2003），《日治時期圓山公園與臺北公園之創建過程及其特徵研究》，臺北：國立臺灣科技大學建築研究所碩士論文。

林文通（2003），《日治時期始政三十年紀念展覽會之研究》，臺北：國立臺灣科技大學設計研究所碩士論文。

林芬郁（2009a），《北投地區宗教發展之研究》，臺北：國立臺北大學民俗藝術研究所碩士論文。

林芬郁（2018a），《臺北都市公園發展的空間、環境解析與文化地景詮釋》，臺北：國立臺灣師範大學地理學系博士論文。

林奕萱（2002），《都市公園道空間轉化之研究－以臺灣五個城市為例》，臺中：逢甲大學都市計畫與空間資訊學系碩士論文。

徐裕健（1993），《都市空間文化形式之演變—以日據時期台北為個案》，臺北：國立臺灣大學土木工程學研究所（建築與城鄉組）博士論文。

翁郁婷（2008），《萬華戲院之研究—一個商業劇場史的嘗試建立》，新北市：國立臺灣藝術大學表演藝術研究所戲劇組碩士論文。

許佳陽（1997），《日本殖民時期臺北城形態研究》，中壢：中原大學建築系碩士論文。

黃士娟（1998），《日治時期臺灣宗教政策下之神社建築》，中壢：中原大學建築學系碩士論文。

張景森（1991），《台灣現代城市規劃：一個政治經濟史的考察（1895-1988）》，臺北：國立臺灣大學土木工程學研究所博士論文。

許佳陽（1997），〈日本殖民時期臺北城形態研究〉，中壢：中原大學建築系碩士論文。

曾旭正（1994），《戰後台北的都市過程與都市意識形構之研究》，臺北：國立臺灣大學土木工程學研究所博士論文。

殷寶寧（1999），《「中山北路」：地景變遷歷程中之情慾主體與國族認同建構》，臺北：國立臺灣大學建築與城鄉研究所博士論文。

彭皓昕（2009），《曖昧的公園—台北市公園綠地向堤外移轉的政治經際分析》，臺北：國立臺灣大學建築與城鄉研究所碩士論文。

彭慧媛（2006），《日治前期「殖民台灣」的再現與擴張 - 以「台灣勸業共進會」（1916）為中心之研究》，臺南：國立成功大學 - 歷史學系碩士論文。

潘映儒（2013），《神聖空間意義的建構與競逐—從桃園神社到桃園縣忠烈祠》，國立臺灣師範大學歷史學系碩士論文。

馮瓊瑩（2006），《展示統治時間日據時代始政週年記念博覽會的治理技術》，新竹：國立清華大學社會學研究所碩士論文。

葉肅科（1987），《日據時代台北都市發展與台人日常生活（1895-1945）》，臺北：東吳大學社會學研究所理論組碩士論文。

蔡厚男（1991），《台灣都市公園的建制歷程，1895~1987》，臺北：國立臺灣大學土木工程學研究所博士論文。

劉淑瑛（1990），《都市公園設計評析－以大安森林公園、中山美術公園、萬華民俗公園為例》，臺北：國立臺灣大學園藝學研究所碩士論文。

蘇碩斌（2002），《臺北近代都市空間之出現－清代至日治時期權力運作模式的變遷》，臺北：國立臺灣大學社會學研究所博士論文。

期刊論文

王志弘（1996），〈台北新公園的情慾地理學：

空間再現與男同性戀認同〉，《台灣社會研究季刊》22：195-218。

王志弘、黃若慈、李涵茹（2014），〈臺北都會區水岸意義與功能的轉變〉，《地理學報》74：63-86。

林芬郁（2008），〈平埔族聚落之遺跡見証—北投保德宮〉，《臺北文獻》直163：99-123。

林芬郁（2009b），〈日治時期七星郡北投庄日人所建之宗教信仰場所，《臺北文獻》直168：159-202。

林芬郁（2011），〈臺北府・臺北城・臺北市—臺北城內及附郊都市空間轉化之歷史軌跡〉，《臺北文獻》別冊：155-235。

林芬郁（2015），〈公園・浴場：新北投之文化地景詮釋〉，《地理研究》62：25-54。

林芬郁（2019a），〈1935年臺灣博覽會迎賓館的遞嬗〉，《臺灣文獻》70（2）：175-199。

林芬郁（2019b），〈論日治時期臺北三大公園之殖民空間與大眾社會生活的關係〉，《臺北文獻》直207：69-121。

林炯明（2010），〈都市熱島效應之影響及其環境意涵〉，《環境與生態學報》（3）1：1-15。

林萬傳（1987），〈古亭地區地名沿革〉，《臺北文獻》直82：31-59。

江長青記錄・楊青青整理（2009），〈「臺北三百年・歷史與未來」—臺北（大佳臘）風雲三百年專家學者座談會記錄〉，《臺北文獻》直170：39-68。

洪致文（2010），〈風在城市街道紋理中的歷史刻痕—二戰時期臺北簡易飛行場的選址與空間演變〉，《地理學報》59：81-104。

施添福（1990），〈地理學中的空間觀點〉，《師大地理研究報告》16：115-137。

侯錦雄（2000），〈近代臺灣都市公園之休閒環境與社會變遷〉，《臺灣文獻》51（2）：209-224。

夏鑄九（2000），〈殖民的現代性營造—重寫日本殖民時期台灣建築與城市的歷史〉，《台灣社會研究季刊》40：47-82。

張立伶記錄・楊青青整理（2010），〈從三市街到大臺北—臺北市建市90週年紀念座談會紀錄〉，《臺北文獻》直172：2-42。

黃得時（1954），〈城內的沿革和臺北城〉，《臺北文物》2（4）：17-34。

許佩賢（2011），〈作為機關裝置的收音機體操與殖民地台灣〉，《文化研究》12：159-202。

楊秉煌（2001），〈地理學與社會正義〉，《地理學報》29：67-92。

蔡采秀（1996），〈從日治到戰後的臺北（1895-1985）——一個都市性質轉變的歷史過程分析〉《臺灣史研究》3（2）：5-50。

《臺北畫刊》99期、591期，臺北：臺北畫刊社。

日文書目

上原敬二（1924），《都市計画と公園》，東京：林泉社出版。

三卷俊夫（1936），《臺灣倉庫株式會社二十年史》，臺北：臺灣倉庫株式會社。

丸山宏（2003），《近代日本公園史の研究》，京都：株式会社思文閣出版。

山崎鋆一郎（1938），《臺灣の風光》，和歌山市：大正寫眞工藝所。

川端柳枝（1935.07），「始政四十周年記念臺灣博覽會觀て步る記」，《臺灣建築會誌》第7輯第5、6號。

片岡安（1916）《現代都市之研究》，東京：建築工藝協會。

戶水昇（1939），《電波に乘せて》，臺北市：臺灣放送協會。

日本內閣府（防災担当）（2015），「大規模地震の發生に伴う帰宅困難者対策のガイドライン」。

井下清、日本庭原協會編輯（1928），《公園の設計》，東京：雄山閣。

田里維章（1943），《戰時下臺灣の生產增強》，臺南市：株式會社小出書籍部。

田代安定（1900），《臺灣街庄植樹要鑑》，臺北：臺灣總督府民政局殖產課。

白幡洋三郎（1995），《近代都市公園史の研究 欧化の系譜》，京都：株式会社思文閣出版。

石川幹子（2006），《都市と緑地：新しい都市環境の創造に向けて》，東京：株式会社岩波書店。

竹村豐俊（1933），《臺灣體育學會創立十周年記念に際して》，臺北市：財團法人臺灣體育協會。

佐々波外七編輯（1936），《鎌田正威先生追想録 第一輯》，臺北：臺灣維新社。

杉山靖憲（1922），《臺灣歷代總督之治績》，東京：帝國地方行政學會朝鮮本部。

作者不詳（1916），《臺灣勸業共進會案內》，臺北：臺灣勸業共進協贊會。

作者不詳（1936），《始政四十周年記念臺灣博覽會寫真帖》，大阪：細古眞美館。

国土交通省検討会報告書（2003年），「広域防災の拠点整備に関する調査」。

国土交通省国土技術政策総合研究所（2015），「防災公園の計画・設計に関するガイドライン」。

東京日日新聞社南方調査室（1942），《僕らの南洋》，東京：新紀元社。

青井哲人（2006），《植民地神社と帝国日本》，東京：株式会社吉川弘文館。

高原栄重（1976），《都市緑地の計畫》，東京：鹿島出版会。

都市問題研究会訳（1980），《人間のための公園》，東京：鹿島出版会。

都市環境学教材編集委員会編（2005），《都市環境学》，東京：森北出版株式会。

鹿又光雄編輯（1939），《始政四十年周年記念臺灣博覽會誌》，始政四十年周年記念臺灣博覽會發行（南天書局有限公司2015年複刻）。

臺北市土木課（1939、1943），《臺北市土木要覽》，臺北：臺北市土木課。

臺北市役所（1940、1942），《臺北市概況》，臺北：臺北市役所。

臺北市役所勸業課（1939），《臺北市役所臺北市產業要覽（昭和13年度版）》，臺北：臺北市役所。

橋谷弘（2004），《帝国と日本植民地都市》，東京：吉川弘文館。

臺北市役所（1939），《臺北市概況 昭和十四年版》，臺北：臺北市役所。

臺北市役所（1940），《臺北市概況》，臺北：臺北市役所。

臺北市役所編輯（1940），《臺北市政二十年史》，臺北市：臺北市役所。

臺北市役所（1942），《昭和十七年版 臺北市概況》，臺北：臺北市役所。

臺灣總督府營林局（1920），《臺灣行道樹及市村植樹要鑑上卷》，出版地不詳：臺灣總督府營林局。

臺灣總督府文教局（年不詳），《神社及社總覽》，臺灣總督府文教局。

臺灣總督府內務局地方課（1930），《本島史蹟名勝天然紀念物概況－史蹟名勝天然紀念物調查案要項》，臺灣總督府內務局地方課。

臺灣總督府交通局遞信部（1935），《臺灣の通信［昭和十年］》，出版地不詳：臺灣總督府交通局遞信部。

臺灣勸業共進會協贊會編輯（1916），《臺灣勸業共進會協贊會報告書》，臺灣勸業共進會協贊會。

臺灣總督府編輯（1928），《建功神社誌》，臺灣總督府。

臺灣總督府中央研究所林業部（年代不詳），《臺灣總督府中央研究所林業部要覽》，臺北：臺灣總督府中央研究所林業部。

臺灣總督府殖產局林業試驗場（1914），《臺灣總督府殖產局附屬林業試驗場要覽》，臺灣總督府殖產局林業試驗場。

臺灣總督府殖產局林業試驗場（1918），《臺灣總督府殖產局附屬林業試驗場植物要覽》，臺灣總督府殖產局林業試驗場。

臺灣總督府林業試驗所（1942），《臺灣總督府

林業試驗所要覽》，臺灣總督府林業試驗所。

臺灣總督府官房文書課編輯（1944），《諭告訓達類聚》，臺北市：臺灣總督府官房文書課。

社團法人臺灣建築會《臺灣建築會誌》（192909）第1輯第4號；（1933.01.28）第4輯第1號；（1942年11月30日），第14輯第4號；（1931年7月）第03輯第03號；第7輯第5、6號（1935年7、10月），臺北社團法人臺灣建築會。

臺北州（19250817），「大正十四年八月十七日臺北州公報第二號」，臺北州：臺北州。

《臺北州報》。

《臺北州公報》。

臺灣總督府《府報》。

《臺灣總督府檔案》，國史館臺灣文獻館。

《臺灣日日新報》。

日文期刊

《南方資料館報》

越沢明（1987），「台北都市計画 1895~1945 ─ 日本統治期台北都市計画」，收入《第7回日本土木史研究発表会論文集》，頁121-132。

越沢明（1988），「近代日本都市計画における広幅員道路の系譜 100m 道路の起源」，收入《第8回日本土木史研究発表会論文集》，頁54-65。

《臺灣寫真帖》（1915.03.15）第1卷第6集。

西文書目

Cranz, G., 1982.The Politics of Park Design：a history of urban parks in America., Cambridge, The MIT Press.

Katz, C.,2009.social reproduction. in Gregory D. et.al. （eds.）, in：.The Dictionary of Human Geography. （5th Edition）, UK：Wiley-Blackwell Ltd., pp696-697.

Olmsted, F.L., 1870 . Public Parks and the Enlargement of Towns. in.The City Reader. edited by Richard T. LeGates and Frederic Stout, 1996, Rortledge, pp337-344.

Wolch,J. R., Byrne, J. and Newell,J.P.,2014,Urban green space,public health,and environmental justice：The challenge of making cities "just green enough" , Landscape and Urban Planing,125, 234-244.

其他

大安森林公園之友基金會
http://www.daanforestpark.org.tw/detail.php?info_id=107，2017.04.18 存取。

中央研究院「臺灣植物概況」
http://proj1.sinica.edu.tw/~hastwww/taiwandesrp4.html，2018.10.27 存取。

中央研究院人文社會科地理資訊科學研究專題中心。

中央研究院「臺灣植物概況」
http://proj1.sinica.edu.tw/~hastwww/taiwandesrp4.html，20181027 存取。

中正橋（川端橋）北市文化文資字第 10430434700 號，2015/09/01。

王大閎「國父紀念館設計立意」，文化部「國父紀念館」
http://www.yatsen.gov.tw/tw/index.php?option=com_content&view=article&id=16&Itemid=146，2017.04.24 存取。

王惠民「設計二二八紀念碑 塑造本土生命與歷史的象徵王俊雄、鄭自財 張安清、陳振豐 建立玉石盟」，《經濟日報》，1995 年 2 月 26 日 17 版焦點人物，2017.05.26 存取。

文化部文化資產局「圓山別莊」
https://nchdb.boch.gov.tw/assets/overview/monument/19981014000002，2019.01.16 存取。

文化部地方文化館「台北故事館」
http://superspace.moc.gov.tw/hall/local_culture_page.aspx?oid=bb4c43d2-c014-44f6-b79e-765bc4ed4d27，2019.01.16 存取。

《中央通訊社》。

《中時電子報》。

《今日新聞》。

《台灣好新聞》。

台灣教授學會（2019.02.16），《威權象徵處理與空間景觀再造》論壇手冊，台灣教授學會。

台北二二八紀念館「紀念館沿革」
https://228memorialmuseum.gov.taipei/cp.aspx?n=B3FF41D22E846EE7，2018.05.11 存取。

「台北市三橋町紅葉園陳茂通宅」臉書。

（2014~2018）台北都發局長林洲民「像我們這樣的城市」臉書。

西區門戶「台北・心大門」，臺北市政府都市發展局
http://tpstation.com.tw/secondstage，2017.04.16 存取。

《自由時報》。

李光儀「錦西公園改名 蔣渭水公園」，《聯合報》，2006 年 4 月 29 日 /C2 版北市要聞，2017.05.26 存取。

林務局
http://subject.forest.gov.tw/species/aquaplants/002.htm，20181027 存取。

林小昇之米克斯拼盤「南方資料館」
http://linchunsheng.blogspot.tw/2011/04/blog-post_12.html，2017.04.10 存取。

林芬郁（2015b），「文化資產只能靠腰」，《自由時報》「自由廣場」
http://talk.ltn.com.tw/article/paper/907131（2015年 8 月 16 日）。

林芬郁（2017a），「台灣文化夜市令人憂」，《自由時報》「自由廣場」
https://talk.ltn.com.tw/article/paper/1102213（2017 年 5 月 14 日）。

林芬郁（2017b），「林安泰古厝辛酸四十年」，《自由時報》「自由廣場」
http://talk.ltn.com.tw/article/paper/1107818（2017 年 6 月 4 日）。

林芬郁（2018b），「三總舊址都更防災公園大縮水」《自由時報》「自由廣場」
https://talk.ltn.com.tw/article/paper/1215648（2018 年 7 月 11 日）。

林芬郁（2018c），「論臺灣文化資產保存的過去、現在與未來—以臺北市為中心之探討」，2018 年第 10 屆台日國際學術研討會（日本大阪關西大學）。

「松山鵬程公園大蛻變 彩虹舞臺搭起聯歡橋樑」，《台灣好新聞》（2018 年 2 月 17 日）
http://www.taiwanhot.net/?p=546146，2018.12.10 存取。

洪致文（2015），〈三線路頭的稀微〉，《自由時報》「自由廣場」
http://talk.ltn.com.tw/article/paper/919986（2015年 10 月 1 日）。

「紀念兩航起義 60 週年：兩航起義始末」，新浪航空航天
http://mil.news.sina.com.cn/s/2009-11-09/0950573100.html，2018.05.10 存取。

馬以工「臺北林安泰古厝保存事件」，文化部「臺灣大百科全書」
http://nrch.culture.tw/twpedia.aspx?id=2685，2017.04.17 存取。

陳家傑「馬場町紀念公園明啟用」，《聯合晚報》12 版台北都會（2000 年 8 月 21 日），2017.05.26 存取。

「植物園遺址」，臺灣大百科全書
http://nrch.culture.tw/twpedia.aspx?id=6342。

國立國父紀念館
http://sunology.yatsen.gov.tw/3Principles/fulltext/index.html#，2016.09.26 存取。

「園區介紹」，文化部「國父紀念館」。
http://www.yatsen.gov.tw/tw/index.php?option=com_content&view=article&id=16&Itemid=146，2017.04.24 存取。

國立歷史博物館「沿革」
https://www.nmh.gov.tw/zh/about_9_2.htm，2018 年 12 月 18 日存取。

國民革命忠烈祠
https://afrc.mnd.gov.tw/faith_martyr/Content.

aspx?ID=&MenuID=427。

「想起擦身而過的 CAT 620 空難」
　　http://blog.udn.com/mthung38/4775273，
　　20180513 存取。

楊心慧、鍾泓良「三總舊址都更 防災公園大縮
　　水」，《自由時報》（2018 年 5 月 7 日）。

臺北市政府文化局「台北市增添 2 處古蹟及 1 處
　　歷史建築！維繫城市記憶，共創文化首都」
　　（2018.12.28）
　　https://www.culture.gov.taipei/frontsite/cms/
　　newsAction.do?method=viewContentDetail&isc
　　ancel=true&contentId=MTY3MTI=&subMenu
　　Id=601。

臺北市政府市政新聞稿「颱風重創河濱公園 北市
　　府加速清理」（2015.08.09）
　　http://www.gov.taipei/ct.asp?xItem=113290121&ct
　　Node=65441&mp=100003，2017.03.07 存取。

臺北市政府（2004/9/30）《擬定臺北市中正區三
　　軍總醫院附近地區細部計畫案》，府都綜字
　　第 09321638300 號。

「臺北市中正區聯勤嘉禾新村」聚落提報表，好
　　勁稻工作室提供。

臺北市政府工務局公園處園藝科「各行政區已開
　　闢用地一覽表」（2018 年 1 月 3 日）。

2000 年 9 月 14 日臺北市議會第八屆第四次大會
　　「臺北市政府施政報告（馬英九市長）」，
　　頁 168；中華民國八十九年九月十八日台北
　　市議會第八屆第四次大會馬英九市長施政報
　　告「寧靜革命‧台北 e 起來」
　　http://www.gov.taipei/ct.asp?xItem=42625&ctNode
　　=90373&mp=100001，2017.03.19 存取。

「臺北市防災公園精進計畫」105 年 4 月 26 日府
　　消整字第 10533225000 號。

臺北市防災資訊網
　　http://www.eoc.gov.taipei/EOC/MsgBoard/
　　Details/54960945-f703-4495-b344-
　　9e92460679e7，2017.07.17 存取。

臺北植物園「歷史沿革」
　　https://tpbg.tfri.gov.tw/History.php，2018.10.27 存
　　取。

「臺北故事館」
　　http://www.storyhouse.com.tw/
　　main/modules/MySpace/index.
　　php?sn=storyhouse&pg=ZC667928，2017.03.23
　　存取。

「臺北故事館 2019 年休館公告」，臺北市文化
　　局（2019 年 1 月 2 日）
　　https://www.culture.gov.taipei/frontsite/cms/
　　newsAction.do?method=viewContentDetail&isca
　　ncel=true&contentId=MTY3MTM=&subMenu
　　Id=601。

「擬變更南港一號公園及其附近地區都市計畫
　　案」1991 年 4 月 26 日內政部臺內營字第
　　914466 號函核定，臺北市政府府工二字第
　　80030940 號函。

《臺北畫刊》。

《經濟日報》。

《蘋果即時》。

《聯合報》。

《聯合晚報》。

《聯合新聞網》。

「日本民家集落博物館」說明書。

「日本民家集落博物館」，ウィキペディア
　　https://ja.wikipedia.org/wiki/%E6%97%A5%E6%
　　9C%AC%E6%B0%91%E5%AE%B6%E9%9B%86%
　　E8%90%BD%E5%8D%9A%E7%89%A9%E9%A4
　　%A8，2019.02.26 存取。

「明治村とは」，博物館明治村
　　http://www.meijimura.com/about/。

「博物館明治村」，ウィキペディア
　　https://ja.wikipedia.org/wiki/%E5%8D%9A%E7%8
　　9%A9%E9%A4%A8%E6%98%8E%E6%B2%BB%E6
　　%9D%91，2019.02.26 存取。

ラジオ体操。
　　https://ja.wikipedia.org/wiki/%E3%83%A9%E3%8
　　2%B8%E3%82%AA%E4%BD%93%E6%93%8D，
　　2019.12.11 存取。

「大阪歷史博物館」解說手冊。

太宰府天滿宮
　　http://www.dazaifutenmangu.or.jp/about，

2018.12.26 存取。

「ABOUT THE HIGH LINE」，FRIENDS OF THE
HIGH LINE
http://www.thehighline.org/about，2017.08.07 存
取。

横浜国際観光協会、横浜市教育委員会文化財課
（1991），「日本大通」解說牌。

「German Institute Taipei 德國在台協會」FB 粉絲專
頁。

US Taiwan Defence command.
http://ustdc.blogspot.tw/search?q=Fasd，
2017.04.10 存取。

Dr. Joe F. Leeker, 2013, CAT, Air Asia, Air America – the
Company on Taiwan I: Structure and Development.,
p.1.
https://www.utdallas.edu/library/specialcollections/
hac/cataam/Leeker/history/Taiwan1.pdf

Taipei Air Station 網站照片
http://taipeiairstation.blogspot.tw/2013/

Landscape Architects Network
http://landarchs.com/8-awesome-reasons-use-trees-
landscape-didnt-know/，2015.06.14 存取。

圖片出處、來源與授權

圖片出處

大園市藏（1935），《臺灣始政四十年史》，臺北：日本植民地批判社。三卷俊夫（1936），《臺灣倉庫株式會社二十年史》，臺北：臺灣倉庫株式會社。中央研究院人文社會科地理資訊科學研究專題中心。山崎鋆一郎（1938），《臺灣の風光》，和歌山市：大正寫眞工藝所。石川源一郎（1899），《台湾名所写真帖》，臺北：臺灣商報社。作者不詳（1916），《臺灣勸業共進會案內》，臺北：臺灣勸業共進協贊會。作者不詳（1935），《臺北市大觀》，臺北：臺北市役所。作者不詳（1936），《始政四十周年記念臺灣博覽會寫真帖》，大阪：細古眞美館。村崎長昶（1913），《台北写真帖》，臺北：新高堂書店。林進發(1935)：《臺灣統治史》，臺北：民眾公論社。佐々波外七編輯（1936），《鎌田正威先生追想録　第一輯》，臺北：臺灣維新社。松木幹一郎（1939），《始政四十周年紀念臺灣博覽會協贊會誌》，臺北：臺灣博覽會協贊會。官幣大社臺灣神社御造營奉贊會（1939），《臺灣神社御造營奉贊會趣意書竝會 則附役員名簿》，出版地不詳：官幣大社臺灣神社御造營奉贊會。《南方資料館報》。陳石煌（1936），《樂園臺灣の姿》，臺北：魔島出版社。渡部求（1940），《臺灣と乃木大將》，臺北：臺灣實業界社。勝山寫真館（1929），《林產物展覽會記念寫真帳》，臺北：勝山寫真館。橋本白水（1926），《島の都》，南國出版協會。橋本白水（1930），《臺灣統治と其功勞者》，臺北：南國出版協會。臺北市政府都市發展局「臺北市歷史圖資展示系統」。臺北市土木課編輯（1943），《臺北市土木要覽 昭和十七年版》，臺北：臺北市役所。臺北市役所（1926），《臺北市案內》，臺北：臺北市役所。臺北市役所（1939），《昭和十四年版 臺北市概況》，臺北：臺北市役所。臺北市役所（1940），《昭和十五年版 臺北市概況》，臺北：臺北市役所。臺北市役所（1942），《昭和十七年版 臺北市概況》，臺北：臺北市役所。臺北市役所（1933），《たいほく》，臺北：市臺北市役所。臺北市役所（1940），《臺北市概況》，臺北：臺北市役所。臺北市役所（1940），《臺北市政二十年史》，臺北：臺北市役所。臺北市役所（1942），《臺北市概況》，臺北：臺北市役所。臺北市都市發展局「臺北市歷史圖資系統」。「臺北飛行場位置平面圖」，出版者與年份不詳。臺灣勸業共進會協贊會編輯（1916），《臺灣勸業共進會協贊會報告書》，臺灣勸業共進會協贊會。台湾総督府総督官房文書課（1908），《台湾写真帖》，台湾総督府総督官房文書課。臺灣總督府殖產局林業試驗場（1918），《臺灣總督府附屬林業試驗場植物要覽》，臺灣總督府殖產局林業試驗場。臺灣總督府林業試驗所（1942），《臺灣總督府林業試驗所要覽》，臺灣總督府林業試驗所。臺灣總督府《府報》。《臺北州報》1932 年 3 月 7 日第七百六十五號。《臺灣建築會誌》（192909）第 1 輯第 4 號；第 1 輯第 5 號（1929 年 11 月）；第 2 輯第 5 號（1930 年 9 月）。《臺灣總督府公文類纂》。《臺灣日日新報》。《臺灣寫真帖》（1915.03.15）第 1 卷第 6 集。王譽臻繪圖。Google Map。Google Earth。

圖片來源

臺北市都市發展局「臺北市歷史圖資展示系統」
1958 年航測影像
1973 年航照影像
1991 年航測影像
2007 年航測影像
2015 年南區航測影像

中央研究院人社科地理資訊科學研究專題中心
「臺灣百年歷史地圖」
1875 年臺灣府城街道圖
1895 年臺北及大稻埕艋舺略圖
1898 年日治二萬分之一臺灣堡圖
1903 年最近實測臺北全圖
1905 年臺北市區改正圖
1911 年最新臺北市街鳥目全圖
1912 年臺北市瓦斯鐵管埋設一般圖
1921 年日治二萬分之一地形圖
1928 年臺北市職業明細圖
1939 年瑠公圳水利組合區域圖
1940 年測量原圖
1944 年美軍航照影像
1945 年美軍繪製台灣城市地圖
1945 年 4 月 1 日美軍航照影像
19450617 美軍航照影像
1948 年臺北市都市計畫圖
1957 年舊航照影像
1958 年一千二百分之一台北市地形圖
1958 年臺北市圖
1963 年臺北市舊航照影像
1967 年臺北市舊航照影像
1972 年臺北市舊航照影像
1974 年臺北市舊航照影像
1976 年臺北市街道圖
1977 年臺北市街道圖

臺灣文獻館
圖 2.2.1、2.2.2、2.5.2、2.5.3、2.6.11、2.6.3、2.7.21

日本国立国会図書館
圖 2.5.5、2.2.14；2.2.17、2.2.18、3.8.4、3.9.2、3.9.3

圖片授權

國立臺灣圖書館
圖 1.2.3、1.2.6、2.1.11、2.1.14、2.1.15、2.2.13、2.2.16、
2.2.19、2.2.20、2.3.6、2.3.8-2.3.10、2.3.14-2.3.16、
2.5.8-2.5.11、2.5.13-14、2.6.、2.6.12、2.6.14-2.6.21、
2.6.24、2.6.25、2.7.1、2.7.3、2.7.7-2.7.9、2.7.13、2.7.14、
2.7.16、2.7.17、2.7.19、2.7.20、2.7.22-2.7.27、3.2.3、
3.6.7、3.6.8、3.8.6、3.8.7、3.8.8、3.9.4-3.9.6、3.9.8-3.9.10

中央研究院臺灣史研究所檔案館
圖 3.2.5-3.5.7

臺北市立文獻館
1932 年臺北市區計畫街路並公園圖

秋惠文庫
圖 2.1.12、2.5.7、3.2.10-3.2.13、3.6.4、3.7.5、3.9.11、
3.10.3

洪致文
圖 2.5.4

廖明睿
圖 1.2.1、1.2.2、1.2.4、1.2.5、2.1.3-2.1.10、2.1.13、
2.1.16、2.2.3-2.2.11、2.2.21、2.3.1、2.3.2、2.3.7、2.3.12、
2.3.13、2.4.1、2.4.4-2.4.6、2.7.2、2.7.4-2.7.6、2.7.10-
2.7.12、2.7.15、2.7.18、3.8.9

索引

人名

公園地景百年流轉：都市計畫下的臺北，邁向現代文明的常民生活史

作者	林芬郁
選書責編	張瑞芳
協力編輯	曾時君
校對	林芬郁、曾時君、魏秋綢、張瑞芳
美術設計	林宜賢
封面繪圖	王譽臻

總編輯	謝宜英
行銷業務	鄭詠文、陳昱甄
出版者	貓頭鷹出版

發行人	涂玉雲
發行	英屬蓋曼群島商家庭傳媒股份有限公司城邦分公司　104台北市中山區民生東路二段141號11樓
劃撥帳號	19863813　戶名：書虫股份有限公司
城邦讀書花園	www.cite.com.tw
購書服務信箱	service@readingclub.com.tw
24小時傳真專線	02-25001990~1
香港發行所	城邦（香港）出版集團／電話：852-25086231／傳真：852-25789337
馬新發行所	城邦（馬新）出版集團／電話：603-90563833／傳真：603-9056283
印製廠	中原造像股份有限公司

初版	2020年4月
定價	新台幣1450元／港幣483元

版權所有·翻印必究

大量採購請洽專線	02-2500-1919
讀者意見信箱	owl@cph.com.tw

國家圖書館出版品預行編目(CIP)資料

公園地景百年流轉：都市計畫下的臺北,邁向現代文明的常民生活史 / 林芬郁著.-- 初版.-- 臺北市：貓頭鷹出版：家庭傳媒城邦分公司發行, 2020.04
　面；　公分
ISBN 978-986-262-420-3(精裝)

1.人文地理 2.公園 3.臺北市

733.9/101.4

109003095